이 책에 쏟아진 최고의 찬사

늑대와 곰은 모기보다 더 위험하지만 우리는 주로 모기 때문에 더 괴롭다. 그렇다. 우리를 끈질기게 괴롭히는 것은 명예에의 유혹이나 지위에의 유혹이 아니다. 돈의 유혹은 더더욱 아니다. 은밀하게 찾아오는 성적(性的) 유혹이다. "상상 속의 성 행위, 자위행위, 도색 잡지에의 탐닉, 관음증, 진한 성적 농담, 음란 사이트 방문 …."

세상 모든 남자들은 하루에도 수만 번 머릿속에 성적인 생각들로 가득 차게 된다. 그리고 은밀한 죄에 빠져든다. 사람들은 평계한다. 육체적 관계까지 나아가지 않으면 괜찮다고 …. 가랑비에 바지 젖는 줄 모른다고 그렇게 서서히 빠져든다. 본 회퍼는 "음욕은 하나님을 보지 못하게 하는 원흉"이라고 말했다.

사탄은 미끼 없이 낚시하는 바보가 아니다. 더구나 쥐덫에는 항상 공짜 치즈가 있다. 이제는 사탄의 전략을 알아야 한다. 단순한 저항만 가지고는 안 된다. 싸워야 한다. 이 시대의 가장 큰 전쟁은 다름 아닌 성적 욕망과의 싸움이다.

『모든 남자의 참을 수 없는 유혹』은 남성의 욕망을 까발리고 정직하게 자신을 돌아보게 한다. 그리고 끝내 우리의 마음속 깊은 곳의 암세포를 도려내고 거룩의 새 살이 돋게 한다.

이 땅의 모든 남자들이 이 책을 읽어야 할 이유는 딱 한 가지다. 남자이기 때문이다. 그러나 남자들만이 아니다. 여성들 역시 '지피 지기면 백전 백승'이라고 남자의 속성을 알아야 진정한 성적 자결권을 누릴 수 있다. 그런 점에서 모든 남녀들에게 일독을 권한다.

송길원 목사, 하이패밀리 대표, 가정행복프로듀서

성은 하나님의 작품이다. 하나님은 우리를 성적인 존재로 지으셨으며 우리의 성은 기쁨이요 특권이다. 그럼에도 불구하고 성적인 문제로 한 사람의 생애뿐 아니라 주위 다른 사람에게까지 막대한 피해를 끼치는 경우가 허다하다.

성은 한 사람의 영혼과 관계성을 가지고 있기에 성적인 문제에서 자유롭지 못할 때 그의 영혼은 깊은 수렁 속으로 빠져들게 된다. 『모든 남자의 참을 수 없는 유혹』, 이 책은 진정한 성적 가치와 축복을 누릴 수 있도록 우리에게 주신 하나님의 선물이다. 이 책을 접한 모든 독자들은 오랜 어둠의 골방에서 은혜의 동산으로 나오게 될 것이다. 그리고 마음껏 뛰어노는 어린 사슴 같은 자유와 기쁨을 맛볼 것이다.

주서택 목사, 내적치유사역연구원장, 청주 주님의교회

현대 사회처럼 음란하고 성적 부도덕이 극심한 사회는 일찍이 없었을 것이다. 소돔과 고모라, 그리고 성적 부패로 망하게 되었다는 로마 시대를 훨씬 능가할 만하다. 이런 성적 자극과 유혹이 극심한 사회에서 기독교인으로 순결하게 산다는 것이 얼마나 어려운지 모르겠다. 사실 국내외를 막론하고 지도자들 중에서도 성적인 문제로 실족하여 사회적 물의를 일으키는 이들이 드물지 않다.

이런 사회 속에서 기독교인으로 순결한 삶을 살려면 우리 주위에 널려 있는 성적 유혹과 부도덕에 맞서 마치 전쟁을 치르듯 살아내야 성화의 승리를 얻을 수 있다. 이런 성적 부도덕과 전쟁을 하려면, 우선 내가 성적으로 어떤 존재인지를 알아야 한다. 그리고 성적 자극이 난무하는 이 현대 사회를 잘 알아야 한다.

그래야만 좋은 전술을 세울 수 있고 이를 실전에 적용할 수 있다.

『모든 남자의 참을 수 없는 유혹』은 바로 성적 부도덕과의 전쟁에서 승리할 수 있는 기독교적인 전술 교범이라 할 수 있다. 이 책은 내가 성적으로 얼마나 죄 짓기 쉬운 존재인지를 구체적으로 밝혀주고, 순결을 위협하는 성적 유혹이 존재하는 사회 구석구석을 알려준다. 그리고 이 전쟁에서 이길 수 있는 전술을 구체적으로 제시하고 있다. 이 책은 성적 순결을 결단하는 모든 이들에게 꼭 필요한 생활 지침서다.

원호택 교수, 크리스천라이프 명예이사, 서울대 심리학과 명예교수

참된 남성으로 살아가는 데 있어 성 오용이나 도착(倒錯)보다 자주 마주치는 대적은 없다. 항전의 무기고를 증강시키는 것이라면 나는 무엇이든 환영이다.

잭 헤이포드, 처치온더웨이 교회 담임목사, 킹스 신학대학원 총장

이 책을 읽는 모든 남자는 결혼 생활에 혁명을 경험할 것이다. 남자라면 누구나 성적 유혹과 싸우고 있으며, 유혹에 이길 때마다 부부 사이가 더 든든해지기 때문이다. 약한 모습까지 솔직히 내보인 통찰력 있는 책, 남자라면 누구나 알아야 할 내용이다.

레즈와 레슬리 패럿, 『Saving Your Marriage Before It Starts』 저자

성적 유혹의 명확한 실제적 원리가 담긴 시의적절한 책이다. 아터번과 스토커는 남자들을 하나님, 가족들, 배우자와의 보다 성공적인 관계로 이끌며 용기와 헌신과 훈련을 부른다. 남자라면 누구나 읽어야 할 책이다.

존 맥스웰, The INJOY Group 설립자

하나님은 수없이 스티븐 아터번을 쓰셔서 내 마음과 삶에 영향을 끼치셨다. 『모든 남자의 참을 수 없는 유혹』을 공저해 준 그에게 감사한다. 프레드 스토커를 인해서도 감사한다. 프레드는 자신의 약한 모습까지 솔직히 이 책에 열어 보이며 선한 싸움을 싸우는 실제적 전략을 제시한다. 들을 귀 있는 모든 자에게 그는 성적 유혹의 전쟁에 임하는 법, 성경적 진리와 희망을 들려 준다. 마음을 열고 읽으라. 『모든 남자의 참을 수 없는 유혹』이 당신의 결혼 생활과 복음 증거를 살려낼 수 있다.

게리 로즈버그, America's Family Coaches 대표, 『Guard Your Heart』와 『The Five Love Needs of Men and Women』 저자

모든 남자의 참을 수 없는 유혹

스티븐 아터번 · 프레드 스토커 · 마이크 요키 지음 | 윤종석 옮김

좋은씨앗

EVERY MAN'S BATTLE: Winning the War on Sexual Temptation One Victory at a Time
by Stephen Arterburn and Fred Stoeker with Mike Yorkey

This translation published by arrangement with WaterBrook Press,
an imprint of the Crown Publishing Group,
a division of Random House LLC in association
with the literary agency of Alive Communications, Inc.,
7680 Goddard Street, Suite 200, Colorado Springs, Colorado 80920
License arranged through rMaeng2, Seoul, Republic of Korea.

This Korean translation edition ⓒ 2015 by GoodSeed Publishing company,
HyundaiESA 212, 77Road 20, Hyoryungro, Seocho, Seoul, Korea

모든 남자의 참을 수 없는 유혹

초판 1쇄 발행 2003년 12월 20일
2판 3쇄 발행 2024년 9월 25일

지은이 스티븐 아터번, 프레드 스토커, 마이크 요키
옮긴이 윤종석
펴낸이 신은철
펴낸곳 좋은씨앗
출판등록 제4-385호(1999. 12. 21)
주소 서울시 서초구 바우뫼로 156, 402호
주문전화 (02)2057-3041 주문팩스 (02)2057-3042
전자우편 good-seed21@daum.net
페이스북 facebook.com/goodseedbook
ISBN 978-89-5874-236-4 03230
좋은씨앗 ⓒ 2015

본 저작물의 한국어 판권은 rMaeng2를 통하여 WaterBrook Press와 독점 계약한
〈좋은씨앗〉에 있습니다. 저작권법에 의하여 한국 내에서 보호를 받는 저작물이므로
무단 전재와 무단 복제를 금합니다.

스티븐 아터번 :

깊은 사랑을 보여 주고 성적 순결의 훌륭한 귀감이 되어 준
내 친구 짐 번즈에게 이 책을 바친다

프레드 스토커 :

하늘 아버지께(내게 달려와 주심에 감사하며),
아내 브렌다에게 그리고 내 친구 데이브 존슨과
레스 플랜더스에게 이 책을 바친다

# 목차

들어가는 말　10
감사의 말　14
머리말　17

제1부 우리는 어디에 있는가?
　1장　우리들의 이야기　27
　2장　값 지불　36
　3장　중독인가 무엇인가?　44

제2부 어쩌다 여기까지 왔는가?
　4장　혼합된 기준　65
　5장　순종인가 탁월함인가　79
　6장　단지 남자라는 이유로　94
　7장　참된 남성성을 택하라　108

제3부 승리를 선택하라
　8장　결단의 시점　125
　9장　실지가 회복된다　139
　10장　당신의 전투 계획　150

제4부 눈의 승리

　11장　눈길 돌리기　177

　12장　눈을 굶기기　188

　13장　당신의 검과 방패　197

제5부 생각의 승리

　14장　당신의 생각은 야생마　211

　15장　울타리에 접근해올 때　231

　16장　울타리 내부　239

제6부 마음의 승리

　17장　아내를 아껴 주라　255

　18장　영광의 배턴을 들고　271

　19장　최종 단계　287

맺는 말: 남은 이야기　293
공부와 토의 지침　313

들어가는 말

이 책을 포함하는 일련의 연속물 출판 작업에 일원으로 참여했다는 사실은 내 삶의 가장 큰 기쁨 중 하나였으며 앞으로도 그 사실은 변함이 없다. 이 책 하나였다면 나 혼자서도 충분했으리라. 하지만 결론적으로 나는 프레드에게 전적으로 큰 빚을 졌다. 프레드는 이 책을 써야 한다는 부르심을 하나님으로부터 받기 오래 전에 이 책에 담긴 메시지를 실제로 살아본 사람이다.

이상하게 들릴 테지만, 나는 우리가 행하는 일에 하나님이 직접 개입하셔서 새로운 사명을 주시는 식의 흔치 않은 경험을 프레드가 소유했다고 믿는다. 나는 하나님이 그에게 직접 말씀하셨다고 믿으며, 그가 어느 날 나에게 자필 원고를 들고 찾아온 것이 전적으로 하나님의 계획이었다고 확신한다. 그 결과 내 삶은 결코 대체할 수 없는 언어들로 가득해졌다. 그 일은 많은 남자들로부터 온 수많은 이메일과 서신, 포옹, 눈물, 감사 등의 형태로 다가왔다. 여기 그 몇 가지 예를 소개한다.

_감사합니다. 당신이 내 결혼을 살렸어요.

_이제는 내가 원하던 바로 그 사람이 되었습니다. 내가 살고 싶던 그런 삶을 실제로 살고 있습니다.

_아! 이런 자유를 맛볼 수가 있다니, 정말 깨끗해졌습니다.

_이 책이 아니었다면 지금 어디서 무슨 짓을 저지르고 다닐지 모를 겁니다.

_제 남편을 되돌려주셔서 감사드려요. 원래 남편을요!

_이 책이 아니었다면 우리 두 사람은 이미 갈라섰을 겁니다.

_지금 제 남편이 어떻게 달라졌는지 직접 보신다면 놀라실 걸요.

_이 책을 읽는 동안 제 남자 친구가 달라지는 게 보이더라고요.

이런 메시지도 여전히 날마다 나에게 온다:

기독교 서점에 가본 적이 없던 제가 어느 날 우연찮게 거기를 배회하다가 발길이 멈췄는데, 당신이 쓴 책이 바로 내 등 뒤에 있었던 겁니다. 마침 지갑이 없었는데도 이 책을 읽어야겠다 싶더라고요. 당장 집에 달려가서 지갑을 들고 나왔습니다. 책을 사고 나서는 모든 게 달라졌습니다!

몇년 전에 누군가가 선물로 준 이 책을 받아 집에 왔습니다. 그날도 여느 때처럼 '온라인'으로 들어가려는데 마침 그 책이 바닥에서 저를 올려다보고 있는 겁니다. 손에 들었죠. 읽다 보니 저도 모르게 눈물이 흐르더군요. 그러면서 우리 결혼생활이 치유되기 시작했습니다.

뉴라이프 사역을 하던 때, 에브리맨스배틀 워크숍 주말반을 시작하면서 6천 명 이상의 남자들이 참여했다. 어떤 남자들은 부정적으로 반응했지만 대개는 그 주말을 새로운 삶의 전환점으로 만들어 갔다. 아내의 강요에 못이겨 부부동반으로 참석한 한 남편의 이야기가 가장 흥미롭다. 컨퍼런스가 끝날 무렵 그 남자는 자기 비밀을 아내에게 고백했다. 망가질 대로 망가진 자신의 모습에 진심으로 후회하며 되돌릴 수만 있다면 무엇이든 하겠노라고 아내에게 말했다. 아내는 남편의 모든 부동산과 자산을 자기에게 넘기겠다는 약정서에 서명할 것을 요구했다. 만일 남편이 진심으로 후회하고 탐욕과 음란함을 진심으로 끝장낸다면 자기가 남편을 버릴 이유가 없으니 그런 서명은 큰 문제가 되지 않는다면서. 거기에 더해 그녀는 남편에게 가슴 면도를 요구했고 그의 치아에 교정기도 착용할 것을 요구했다. 남자는 이 세 가지 일을 실제로 행했다. 자신의 부도덕으로 인해 아내가 모욕을 당했다는 사실을 깨달은 남자는 이 세 가지 일을 행함으로써 자신을 낮추고 아내의 마음을 돌리고자 했다. 나는 그 두 사람과 지금도 정기적인 만남을 하고 있고 그 두 사람은 잘 지내고 있다.

누군가 이 책을 읽게 된다면 너무 기쁘겠다. 하나님은 몇 가지 이유로 이 책을 당신 눈에 띄게 하셨다. 나는 당신이 이 책을 읽는 것을 기대할 뿐 아니라 그대로 살아 내기를 기대한다. 이 책이 모든 결혼을 구해낼 수 없다는 것을 안다. 그럼에도 나는 이 책을 통해 모든 남자들이 자신의 성적 순결함과 정직을 돌아보게 되고 그들의 배우자들이 치유

받는 계기가 마련될 수 있으리라 본다. 모든 남자들이 그들의 머리를 높게 세우고 자유함과 존귀함과 하나님 마음에 합한 모습으로 걸어갈 수 있으리라 믿는다.

당신이 무슨 짓을 저질렀든, 남들이 무슨 짓을 행했든 그건 중요하지 않다. 당신이 어디 있다 왔든 그것도 중요하지 않다. 중요한 건 지금 당신이 기꺼이 하려는 일이고 당신이 기꺼이 하기로 선택하는 일이다. 이전에 행한 일로 당신의 정체성이 결정됐으리라 생각할지 모르겠다. 아니다. 이제부터 당신이 시도하려는 깨끗하고 새롭고 조금의 불순함이 묻지 않은 그런 삶으로 당신의 이름표를 새기기 바란다. 지금까지 수많은 남자들이 실제로 이렇게 자신의 모습을 새롭게 빚어 가기 시작했다. 그들은 순결함과 정직함과 믿음과 존귀함으로 이름 붙은 삶을 살고 있다. 그 중에 프레드와 나도 포함된다. 그러니 나를 알고 있는 당신도 이 일에 확신을 품을 수 있다. 당신도 할 수 있다.

 감사의 말

나를 프레드 스토커에게 소개해 준 그렉 존슨에게 감사하고 싶다. 하늘이 맺어 준 연분이었다. 프레드에게 감사한다. 성 중독 상태는 아니지만 성적 순결로 강해지기 원하는 남자들에게 그는 예리한 판단력과 지혜를 가져다 준다. 이들 둘은 물론 뛰어난 필력의 마이크 요키와 작업할 수 있었던 것은 내게 특권이었다. _ 스티븐 아터번

내 삶에 깊은 영향을 미친 몇 분에게 감사하고 싶다. 월남전 재향군인으로 실업 고등학교에 재직중인 재능 많은 캠벨 씨는 운동 선수 출신인 내 마음에 용케 집필의 열정을 불어넣어 주었다. 존슨 파머 목사와 레이 헨더슨 목사는 내 영웅이다. 지원을 아끼지 않은 조이스 헨더슨에게도 감사를 빼놓을 수 없다. 내 장모 그웬은 가장 열렬히 내 편이 되어 주었다.

자신들의 사연을 공개하고 초고를 읽어 준 이들에게 감사한다. 분명한 이유로 이름은 열거할 수 없지만 본인들은 알 것이다. 그들 없이는

불가능한 일이었다. 내 가장 오랜 친구들에게 깊이 감사한다. 우선 '짐 아저씨'는 나한테 빚진 게 있음을 잊지 마시기를! '밀비'에게 내 무한한 존경을 바친다. '할리우드'에게 삶은 여전히 너무도 귀하다고 말해 주고 싶다. R. P.는 이 날이 올 것을 내다보았다. 그밖에도 댄, 브래드, 딕, 그레이, 패트, R. B., 버스터는 한 남자가 꿈꿀 수 있는 가장 든든한 동지들이다.

끝으로 나를 믿고 기회를 준 내 저작권 대리인인 얼라이브커뮤니케이션의 그렉 존슨에게 깊이 감사한다. _프레드 스토커이 책에는 성적 순결에 관한 과거의 고민들이 적나라하게 기술된 대목이 많다. 저자 자신들의 고민도 있고 다른 사람들의 고민도 있다. 비슷한 문제로 고민하는 독자들과의 허심 탄회한 대화를 위해 우리는 불쾌감을 주지 않으면서도 최대한 솔직성을 살리는 데 주력했다. 그리하여 남자들이 자신의 부정한 삶을 좀더 쉽게 직시하고, 하나님의 은혜와 능력에 힘입어 그분의 거룩함에 적극 참예할 수 있도록 돕고자 했다.

 ## 00 머리말

편집자 마이크 요키의 말

모든 책은 저자의 사랑의 수고라 할 수 있지만 이 책은 독자인 당신을 위해 하나님이 공들이신 사랑의 수고다. 하나님은 성이 난무하는 문화 속에 살아가는 남자들의 절규를 들으셨다. 그리고 뜻밖의 방식으로 네 남자를 하나로 묶어 그 절규에 응답하셨다. 이 책이 당신 손에 들리기까지의 사연이 당신 마음에 중요한 메시지가 될 것 같다.

나는 포커스 온 더 패밀리 잡지 편집자로 일하던 1995년에 프레드 스토커를 전화로 처음 만났다. 프레드는 "손을 떼는 기술"이라는 글을 보내왔는데, 제임스 답슨 박사의 책 『사춘기 준비』(Preparing for Adolescence)로 자신의 열한 살 난 아들 제이슨에게 기초 성교육을 시켰다는 내용이었다. 우리가 청탁한 적이 없는데도 프레드의 글은 포커스 온 더 패밀리 우편 행낭을 통해 날아들었다. 다시 말해 그의 기고는 매년 저자 지망생들이 저마다 자신의 글이 뽑혀 책에 실리기를 바라며 우리에게 보내오는 천여 편 글 가운데 하나였다.

청탁받지 않은 원고는 매년 잡지에 여남은 개밖에 실릴 자리가 없건만 프레드는 그것을 몰랐다. 그러나 원고를 훑어보니 프레드의 일인칭 사연은 내게 와닿는 부분이 있었고, 그래서 몇 달 내로 그 글은 잡지에 실렸다.

얼마 후 프레드가 내게 생각지도 못한 꾸러미를 택배로 보내왔다. 그때 나는 가족들과 함께 샌디에고로 이사해 전업 작가의 길에 들어선 후였다. 안에는 두꺼운 원고 뭉치가 있었다. 프레드의 편지를 읽어보니 밤잠도 못 자고 주말도 희생해 가며 몇 달씩 애쓴 작품이었다. 심장이 멎는 듯한 경험이었지만 이미 자기 아내 브렌다에게도 원고를 보였다고 했다. 그녀는 원고를 극찬했고 이제 프레드는 전문 작가 겸 편집자의 의견이 필요했다. 자신이 아는 사람은 나뿐인지라 프레드는 내게 원고를 대충 봐 줄 수 있겠느냐고 물었다.

프레드의 원고를 들고 자리에 앉은 나는 금방 주제에 빨려 들었다. 대다수 저자들이 변죽만 올리는 주제이건만 이 남자는 자신과 다른 남자들의 인생 사연을 솔직히 내보이고 있었다. 여자들에게 던지던 추파. 아는 여자들과의 상상 속의 성행위. 성적 공상. 성적인 이중 의미 부여. 격한 자위행위.

프레드의 글은 구성을 다듬고 압축할 필요가 있었지만(첫 원고이니 그럴 만도 하다) 장황한 표현 밑에는 한 세대 남자들의 성적 순결에 영향을 미칠 수 있는 진리의 보고(寶庫)가 들어 있었다. 프레드에게 그런 소감을 알렸더니 그는 내게 원고를 고쳐 써 달라고 부탁했다.

프레드와 좀더 대화하고 기도한 후 수락은 했지만 쉬운 결정은 아니었다. 프리랜서 작가의 길에 갓 들어선 나로서는 프로젝트를 잘 택하는 것이 결정적으로 중요했다. 프레드 같은 초보 저자들을 받아 줄 출판사를 만나기란 극히 어렵다. 그의 원고가 영영 출간의 빛을 보지 못할 수도 있음을 나는 알았다. 그러나 우리는 밀고 나갔다. 하나님이 정말 이 메시지의 보급을 원하신다면 출판사도 보내 주실 줄로 믿었다. 도서출판 워터브룩은 하나님의 응답이었다.

발행인 댄 리치의 말

마이크와 프레드의 원고를 읽는 순간 강한 잠재력이 느껴졌다. 우리 워터브룩이 가장 절실히 찾는 책들은 '옛 진리를 새 시각으로' 전달해 그리스도인 독자들에게 격려와 지지와 도전을 주고, 그들을 새로운 희망과 구속(救贖)으로 이끌어 줄 저자들의 책이다. 둘의 원고는 그 좋은 예였다.

원고는 그대로 좋았으나 기획 회의를 통해 우리는, 지명도와 경험을 갖춘 상담자의 목소리가 추가되면 그 영향력이 훨씬 커질 수 있다는 데 의견을 같이했다. 여기에 안성맞춤인 사람을 우리는 스티븐 아터번으로 정했다. 그는 공저를 포함해 35권의 책을 집필했고, 뉴라이프 클리닉이라는 정신건강 시설 체인을 설립했으며, 전국 라디오 프로그램 '뉴라이프 라이브'의 공동 진행자였다.

우리가 합류를 부탁하자 다행히 스티브는 수락해 주었다(완성판에서 스티브와 프레드 각자의 원고는 대체로 '우리'의 관점으로 통합됐다. 단 각자의 경험과 배경에서 비롯된 구체적 상황을 말할 때는 따로 이름을 밝혔다).

저자 스티븐 아터번의 말

내가 본서의 공저 제의를 쾌히 수락한 것은 주제에 대한 내 각별한 믿음 때문이다. 이 책은 내가 아는 어떤 결혼 관련 서적보다 더 깊이, 더 많은 결혼을 변화시킬 수 있다고 나는 믿는다. 원고를 정독한 후 프레드에게 처음 전화를 걸었을 때 나는 그렇게 말했다.

남성의 성적 순결에 관한 책이 어떻게 결혼 생활을 바꿀 수 있을까? 성적인 죄야말로 오늘날 결혼 생활의 기초와 기둥을 갉아먹는 흰개미임을 나는 봐 왔기 때문이다. 라디오 프로 '뉴라이프 라이브'를 진행하다 보면, 음란한 사고와 경건치 못한 성적 행동에서 벗어나려 애쓰는 남자들로부터 매주 몇 통씩 전화가 걸려 오는 것은 예사다. 창피함만 아니라면 전화할 남자들이 분명 훨씬 많을 것이다.

지금 당신의 손에 들린 책 『모든 남자의 참을 수 없는 유혹』에, 감히 상상도 못했던 방식으로 당신을 자유케 하고 아내를 사랑하게 해줄 잠재력이 들어 있다고 나는 자신있게 말할 수 있다.

신원 보호 차원에서 우리는 본서에 실린 이들의 이름을 바꾸고 이야기의 잔가지도 약간씩 고쳤다. 그러나 그들의 이야기는 실화다. 목사들, 예배 인도자들, 집사들, 장로들의 이야기다. 화이트칼라 사무직과 블루칼라 직원들의 이야기다. 그들은 모두 끔찍한 덫에 갇혔던 이들이다. 우리도 한때 그랬듯 말이다.

그러나 성적 순결의 추구는 논란이 많은 주제다. 나는 라디오 프로에서 이 얘기를 꺼내다 된서리를 맞곤 한다. 프레드도 이 주제로 가르치거나 강연하면서 비난의 화살을 받아 왔다. 하나님의 기준을 터무니없는 구속(拘俗)으로 여기는 영악한 세상 사람들은 우리를 비웃는다. 그래도 우리는 상관없다. 더 큰 관심사, 즉 당신이 있기 때문이다.

당신은 곤란한 처지에 있다. 당신은 인쇄물, 텔레비전, 비디오, 인터넷에 심지어 전화까지 온갖 매체를 통해 하루 24시간 선정적인 이미지가 쏟아져 나오는 세상에 살고 있다. 그러나 하나님은 그리스도의 십자가를 통해 당신을 죄의 노예에서 자유케 하신다. 그분은 당신의 눈과 생각을 지으실 때 훈련과 통제 능력을 주셨다. 우리는 일어나 그분의 능력으로 옳은 길을 가기만 하면 된다.

남자들은 전투 계획이 필요하다.『모든 남자의 참을 수 없는 유혹』을 다 읽고 나면 성적으로 순결한 남자가 되는 세부 계획이 생길 것이다. 개인적으로나 남자들 모임에서 사용할 수 있도록 책 말미에 공부와 토의 지침도 실었다.『모든 남자의 참을 수 없는 유혹』은 당신 교회의 남성 수련회에 훌륭한 자료가 되리라 믿는다.

프레드와 나는 결혼한 남자의 입장에서 말하겠지만『모든 남자의 참을 수 없는 유혹』은 기혼 남성들만 위한 것이 아니다. 여기 기술된 원리들은 독신자로서 성적 순결의 문제를 해결해야 하는 많은 사춘기와 청년기 남자들에게도 똑같이 적용된다. 강조하거니와 결혼은 성적 유혹에서 벗어나는 자동 출구가 아니다. 그래서 본서에 제시된 원리들은 독신 청년들이 정욕이나 중독 행위에 빠지지 않을 뿐 아니라 배우자를 바로 선택할 소지를 높이는 데도 유익하다.

『모든 남자의 참을 수 없는 유혹』은 남자를 위한 책이지만, 여성들도 이 책을 통해 오랜 안목의 문제와 싸우는 남자들을 더 잘 이해할 수 있다. 그래서 우리가 여성들을 상대로 인터뷰한 내용에 기초해 책의 각 부 끝에 '여자의 마음'이라는 코너를 따로 실었다.

저자 프레드 스토커의 말

나는 한때 문란한 성생활의 노예였다. 해방된 후에 나는 다른 남자들이 이 죄에서 자신을 깨끗케 하도록 돕고 싶었다.

어느날 나는 주일학교에서 남성의 성적 순결을 주제로 가르쳤다. 끝난 후 한 남자가 찾아와 말했다. "나는 늘 나도 남자니까 여자한테 던지는 추파를 억제할 수 없다고만 생각했습니다. 다른 길이 있을 줄은 몰랐습니다. 이제 나도 해방입니다!" 그런 대화들은 내 마음을 전율케 했고, 이 궁지에서 헤어나도록 남자들을 돕고 싶은 하나님이 주신 내 열망을 확인시켜 주었다.

나를 찾아와 자신의 성적 죄의 사연을 들려 준 남자들 중에는 내게 책을 써 볼 것을 권한 이들도 많았다. 처음에 나는 그것을 단순한 칭찬의 말쯤으로 일축했다. 설령 내가 글을 쓴다해도 출간 가능성은 희박했다. 나는 책을 써 본 적도 없었고 전국 라디오 프로 진행자도 아니었고 박사학위도 없었고 그렇다고 신학교를 나온 것도 아니었다.

그런데 왜 나는 책을 쓰기 시작했을까? 하나님이 혹 그분 나라 안에서 내게 책이라는 목소리를 주신다면 더 많은 남자들에게 승리의 실제적 지침을 알릴 수 있다는 강한 느낌 때문이었다. 그러면 그들도 자유를 얻고 또 다른 사람들을 도와 줄 수 있으리라.

다음 말씀에 힘입어 나는 몇 달씩 밤마다 이 책에 계속 매달릴 수 있었다.

> 하나님이여, 주의 인자를 좇아 나를 긍휼히 여기시며
> 주의 많은 자비를 좇아 내 죄과를 도말하소서…
> 주의 구원의 즐거움을 내게 회복시키시고
> 자원하는 심령을 주사 나를 붙드소서
> 그러하면 내가 범죄자에게 주의 도를 가르치리니
> 죄인들이 주께 돌아오리이다
>
> (시 51:1, 12-13).

보다시피 하나님의 계획은 죄인들을 자유케 하신 후 그들을 사용해 다른 사람들을 가르치게 하시는 것이다. 하나님은 바로 그렇게 나를 사용해 오셨다. 나는 그분이 당신도 써 주실 것을 믿는다.

어서 시작하고 싶은가? 좋다. 나도 그렇다. 세상엔 진짜 남자들이 필요하다. 명예와 품위를 갖춘 남자들, 손이 제자리에 있고 눈과 생각이

그리스도께 고정된 남자들. 엉큼한 시선이나 성적으로 음란한 생각이나 심지어 성 중독이 당신 삶의 이슈라면, 스티브와 나는 당신이 뭔가 조치를 취하기를 바란다.

지금이 그때가 아닌가?

제 1부

우리는 어디에 있는가?

Where Are We?

# 01 우리들의 이야기

"음행[성적 부도덕]과 온갖 더러운 것과 탐욕은 너희 중에서 그 이름이라도 부르지 말라"(엡 5:3). 성경에 성적 순결에 대한 하나님의 기준이 담긴 구절이 하나 있다면 바로 이 말씀이다.

의당 뒤따르는 질문이 있다. 하나님의 기준에 비추어 당신 삶에는 성적 부도덕이 조금이라도 있는가?

우리 둘 다 그 질문에 대한 답은 '그렇다'였다.

스티브: 충돌 사고

1983년 나와 아내 샌디는 결혼 1주년을 맞았다. 그해 햇살이 작렬하던 남부 캘리포니아의 어느 아침, 나는 인생과 우리의 미래를 낙관하며 1973년형 벤츠 450SL에 올라탔다. 차체는 흰색에 덮개는 검은색인

내가 꿈에 그리던 차였다. 우리는 그 차를 산 지 두 달밖에 안 됐었다.

나는 북쪽으로 달려 말리부를 지나 옥스나드로 향했다. 한 병원의 중독 치료센터 증설 여부에 관해 그곳 법정 공청회에서 증언을 부탁받은 터였다. 태평양 해안도로를 달리는 기분은 언제나 좋았다. 황금빛 해안을 끼고 4차선 아스팔트 도로를 달리노라면 로스앤젤레스 인근의 해변 문화가 코앞에까지 바짝 다가왔다. 덮개를 내린 차, 얼굴에 스치는 바람. 살아 있다는 것이 즐겁기만 한 여름날의 아침이었다.

그날 나는 처음부터 의도적으로 여자를 구경할 뜻은 절대 없었지만 전방 왼쪽으로 200미터쯤 되는 지점에 여자가 눈에 띄었다. 조깅하는 여자는 해변 쪽 인도를 따라 내 쪽으로 오고 있었다. 양가죽 좌석에 앉아서 본 그 광경은 캘리포니아의 높은 기준을 감안하더라도 가히 환상적이었다.

내 눈은 금발의 여신에 붙들렸다. 일정한 보폭으로 달리는 여자의 그을린 몸에서는 땀이 흘러내렸다. 여자의 조깅복은 ─ 스포츠 브라와 스판덱스가 없던 시절 그런 명칭이 가능하다면 ─ 사실상 꽉 죄는 비키니였다. 여자가 내 왼쪽으로 다가왔다. 두 개의 조그만 삼각형 천 조각에 풍만한 가슴이 다 담기지 않았다.

여자의 얼굴은 나도 모른다. 그날 아침, 목 선 위로는 전혀 기억에 없다. 내 눈은 내 옆을 지나가는 미끈한 육체의 연회에 탐닉했다. 여자가 남쪽으로 멀어져 가는데도 내 눈은 그 나긋나긋한 몸매를 계속 따라갔다. 그녀의 걸음걸이에 홀리기라도 한 듯 순전히 정욕의 본능으로 나는 고개를 점점 더 돌리고 목을 뽑아, 내 상상 속 비디오 카메라에 모든 순간을 담으려 했다.

그때 꽝! 소리가 났다.

내 벤츠가 같은 차선에 정지해 있던 쉐비를 들이받지만 않았다면 나는 운동하는 여자의 그 완벽한 몸매에 지금도 감탄하고 있을지 모른다. 다행히 차가 많아 정지가 잦은데다 운전 속도도 시속 25킬로미터밖에 안 돼 큰 충돌은 아니었지만 어쨌든 내 차 앞쪽 범퍼가 구겨지고 후드가 우그러졌다. 나한테 받힌 남자도 차 뒤쪽에 상당한 피해를 입고 불쾌해했다.

나는 차에서 나왔다. 당황하고 창피한데다 은근히 마음이 찔려 설명다운 설명을 내놓을 수 없었다. "당신도 봤다면 이해가 갈 거요." 그렇게 말할 수는 없는 노릇이었다

10년 더 어둠 속에

내 아름다운 아내 샌디에게도 이실 직고할 수 없었다. 그날 저녁 나는 아침에 말리부에서 있었던 불상사를 그럴 듯하게 둘러댔다. "샌디, 차들이 계속 가다 서다 했거든. 라디오 채널을 바꾸려고 약간 몸을 숙였다 싶었는데 어느새 쉐비를 들이받아 버렸지 뭐요. 아무도 안 다쳤으니 다행이지."

실은 갓 시작한 내 결혼 생활이 다쳤다. 당시에는 몰랐지만 온전히 헌신하겠다던 내가 샌디를 속이고 있었던 것이다. 내가 모른 것이 또

있었다. 내 삶을 바치기로 서약했음에도 나는 내 눈을 샌디에게 완전히 바치지 않았다.

그렇게 10년 더 어둠 속에 있고 나서야 나는 여자들을 보는 내 눈에 철저한 변화가 필요함을 깨달았다.

프레드: 분리의 벽

주일 아침, 예배 시간마다 늘 그랬다. 나는 주변을 둘러 보았다. 눈을 감고 막힘없이, 간절히 우주의 하나님을 예배하는 다른 남자들이 보였다. 나는? 주님과 나 사이에 분리의 벽만 느껴질 뿐이었다.

나는 왠지 하나님과 안 맞았다. 새 신자니까 아직 하나님을 잘 몰라서 그러나보다 했다. 그러나 시간이 지나도 통 달라지지 않았다.

나는 막연히 내가 하나님께 부적합한 존재라는 느낌이 들었다. 아내 브렌다에게 털어 놓았더니 아내는 조금도 놀라지 않았다.

"물론 그렇겠죠!" 아내는 큰 소리로 말했다. "당신은 아버지한테도 적합한 존재라고 느껴본 적이 없잖아요. 내가 아는 모든 목사님들이 그러는데 남자와 아버지의 관계는 하나님 아버지와의 관계에 지대한 영향을 미친대요."

"맞을 거요." 나는 수긍했다.

그렇게 간단한 문제이기를 바랬다. 나는 어린 시절을 떠올리며 궁리했다.

그러고도 네가 인간이냐?

대학 시절 전국 레슬링 챔피언을 지낸 우리 아버지는 잘생기고 억센데다 좀 지독한 면이 있는 사업가였다. 나도 어떻게든 아버지처럼 되고 싶어 중학교 때 레슬링을 시작했다. 그러나 최고의 레슬러들은 천성적으로 거칠고 사나운 면이 있는데 나는 레슬러의 심장이 없었다.

당시 아버지는 우리가 살고 있던 아이오와 주 앨버넷이라는 소읍의 고등학교 레슬링 코치를 맡고 있었다. 나는 아직 중학생이었지만 아버지는 나를 선배들과 대결시키려고 고등학교 연습 시간에 데려갔다.

그날 오후 우리는 피하는 동작을 연습하고 있었다. 내 파트너가 아래 수비 위치에 있었다. 매트에서 서로 움켜잡은 상황에서 갑자기 그가 코를 풀겠다고 했다. 그는 똑바로 서더니 자기 티셔츠를 잡아당겨 코에 대고는 셔츠 앞자락에 세게 코를 풀었다. 우리는 재빨리 원위치로 돌아갔다. 내 위치가 위였으므로 나는 그를 꽉 붙잡아야 했다. 그의 허리를 두르다가 그만 티셔츠의 끈적끈적한 부분이 내 손에 닿았다. 나는 비위가 상해 그를 놓아 버렸다.

아버지는 상대가 쉽사리 피하는 것을 보고 나를 혼냈다. "그러고도 네가 인간이냐?"며 버럭 소리를 질렀다. 매트를 뚫어져라 쳐다보면서 나는 깨달았다. 내게 레슬러의 심장이 있었다면 나는 상대를 찍어눌러 올라타고는 보복으로 그 얼굴을 매트에 박았을 것이다. 그러나 나는 그런 심장이 없었다.

그래도 나는 아버지 마음에 들고 싶어 다른 운동들을 시도했다. 지금도 기억나는 야구 시합이 있다. 삼진 아웃을 당한 후 나는 고개를 푹 숙이고 더그아웃으로 돌아왔다. "고개 쳐들어!" 아버지가 다들 들으라고 고함쳤다. 죽을 맛이었다. 그러더니 아버지는 긴 편지에 내 실수를 하나하나 자세히 적어 주었다.

세월이 흘러 내가 브렌다와 결혼한 후 아버지는 우리 결혼 생활을 브렌다가 너무 쥐고 있다고 생각했다. "진짜 남자들은 집안을 꽉 잡는 법이다." 아버지는 말했다.

괴물

나와 아버지의 관계에 대해 함께 얘기하면서 브렌다는 내게 상담을 받아 볼 것을 권했다. "나쁘지는 않겠지요." 아내는 말했다.

그래서 나는 책도 읽고 담임 목사와 상담도 했다. 아버지를 향한 내 감정은 나아졌다. 그러나 주일 아침 예배 시간이면 여전히 하나님께 거리감이 느껴졌다.

거리감의 참 이유는 서서히 밝혀졌다. 내 삶에 약간의 성적 부도덕이 있었던 것이다. 내 속에 괴물이 도사리고 있다가 일요일 아침 편안한 캐주얼 차림으로 앉아 일요판 조간 신문을 펼 때마다 고개를 쳐들었다. 나는 얼른 신문에 삽입된 백화점 컬러 광고지들을 찾아 차례로 훑기 시작했다. 전단에는 브래지어와 팬티 차림으로 포즈를 취한 모델들이 가득했다. 언제나 웃고 있었다. 언제나 눈앞에 있었다. 나는 광고지를 한 장씩 오래오래 뜯어보며 즐겼다. 잘못인 줄은 알았지만 〈플레이보이〉지와는 한참 거리가 먼 사소한 일이라고 자위했다.

나는 팬티 속을 엿보며 공상에 빠졌다. 간혹 모델은 내가 전에 알던 어떤 여자를 생각나게 했고, 그러면 내 마음은 함께했던 시간들에 대한 기억으로 다시 불붙었다. 나는 일요일 아침 신문 보는 시간을 은근히 즐겼다.

자신을 좀더 자세히 살피면서 나는 내 성적 부도덕의 정도가 약간이 아님을 알았다. 내 유머 감각에도 그것이 배어 있었다. 때로 사람들 — 심지어 우리 목사 — 의 순수한 말조차 성적 의미로 둔갑해 들려왔다. 웃어넘기면서도 꺼림칙했다.

'내 머릿속에서는 왜 아무 말이나 대뜸 성적 의미로 둔갑할까? 그리스도인의 마음에 이렇게 자동으로 그런 생각이 떠올라도 되는 건가?'

그런 것들은 이름이라도 부르지 않는 것이 성도의 마땅한 바라는 성경 말씀이 떠올랐다. '그런 생각을 하면서 웃기까지 하니 나는 악질이다.'

내 눈은? 내 눈은 자극적인 것을 찾아 탐욕스레 지평을 살피다 무엇이든 관능적 눈요깃거리가 걸리면 거기서 떠날 줄 몰랐다. 차에서 아이를 내리려고 몸을 구부린 반바지 차림의 젊은 엄마들. 실크 셔츠를 입은 찬양팀 솔로들. 노출이 심한 여름 옷들.

내 생각도 고삐 풀린 망아지였다. 그것은 아버지 침대 밑에서 〈플레이보이〉지를 발견했던 어린 시절부터 시작됐다. 아버지는 섹스에 관한 조크와 연재 만화가 그득한 〈From Sex to Sexy〉라는 간행물도 구독했다. 어머니와 이혼하고 '독신자 아파트'로 이사한 아버지는 거실에 커다란 벨벳 누드를 걸어 두었다. 일요일 오후 아버지를 방문할 때면 나는 그 그림 밑에서 아버지와 카드 게임을 했다.

내가 가면 아버지는 내게 자질구레한 집안일을 시켰다. 우연히 아버지 정부(情婦)의 누드 사진을 보기도 했다. 음경 모양의 20센티미터 세라믹 성구(性具)를 본 적도 있다. 아버지가 변태적 '섹스 놀이'에 사용하는 것임이 분명했다.

가망 없는 자들을 위한 희망

이런 온갖 성적인 것들이 내 속을 깊이 휘저으며 순결을 파괴했다. 그 순결이 되돌아오는 데는 오랜 세월이 걸렸다. 대학에 들어간 나는 곧 포르노에 빠졌다. 내가 좋아하는 약간 덜 노골적인 포르노 잡지류가 있었는데, 사실 나는 근처 약국에 그런 잡지들이 도착하는 날짜까지 기억하고 있었다. 특히 나는 〈갤러리〉 잡지의 '옆집 여자들' 코너를 좋아했다. 남자들이 자기 애인의 누드 사진을 찍어 잡지사에 기고하는 난이었다.

집에서 멀리 떠나온 데다 기독교적 기반도 전무했던 나는 조금씩 조금씩 섹스의 수렁에 빠져 들었다. 처음 성관계를 가질 때는 상대와 결혼할 생각으로 그랬다. 다음번 상대는 결혼할지도 모르는 여자였다. 그 다음에는 어쩌면 내가 사랑하게 될 것도 같은 좋은 친구였다. 그 다음에는 내가 잘 알지도 못하는 여자, 그저 섹스가 뭔지 알고 싶어하는 여자였다. 결국 나는 시도 때도 없이 누구하고나 섹스를 즐겼다.

캘리포니아 생활 5년 만에 나는 동시에 네 여자와 관계를 유지하고 있었다. 그중 셋과 함께 잤고 사실상 둘과 결혼을 약속했다. 그들끼리는 서로 몰랐다. 요즘 혼전 커플들을 상대로 강의할 때 나는 소위 '양다리 걸친' 남자를 어떻게 생각하느냐고 여자들에게 묻곤 한다. 내가 제일 좋아하는 답은 "가망 없는 돼지 같은 놈이에요!"다. 나는 가망 없이 돼지우리에 살고 있었다.

내가 이런 얘기를 털어 놓는 이유는 무엇인가?

첫째, 성적으로 깊은 수렁에 빠지는 것이 무엇인지 내가 알고 있음을 당신에게 알리고 싶다. 둘째, 나는 당신에게 희망을 주고 싶다. 차차 보겠지만 하나님은 내게 일하셔서 나를 그 수렁에서 건지셨다.

당신 삶에 성적 부도덕이 이름이라도 있다면 그분은 당신에게도 일하실 것이다.

02 값 지불

프레드: 찾아 갈 대상을 알다

독신 시절 나는 깊은 수렁에 빠져 살면서도 내 삶의 문제를 전혀 보지 못했다. 물론 나는 이따금씩 교회에 나갔고 때때로 목사의 말에 마음이 찔리기도 했다. 그러나 거기까지였다. 나는 애인들을 사랑했다. 내가 이렇게 산다고 해서 아무도 다칠 사람은 없었다.

우리 아버지는 결국 재혼했다. 내가 아이오와 고향집에 가면 계모는 강 건너 일리노이 몰린에 있는 몰린 복음교회로 가끔씩 나를 끌고 갔다. 복음이 명확히 선포됐지만 내게는 전체 광경이 너무도 우스웠다. '이 사람들 미쳤잖아!' 나는 냉소를 발하곤 했다.

스탠포드대학교 사회학과를 우등으로 졸업한 나는 샌프란시스코 지역에서 투자 자문가로 취직하기로 했다. 5월의 어느 봄날 나는 사무실에 늦게까지 있었다. 다들 퇴근하고 나 혼자 남아 고민에 빠졌다. 나는 의자를 돌려 캐비닛에 발을 올려 놓고는 캘리포니아 특유의 장엄한 석양을 물끄러미 바라보았다.

그날 저녁, 태양이 수평선 밑으로 떨어질 때 나는 불현듯 내 꼬락서니를 똑똑히 보았다. 절망적이리만큼 흉한 모습이었다. 그전까지는 눈이 멀어 몰랐으나 이제 보였다. 순간 나는 내게도 구주가 필요함을 깊이 절감했다. 몰린 복음교회 덕분에 나는 내가 찾아갈 분이 누구인지 알았다.

그날 내 단순하고 절실한 마음에서 이런 기도가 나왔다. "주님. 주님께서 제게 일하실 준비가 되셨다면 저도 주님을 따를 준비가 됐습니다."

나는 그 기도의 의미를 다 이해하지 못한 채 일어나 사무실을 나왔다. 그러나 하나님은 아셨다. 천국이 온통 내 삶 속에 옮겨 온 듯했다. 2주도 안 되어 나는 아이오와에 일자리를 얻었다. 내 앞에 새 삶이 펼쳐졌다. 여자는 없었다!

기분 좋은 출발

아이오와에 돌아온 나는 새 교회 협동목사 조엘 버드가 인도하는 결혼 강좌에 나가기 시작했다. 얼마 안 되어 나는 여자를 바로 대하는 법에 내가 문외한임을 깨달았다. 부모의 이혼으로 집에서 애정 관계의 모델을 보지 못했기 때문일 수도 있다. 그러나 그보다는 나 자신의 이기

심과 성적인 죄 때문이었다. 내가 여자에 대해 아는 거라곤 하룻밤의 잠자리와 가벼운 연애 관계에서 온 것이 전부였다.

조엘 목사에게 배우던 그해 나는 데이트를 하지 않았다. 1년 내내 결혼 강좌에 나가면서 단 한 번의 데이트도 안 한 남자는 역사상 나밖에 없을지도 모른다! 그러나 12개월이 끝나기 직전 나는 이런 단순한 기도를 드렸다. "주님, 일 년간 이 강좌에 나오면서 여자에 대해 많은 것을 배웠지만 실생활 속에선 이런 것을 본 적이 없는 것 같습니다. 저는 그리스도인 여자를 정말 알았던 적이 없습니다. 이런 경건한 성품이 삶으로 나타나는 여자를 제게 보여 주소서."

나는 데이트 상대나 애인이나 배우자를 구한 것이 아니다. 다만 그런 가르침을 실제로, 실생활 속에서 보고 싶었을 뿐이다. 그러면 더 잘 이해가 될 것 같았다.

하나님이 하신 일은 그것을 훨씬 초월했다. 일주일 후 그분은 나를 미래의 아내 브렌다와 만나게 하셨다. 우리는 사랑에 빠졌다.

그리스도에 대한 헌신으로 브렌다와 나는 결혼 때까지 순결을 지키기로 했다. 그녀는 숫처녀였다. 나도 그랬으면 얼마나 좋았을까. 그래도 우리는 키스는 했다. 와! 입술만 갖다댔는데도 너무 좋았다! 나중에야 훨씬 깊이 깨달았지만, 내게 그것은 하나님의 성적 기준에 순종할 때 오는 육체적 만족의 보상에 대한 첫 경험이었다.

내가 대학 4학년 때 유행했던 노래가 있다. 키스가 아직 특별한 일이었던 때의 기분을 떠올리려 애쓰며 탄식하는 내용이었다. 인생의 그 시점까지 키스는 내게 전혀 무의미한 일이었기에 그 노래 가사가 서글프게 내 마음에 와 닿았었다. 키스란 성관계로 가기 위한 무미 건조한 요식 행위였다. 뭔가 깊이 잘못돼 있었다.

그러나 브렌다와의 경험으로 다시 돌아와, 이제 단순한 입맞춤에 전율이 되살아났다. 나같이 닳고닳은 색골에게 그것은 전혀 뜻밖의 일이었다.

내 삶에 하나님의 역사가 계속되는 가운데 브렌다와 나는 결혼해서 콜로라도로 신혼 여행을 다녀온 뒤, 데모엔 교외의 옥수수 밭 가장자리에 있는 신축 아파트에 입주했다. 정말 여기가 천국이구나 싶었다.

시간이 흘렀다. 나는 처음엔 기분이 좋았다. 한때 동시에 두 여자와 약혼했던 내가 이제 행복하게 한 여자와 결혼했다. 한때 포르노에 빠졌던 내가 결혼식 날 이후로 포르노 잡지를 한 권도 사지 않았다. 내 이력을 감안할 때 그것은 장족의 발전이었다.

그러나 기준 미달

나는 직장 세일즈 일과 교회 리더 역할에 몰두했다. 그러다 아빠가 됐다. 나는 그 모든 삶을 즐겼고, 그리스도인으로서 내 이미지는 점점 빛을 발했다.

세상의 기준으로 볼 때 나는 잘하고 있었다. 단 한 가지 작은 문제가 있었다. 성적 순결에 대한 하나님의 기준으로 볼 때, 내 삶은 그분이 세우신 결혼 비전의 근처에도 못 갔다. 분명 나는 순결 쪽으로 행동을 바꿔왔으나 하나님의 기준이 상상보다 높고 나를 향한 아버지의 희망이 생각보다 높음을 깨달았다.

곧 밝혀졌지만 나는 거룩함과 거리가 멀어도 한참 멀었다. 나는 아직도 광고 전단에 탐닉했고 아무 말에나 성적인 이중 의미를 부여했고 육욕의 눈요기를 찾았다. 내 생각은 옛 애인들과의 공상과 백일몽을 그칠 줄 몰랐다. 성적 부도덕도 이만저만이 아니었다.

나는 값을 치르고 있었고 청구서는 쌓여가고 있었다. 우선 나는 절대 하나님을 똑바로 바라볼 수 없었다. 절대 그분을 온전히 예배할 수 없었다. 나는 내가 위선자임을 알았다. 다른 여자들과 함께 있는 것을 꿈꾸고, 지난날의 성적 정복을 회상하며 은근히 즐겼기 때문이다. 하나님과의 거리감은 계속됐다.

주변 사람들의 말은 달랐다. "왜 이래! 자기 눈과 생각을 통제할 수 있는 사람은 세상에 아무도 없다고! 하나님은 자네를 사랑하셔! 딴 문제일 걸세." 그러나 나는 그렇지 않음을 알았다.

내 기도 생활은 밋밋했다. 한번은 우리 아들이 많이 아파 응급실에 실려가야 했다. 나는 즉각 기도했을까? 아니다. 남한테 급히 기도를 부탁했을 뿐이다. "목사님께 전화해 기도 부탁했소?" 나는 브렌다에게 물었다. "론에게 전화했소? 레드에게 전화해 기도해 달라고 했소?" 나는 나 자신의 기도에 믿음이 없었다. 죄 때문이었다.

내 믿음은 다른 면에서도 약했다. 전액 커미션을 받는 세일즈맨으로서 나는 많은 거래를 연거푸 경쟁 회사에 빼앗길 경우 그런 실패가 내 죄 때문이 아니라는 확신이 통 없었다. 나에게는 평안이 없었다.

나는 죄 값을 치르고 있었다.

결혼 생활도 어려웠다. 나는 죄 때문에 브렌다에게 100% 헌신할 수 없었다. 나중에 아내가 나를 버릴지도 모른다는 두려움이 있었다. 그래서 브렌다는 친밀함을 잃었다. 그뿐 아니라 브렌다는 자신이 사탄에게 쫓기는 악몽을 꾼다고 말했다. 내 부도덕이 아내의 영적 안전마저 앗아가려는 것일까?

아내도 값을 치르고 있었다.

교회에서도 나는 속 빈 강정이었다. 교회에 갈 때마다 나는 다른 사람의 섬김과 용서가 절실히 필요했다. 남을 섬길 준비가 된 모습으로 가본 적은 없다. 물론 내 기도는 하나님의 집에서도 다른 곳과 다를 바 없이 무력했다.

내 교회도 값을 치르고 있었다.

기억나는 설교가 있다. 죄의 습성이 아버지에게서 아들에게로 전수된다는 '죄의 대물림'에 대한 설교였다(출 34:7). 회중석에 앉아 나는 대공황이 한창일 때 아내와 여섯 자녀를 두고 달아난 내 할아버지를 생각했다. 내 아버지도 가정을 버리고 사방으로 외도를 일삼았다. 대학 시절의 동시 다발적 성관계로 입증됐듯이 똑같은 습성이 내게도 전수됐다. 비록 구원은 받았으나 이 순결의 문제가 아직 내 삶에서 정리되지 않았음을 나는 깨달았다. 이 습성을 내 아이들에게도 전수한다고 생각하니 두려웠다.

내 자녀들도 값을 치를 수 있다.

드디어 내 성적 부도덕과 하나님과의 거리감 사이에 상관성이 보였다. 나는 삶의 모든 영역에 톡톡히 벌금을 치르고 있었다. 눈에 보이는 간음과 포르노를 치웠으니 나는 겉으로는 누구에게나 깨끗해 보였다. 그러나 하나님의 기준에는 미달이었다. 나는 그저 불신자의 삶과 하나님 기준에 순종하는 삶 사이에서 중간 지대를 찾았을 뿐이다.

절망의 늪

하나님은 내게 그 이상을 원하셨다. 그분은 나를 수렁에서 건지셨건만 나는 더 이상 그분께 다가가지 않았다. 하나님과의 거리감과 그간의 값 지불을 보며 나는 이제는 더 가까이 다가가리라 결단했다.

나는 그 여정이 쉬울 줄 알았다. 어쨌거나 포르노와 혼외 정사를 치우기로 다짐했던 내가 아닌가. 과연 그런 것들은 사라졌다. 나는 나머지 성적 쓰레기도 똑같이 쉽게 버릴 수 있을 줄 알았다.

그러나 안 됐다. 매주 나는 광고 전단을 보지 않기로 했지만 일요일 아침이면 야한 사진들이 어김없이 나를 현혹했다. 나는 매주 출장중에 '선정적인' 영화를 보지 않기로 다짐했지만, 매주 실패했고 힘겹게 싸움에 버티다 항상 졌다. 조깅하는 늘씬한 여자를 쳐다볼 때마다 다시는 안 보기로 약속했지만 항상 되풀이됐다.

내가 해온 일이란 〈플레이보이〉지와 〈갤러리〉 잡지의 포르노를 광고 전단과 기타 잡지 광고의 포르노로 대치한 것뿐이었다. 혼외 정사는? 육체 관계가 공상과 백일몽 속의 정사 — 눈과 마음의 정사 — 로 대치됐을 뿐이다. 죄는 그대로였다. 내가 정말 변화되지 않았고 성적 죄를 거부하지 않았기 때문이다. 주인만 바뀌었을 뿐 나는 여전히 섹스의 노예였다.

두어 달이 지나고 다시 두어 해가 훌쩍 지났다. 하나님과의 거리는 더 멀어졌고 청구서는 더 첩첩 쌓였고 내 부도덕은 여전히 나를 지배했다. 실패할 때마다 내 믿음은 더 약해졌고 처참히 질 때마다 절망만 더해 갔다. 설령 부도덕을 매번 거부할 수 있다 해도 내 본심은 전혀 그렇지 않았다.

냉혹하고 비열한 그 뭔가가 나를 움켜쥐고 있었다.

스티브처럼 나도 결국 완전히 자유를 얻었다. 그후로 스티브도 나도 정욕의 수렁에 빠진 남자들과 말할 기회가 많이 있었다. 덫에 걸려 애타게 자유를 찾는 그들의 이야기는 심금을 울린다. 지금까지 당신은 내 이야기를 들었다. 어쩌면 당신은 다음 장의 남자들에게도 공감을 느낄 것이다.

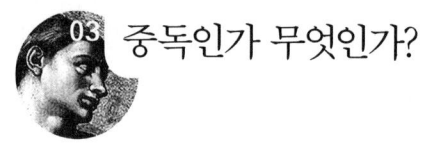
03 중독인가 무엇인가?

성적인 죄에서 승리를 맛보기 전 남자들은 상처와 혼돈을 겪는다. '나는 왜 이것을 이기지 못할까?' 싸움이 길어지고 패배가 겹겹이 쌓이면 우리는 자신의 모든 것을, 심지어 구원까지 회의하기 시작한다. 자신이 좋게 말해 흠투성이고 최악의 경우 악한 인간이라는 생각이 든다. 남자들은 이런 얘기를 별로 안 하기 때문에 우리는 몹시 외롭다.

그러나 우리는 혼자가 아니다. 많은 남자들이 성적 수렁에 빠졌다.

프레드: 당신은 보이는가?
그런 함정은 쉽게 찾아온다. 우리 사회의 많은 성적 부도덕이 때로 우리도 알아볼 수 없을 정도로 미묘하기 때문이다.

어느날 마이크라는 친구가 내게 〈포레스트 검프〉를 비디오로 빌려다 본 얘기를 했다. "정말 좋은 영화였어!" 그는 큰 소리로 말했다. "톰 행크스 연기도 멋있고. 난 계속 울다 웃다 했지. 자네 부부도 아이들한테 좋은 영화를 빌려다 주지 않나? 이 영화는 꼭 봐야 되네. 정말 깨끗하고 건전했어."

"아니, 〈포레스트 검프〉를 우리 거실에 들여놓진 않을 걸세." 나는 대답했다.

마이크는 놀라며 물었다. "어째서? 명화던데!"

"글쎄. 앞 부분에 샐리 필드가 자기 아들을 '좋은' 학교에 넣으려고 교장과 동침하는 장면, 자네 기억나나?"

"흠 …"

"신년 파티에서 유방을 드러낸 장면은 어떻고? 무대 위에서 누드로 기타를 연주한 것은? 그리고 막판에 포레스트가 결국 여자를 섹스 신에 끌어들여 여자는 사생아를 잉태했네. 우리 아이들한테 보여주고 싶은 장면들은 아닐세!"

마이크는 의자에 털썩 앉았다. "내가 영화를 하도 보다 보니 그런 것들이 아예 눈에 보이지도 않았던 모양일세."

당신은 보이는가? 생각해 보라. 당신이 주말에 아이들을 할머니 집에 데려다놓고 와서 아내와 둘이 〈포레스트 검프〉를 본다고 하자. 당신은 비디오를 빌려오고 팝콘을 튀긴 다음 아내에게 팔을 두른 후 '재생' 버튼을 누른다. 실컷 울고 웃은 후 당신 부부는 둘 다 〈포레스트 검프〉가 명화라고 말한다.

그러나 당신이 얻은 것은 오락 이상이 아니던가? 샐리 필드와 교장이 그르렁대고 헐떡거리던 장면이 기억나는가? 샐리 필드가 다음번 화면에 등장했을 때 당신이 잠깐 그녀를 위아래로 훑으며 저런 여자랑 한 이불을 덮으면 어떤 기분일까 상상해 본 일은 또 어떤가? 그 생각을 할 때도 당신은 아내에게 팔을 두르고 있었다. 나중에 당신이 '재미 삼아' 아내와 침대에 올랐을 때 당신은 아내의 얼굴을 샐리 필드의 얼굴로 대치시켰고, 아내도 나를 교장처럼 그르렁대고 헐떡거리게 만들면 얼마나 좋을까 생각했다.

"늘 그런 걸 가지고 왜 이래!" 당신은 대답한다. 그럴 수도 있다. 그러나 예수님의 이 곤혹스런 말씀을 들어 보라. "나는 너희에게 이르노니 여자를 보고 음욕을 품는 자마다 마음에 이미 간음하였느니라"(마 5:28).

〈포레스트 검프〉를 보고 싶지 않다고 반대하는 게 지나친 율법주의라고 생각할 수 있다. 그러나 이 말씀에 비추어보면 율법주의적 간섭이 아닐 수 있다. 그런 문화적 매체가 은연중 미치는 작고 미묘한 영향에 다른 수많은 것들이 장기간 합해지면 우리 삶에 적잖은 성적 부도덕을 불러온다. 그 효과는 더 이상 미묘함이나 재미로 포장할 수 없게 된다.

모든 남자의 싸움

이번에는 다른 이야기들이다. 태드는 인근 기독교 기관에서 약물 중독 치료를 받고 있다. "내 삶에 질서를 찾으려 열심히 노력중입니다." 그는 우리에게 말했다. "마약 센터에서 나 자신과 약물 중독에 대해 많은 것을 배웠습니다. 그건 예상한 바입니다. 그래서 갔으니까요. 그러나 예상치 못한 또다른 사실도 배웠습니다. 제게 정욕과 부도덕의 문제가 있다는 점입니다. 나는 벗어나고 싶지만 교회에 좌절과 분노를 느낍니다. 성경에는 여자들 옷차림이 단정해야 한다고 돼 있지만 현실은 다릅니다. 독창하는 여자들은 언제나 몸에 꽉 끼는 최신 패션을 입습니다. 그들을 보노라면 몸의 곡선과 다리밖에 안 보입니다. 항상 허벅지 위로 올라가는 터진 옷을 입는 여자, 당신도 알지요? 여자가 걸음을 뗄 때마다 허벅지가 출렁입니다. 난 화가 치밉니다! 왜 여자들까지 일을 더 어렵게 만드는 겁니까?”

주일학교 교사 하워드는 중학 시절의 한 사건이 인생을 바꿔 놓았다고 말한다. “빌리와 함께 걸어서 집에 가다가 마실 걸 사려고 가게에 들렀습니다. 나는 빌리가 그다지 좋지는 않았지만, 친구가 별로 없어 친구를 사귀려 무척 애쓰는 그가 안쓰러웠습니다. 가게로 가면서 그는 자위행위라는 것에 대해 말했습니다. 나는 들어 본 적도 없는 단어였으나 빌리는 남자들은 누구나 하는 거라며 내게 자위행위가 뭔지 알려 줬습니다.

“빌리의 말이 내 머릿속에서 떠나지 않아 밤중에 한 번 해 봤습니다. 그후로 지금까지 15년이 넘도록 자위행위 없이 일주일 이상 지내본 적이 없습니다! 결혼하면 그 욕망이 사라질 줄 알았지만 조금도 나을 게 없습니다. 너무 창피합니다. 행위 자체보다 그것을 할 때 공상하는 내용이나 보는 영화 때문에 더 그렇습니다. 분명 이건 간음입니다.”

여자 비치발리볼을 좋아한다는 조는 이렇게 털어 놓았다. "밤이면 그 여자들이 너무 생생히 꿈에 나옵니다. 어떤 꿈은 정말 생시처럼 실감나서 이튿날 아침 깨어나면 꼭 그 여자들과 같이 잔 기분입니다. 눈을 뜨자마자 죄책감에 눌린 채 아내가 어디 있나 찾습니다. 아내가 그 정사 때문에 꼭 나를 버린 것만 같거든요. 내가 어떻게 그럴 수 있는지 의아해하며 말입니다. 결국 서서히 의식이 돌아오면 그제야 한낱 꿈이었음을 깨닫지요. 하지만 꺼림칙하기는 마찬가집니다. 이유를 알고 싶어요. 물론 한낱 꿈이었지만 일종의 간음이 아니라고는 전혀 단언할 수 없기 때문입니다."

출장이 잦은 사업가 윌리는 호텔이라면 이가 갈린다며 이렇게 말했다. "나는 항상 느릿느릿 오래오래 저녁을 먹습니다. 호텔 방에 돌아갈 때까지 시간을 끄는 거지요. 가면 뭐가 기다리고 있는지 잘 알기 때문입니다. 어느새 내 손에 TV 리모콘이 들려 있습니다. 말로는 잠깐만 보겠다고 하지만 뻔한 거짓말입니다. 내가 정말 뭘 원하는지 잘 압니다. 나는 아무데나 섹스 장면이 걸리길 바라며 채널을 돌립니다. 말로는 잠깐만 보겠다고, 푹 빠지기 전에 끄겠다고 하지만 곧 모터에 발동이 걸리면서 더 많은 것을 탐하게 되고, 아예 어떤 때는 성인 채널을 신청하기도 합니다.

모터 속도가 너무 빨라져 어떻게든 하지 않으면 엔진이 터질 것만 같습니다. 그래서 자위행위를 합니다. 간혹 애써 참을 때도 있지만 그래봐야 나중에 불을 끄고 나면 성적 공상과 정욕에 휩싸입니다. 눈을 멀뚱멀뚱 뜨고 천장만 바라봅니다. 보이는 건 없지만 솟구치는 욕망이 폭격처럼 나를 들쑤십니다. 잠들기는 요원한 일이고 미칠 것만 같습니다. 그래서 '좋다. 자위행위를 하면 마음이 편해져 결국 잠들 수 있겠지'라고 생각합니다. 그래서 자위행위를 하지만 하고 나면 어떻습니까? 죄책감이 너무 강해 여전히 잠을 못 잡니다. 아침에 일어나면 완전히 탈진 상태입니다.

뭐가 잘못된 겁니까? 다른 남자들도 이런 문제가 있습니까? 정말 묻기가 두렵습니다. 만일 딴 남자들은 이렇지 않다면 어떻게 됩니까? 그렇다면 나는 뭐가 됩니까? 하지만 딴 사람들도 다 이렇다면 그건 더 큰 문제입니다. 그렇다면 그것은 교회에 대해 뭘 말해 줍니까?"

존은 일찍 일어나 아침 운동 프로를 보지만 정작 운동에는 별 관심이 없다. "절대로 안 볼 수가 없는 이유가 따로 있습니다." 그는 그렇게 말문을 연다. "화면에 클로즈업되는 엉덩이와 젖가슴과 특히 허벅지 안쪽을 봐야 하니까요. 나는 탐하고 탐하며 또 탐합니다. 남자 시청자들을 끌어들이려고 제작진이 일부러 그런 클로즈업 화면을 비쳐주는 것이 아닌가 생각될 때도 있습니다. 날마다 이번이 마지막이라고 자신을 다그치지만 다음날 아침이면 어김없이 다시 TV 앞에 앉아 있습니다."

이 남자들은 괴짜가 아니라 당신의 옆집 사람, 직장 동료, 친척이다. 그들은 당신이다. 그들은 주일학교 교사, 안내 위원, 집사다. 목사도 예외가 아니다. 한 젊은 목사는 자신의 사역, 하나님을 섬기고 싶은 열망, 사명에 대한 헌신을 눈물겹게 아주 감동적으로 우리에게 자세히 들려

주었다. 그러나 자신의 포르노 중독에 대해 얘기하는 대목에서 그의 눈물은 절절한 흐느낌으로 바뀌었다. 그는 마음은 원이로되 육신이 너무 약했다.

악순환

당신은 어떤가? 여자와 동시에 문 앞에 이를 때 먼저 양보하는 당신 행동은 순수한 예의에서 나온 것이 아닐 수도 있다. 당신은 계단에서 여자를 뒤따라가며 올려다 보고 싶다. 출장중 당신은 약속 시간 사이에 렌터카를 몰고 인근 체육관 주차장에 들어가 거의 알몸으로 드나드는 여자들을 구경하며 차 안에서 공상과 정욕과 심지어 자위행위에 빠졌을 수도 있다. 당신은 매춘부들이 호객 행위를 벌이는 거리에 발길을 끊지 못할 수도 있다. 꼭 안으로 들어가지 않더라도 말이다. 혹 당신은 집에서는 〈플레이보이〉지를 사지 않아도, 출장만 가면 어쩔 수 없는지도 모른다.

당신은 여전히 주일학교에서 가르치고, 여전히 성가대에서 노래하며, 여전히 가족을 부양한다. 당신은 아내에게 충절을 지켜 왔다. 적어도 실제 몸으로 외도를 벌인 일은 없다. 당신은 잘하고 있다. 좋은 차를 타고 좋은 옷을 입고 좋은 집에 살고 있다. 미래도 밝다. '사람들이 날 귀감으로 삼고 있으니 이 정도면 됐지.' 당신은 생각한다.

그러나 혼자일 때 당신의 양심은 더 이상 옳고 그름을 가릴 수 없을 만큼 흐려진다. 〈포레스트 검프〉 같은 것을 봐도 성적 장면이 눈에 띄지 않을 정도다. 당신은 자신이 만든 성의 감옥에서 숨막혀 하며 하나님의 약속들은 어디로 갔나 탄식하고 있다. 매년 당신은 똑같은 죄의 악순환에 갇혀 산다.

예배가 당신을 끈질기게 괴롭힌다. 기도 시간도 그렇다. 거리감, 하나님과의 거리감도 언제나 그대로다.

그러는 사이 당신의 성적 죄는 늘 똑같이 되풀이돼 거기에 시계를 맞춰도 될 정도다.

예컨대 릭은 오전 근무 때면 오로지 다른 사무실의 유리문 안을 엿보기 위해 복도를 지나간다. 거기에서 가슴이 풍만한 비서가 전화를 받고 고객을 맞이한다. "날마다 9시 30분에 내가 손을 흔들면 그녀는 웃어 줍니다." 릭은 회상에 젖은 듯 말한다. "미모에다가 옷차림은 ─ 그냥 최고의 몸매를 잘 살려준다고만 말합시다. 이름도 모르지만 그녀가 출근하지 않는 날이면 정말 우울합니다."

비슷하게 행크는 여름이면 날마다 오후 4시까지 집으로 달려간다. 옆집의 앤젤라가 행크의 창밖에서 일광욕을 하는 시간이다. "4시가 되면 여자는 비키니 차림으로 눕습니다. 나한테 보인다는 것을 그녀는 모르지요. 나는 실컷 봅니다. 여자가 너무 섹시해 나는 참지 못하고, 매일 볼 때마다 자위행위를 합니다."

테스트

이 남자들은 중독인가? 걷잡을 수 없는 성적 갈망은 분명 그 강력한 증거다. 여기 당신을 위한 짤막한 테스트가 있다. 연필도 필요 없다. 자신에게 정직하기만 하면 된다. 다음 질문에 '예, 아니오'로 대답해 보라.

1. 당신은 예쁜 여자가 지나가면 눈을 뗄 줄 모르는가?
2. 당신은 다른 여자들을 떠올리며 자위행위를 하는가?
3. 당신은 아내가 성적으로 덜 만족스럽게 느껴진 적이 있는가?
4. 당신은 아내에게 불만 — 한눈 팔 빌미로 삼을 만한 — 을 품고 있는가?
5. 당신은 신문이나 잡지에서 성적 흥분을 주는 기사나 광고 사진을 찾는가?
6. 당신은 아내에게 숨기는 은밀한 곳이나 비밀 구역이 있는가?
7. 당신은 장거리 출장을 기다리는가?
8. 당신은 아내에게 털어 놓을 수 없는 행동이 있는가?
9. 당신은 인터넷 포르노 관련 사이트에 자주 들어가는가?
10. 당신은 성적 만족을 찾아 성인 영화나 선정적인 비디오나 야한 채널을 보는가?

위 질문에 하나라도 '예'로 답했다면 당신은 성 중독의 문턱을 넘보고 있다. 다음 질문에 답이 '예'로 나온다면 당신은 이미 문 안에 들어선 상태다.

1. 당신은 집에서나 출장중에 노골적 섹스 TV 채널을 유료로 보는가?

2. 당신은 인터넷에서 포르노를 구입하는가?

3. 당신은 성인 영화를 빌려 보는가?

4. 당신은 스트립 쇼를 보는가?

5. 당신은 유료 전화를 걸어 폰섹스를 하는가?

6. 당신은 관음증 행동을 보이고 있는가?

위 여섯 질문에 '예'로 답했다면 당신은 성 중독일 소지가 아주 높다. 디도서 2장 3절에 "많은 술의 종이 되지[중독되지, NIV] 말며"라는 권고가 있는데, 여기서 '중독되다'라는 말의 헬라어 단어는 노예처럼 굴레에 갇힌다는 뜻이다. 스스로 정욕의 노예라 생각된다면 당신은 상담자나 치료자와의 대화를 통해 중독 문제에 도움을 받아야 한다.

스티브: 강한 성욕과 중독의 차이

더 나가기 전에 짚어둘 말이 있다. 자칫 정상적 성욕/성행위를 중독성 강박/충족과 혼동하기 쉽다. 성욕이 평균보다 강하면서도 여전히 성 중독이 아닐 수 있다.

성 중독의 특징을 내 책 『'사랑' 중독』(Addicted to "Love")에 소개한 바 있다. 다음은 그 특징의 요약이다. 목록을 죽 읽으면 중독성 섹스와 평균보다 강한 성욕을 구분하는 데 도움이 될 것이다.

_중독성 섹스는 관계가 빠진 채 고립돼 행해진다. 반드시 물리적으로 혼자

있을 때만 행해진다는 뜻이 아니다. 그보다 중독자는 인간 관계 및 접촉에서 정신적·정서적으로 격리 또는 고립돼 있다는 뜻이다. 중독성 섹스는 '단지 섹스,' 섹스를 위한 섹스, 인격 간의 진정한 교류가 빠진 섹스다. 공상, 포르노, 자위행위가 그 점을 가장 명확히 보여준다. 그러나 설령 섹스 상대가 있더라도 상대는 이미 '인격'이 아니라 물체다. 비인격적 — 거의 기계적 — 과정의 교환 가능한 부품이다. 가장 친밀하고 인격적인 인간 행동이 극도의 비인격적 행위로 전락한다.

_ 중독성 섹스는 비밀리에 행해진다. 사실 성 중독자들은 이중 생활을 살아간다. 자위행위를 하고 포르노 가게와 안마 시술소에 다니면서도 늘 그런 행동을 남에게 — 어떤 의미에서 자신에게까지 — 숨긴다.

_ 중독성 섹스에는 친밀함이 빠져 있다. 성 중독자들은 철저히 자기밖에 모른다. 그들은 진정한 친밀함을 이루지 못한다. 자신에 대한 강박에 빠져 남에게 베풀 여력이 없기 때문이다.

_ 중독성 섹스는 피해를 입힌다. 성 중독자들은 자기 만족에 강박적으로 매달린 나머지 자신의 행동이 남들과 자신에게 미치는 악영향을 보지 못한다.

_ 중독성 섹스는 절망으로 끝난다. 부부가 사랑을 나누면 그들은 그 경험으로 인해 만족이 커진다. 중독성 섹스는 당사자들에게 죄책감과 후회를 남긴다.

_ 중독성 섹스는 고통과 문제의 도피용으로 사용된다. 중독성 섹스의 도피성은 대개 그것의 존재를 보여주는 가장 확실한 지표 중 하나다.

모든 중독이 그렇듯 성 중독도 점진적이다. 어떤 사람은 그것을 '마음의 무좀'이라 표현했다. 그것은 절대 사라지지 않는다. 언제나 시원함을 약속하며 긁어 달라고 보챈다. 그러나 긁으면 아프고 가려움만 더해진다.

프레드: 벼락

'마음의 무좀'이 바로 내 심정이었다. 내 죄의 결과와 죄의 쾌락 사이에서 속으로 고민하던 일이 기억에 생생하다. 지금도 기억나지만 마침내 죄의 결과가 너무 커져 죄의 쾌락이 무색해지는 시점이 왔다. 하지만 나는 '중독자'였을까?

어떤 저자가 기술한 4단계 중독 사이클 ─ 몰두, 의식(儀式)화, 성적 강박 행위, 절망 ─ 을 읽고 나서 나는 내 삶이 그대로였음을 알았다. 내 경험과 위 남자들의 경험이 중독임을 나는 확실히 알았다.

그러나 중독의 세 차원이 약술된 대목에서 나는 벼락을 맞는 기분이었다(그 책이 기독교 서적이 아님에 유의하기 바란다).

_ 차원 1: 무난하게 용인되며 정상으로 통하는 행동들이 여기 해당된다. 자위행위, 동성애, 성매매를 예로 들 수 있다.

_ 차원 2: 남에게 명백히 피해를 입히며 법적 제재가 가해지는 행동들이다. 대개 방해죄로 간주되며 노출증, 관음증 등이 있다.

_ 차원 3: 피해자에게 중대한 피해를 입히며 중독자에게 법적 처벌이 뒤따르

는 행동들이다. 근친 상간, 아동 성폭행, 강간 등이 해당된다.

목록을 자세히 읽었는가? 차원 1의 예에 대부분의 남자들이 이따금씩 행하는 자위행위만 아니라 동성애와 성매매도 있는 것을 보았는가? 이 책을 읽는 대다수 남자들은 동성애를 행하거나 매춘부를 찾는 이들은 아니라고 단언할 수 있다. 위의 정의로 보건대 우리는 중독자가 아닐지도 모른다. 하지만 중독자가 아니라면 무엇일까?

스티브: '부분 중독'

그 질문에 답하기 전에 앞서 나온 '중독의 세 차원'을 다시 생각해 보자. 그리스도인의 시각에서, 중독 등급의 맨 아래 단계에 한 차원을 더 삽입하자. 완전히 순결하고 거룩한 상태를 차원 0으로 본다면, 우리가 아는 대다수 그리스도인 남자들은 차원 0과 차원 1 사이의 어딘가에 해당될 것이다.

당신이 그 부류의 많은 남자들 중 하나라면, 당신에게 '중독자' 딱지를 붙이거나 수년간 치료를 받아야 승리가 가능하다는 식의 말은 전혀 도움이 안될 것이다. 대신 승리는 몇 주 만에 실현될 수 있다. 그 내용은 후에 살펴볼 것이다.

당신의 '중독성' 행위들의 뿌리는 차원 1-3의 경우처럼 뭔가 깊고 어둡고 음침한 정신적 미로에 있지 않다. 오히려 그 기초는 화학적 쾌감에 있다. 남자들은 선정적 이미지를 보면 생리적으로 흥분된다. 즉 혈관에 에피네프린이라는 호르몬이 분비돼, 감정 흥분 시점에 있던 모든 자극이 기억 속에 저장된다. 내가 상담한 남자들은 성적 행동을 생각만 해도 감정적·성적 자극을 받았다. 근처 편의점에서 〈허슬러〉지를 사려고 벼르던 한 남자는 편의점에 가기 오래 전부터 이미 성적 자극을 느꼈다. 그의 자극은 사고 과정에서 시작됐다. 그것이 그의 신경계를 건드렸고 그래서 혈관에 에피네프린이 분비됐다.

내 상담 경험으로 미루어 보건대 차원 1-3에서 살아가는 남자들은 대개 다년간 치료해야 할 깊은 심리 문제를 지닌 경우가 많다. 그러나 그런 남자들은 비교적 적다. 성적 죄에 빠진 남자들은 대부분 차원 0과 차원 1 사이에 살고 있다는 것이 우리의 견지다. 그런 삶의 차원은 숫자 0과 1 사이의 분수(分數)에 해당되므로 '부분 중독'이라 할 수 있다. 부분 중독의 경우 집요한 갈망은 분명 느끼지만 고통을 덜기 위한 부득이한 행동은 아니다. 오히려 동인은 생리적 흥분과 그로 인한 성적 만족에 있다.

문제의 범주를 대칭 종합 분포도로 볼 수도 있다. 경험에 비추어 우리는 눈과 생각에 성적 유혹의 문제가 전혀 없는 남자들을 10% 정도로 본다. 그래프 반대쪽의 다른 10%는 정욕의 문제가 심각한 성 중독자들이다. 그들은 정서적 사건들에 너무 밟히고 치여 그 죄를 좀처럼 떨치지 못한다. 그들은 심층 상담과 하나님 말씀의 씻음을 통한 변화가 필요하다. 중간 80%를 차지하는 나머지 우리는 성적 죄에 있어 다양한 회색 지대에 살고 있다.

금단의 열매를 찾아

앞서 말했듯이 나는 일찍이 사춘기와 대학 시절은 물론 결혼 첫 10년을 이 부분 중독 지대에 살았다. 여자 몸에 대한 내 관심은 네다섯 살 무렵 텍사스 주 레인저에 있는 우리 할아버지의 기계 공장에 갈 때부터 생겨났다. 나는 선반과 프레스가 가득한 그 낡은 공장에 들어가는 것이 좋았다. 거기서 할아버지는 부러진 유정(油井) 파이프를 뽑아내는 장비를 만들었다. 사무실 벽에는 누드 사진이 쭉 걸려 있었다. 나는 여자들의 관능적 나체를 황홀하게 쳐다봤다.

나이가 들면서 나는 여자를 감정 있는 인간이라기보다 하나의 도구로 봤다. 포르노는 나를 금단의 사랑으로 유혹했다. 고등학교와 대학 시절 나와 데이트했던 많은 젊은 여자들은 성적으로 순결했고 연애 중에도 성적 순결을 지켰다. 그러나 나는 언제나 금단의 열매를 찾아 조종하고 묵과했다.

나중에 내 인생의 문란한 시절에 들어섰을 때 나는 금단의 열매를 맛봤다. 혼전 섹스는 내게 지배와 소유의 느낌을 주었다. 여자들이 마치 내 것이 된 듯했다. 할아버지의 공장 벽에 걸려 있던 사진들처럼 그들은 내 만족의 도구였다.

비밀

샌디를 만났을 때 우리는 결혼 전에 성관계를 갖지 않기로 약속했고 그대로 지켰다. 그러나 나는 그녀에게 내 과거를 말하지 않았고, 옛 관계들과 문란한 성생활이라는 모든 비밀 구역도 털어놓지 않았다. 그 결과, 샌디가 부부의 연합에 자신의 문제를 끌고 들어온 것처럼 나도 내 과거를 결혼 생활에 끌고 들어갔고 거기서 문제가 생겼다. 바람 잘 날 없던 첫 몇 년간 우리의 결혼 생활은 위태위태했다.

그 암울한 시절 나는 샌디에게 화가 날수록 더욱 음란한 생각에 빠졌다. 나는 은밀한 만족의 세계에 살기 시작했다. 만족은 패션 잡지나 여성 잡지에 나온 다른 미녀들을 쳐다보는 데서 왔다. 그런 이미지들이 우리 관계를 얼마나 갈라 놓았는지 이제는 보인다. 하지만 나는 무지했다. 내가 우리 결혼 생활을 해치고 있다는 사실을 몰랐다. 어쨌거나 나는 아내 외에 딴 여자와 자지는 않았다. 유흥업소가 밀집된 곳에 가 노골적인 마사지를 받지도 않았고 다 벗다시피 한 모델들의 광고 사진을 보며 자위행위를 하지도 않았다. 그러나 내가 한 일이 있었다. 나는 불필요한 것들을 우리 결혼 생활에 들여놓고 있었다. 나는 잘 빠진 여자들을 위아래로 훑어보며 약간의 만족을 맛보는 은밀한 세계를 누릴 권리가 있다고 생각했다. 그것이 우리 결혼 생활을 해쳤다.

프레드처럼 나도 눈과 생각을 바로 훈련할 필요가 있었다. 내 눈과 생각을 성경에 맞춰 조정하고 성적 부도덕은 이름이라도 버려야 했다.

그러나 당신의 눈과 생각을 재조정하는 실천 계획에 들어가기에 앞서 성적 굴레의 뿌리를 좀더 살펴볼 필요가 있다. 어째서 그토록 많은 그리스도인 남자들이 성적 죄에서 빠져나오지 못하는 것일까? 다음 장에서 그 이유를 살펴볼 것이다.

 여자의 마음

{ 남성의 성적 순결 문제는 여자들에게 불안과 충격마저 줄 수 있다. 그래서 우리는 『모든 남자의 참을 수 없는 유혹』에 관해 여자들과 인터뷰한 내용을 바탕으로 본 난을 마련했다. }

이 책의 주제에 대한 반응을 묻는 질문에 다나는 이렇게 답했다. "웬 정신나간 얘긴가 했어요. 여자들은 이런 문제가 없거든요!"

낸시는 남녀의 성적 구조가 너무 달라 이해가 안 간다며 이렇게 말했다. "결혼한 후에도 그리스도인 남자들에게 이런 문제가 있다니 정말 놀랐어요. 문제의 강도가 가히 충격적입니다."

캐런은 이렇게 말했다. "남자들이 욕망을 채우려고 위험도 불사하고 그렇게까지 깊이 빠진다는 걸 전 몰랐어요. 성적 유혹이 얼마나 강한지, 하나님의 선(線)을 넘지 않으려면 남자가 얼마나 철통 방어로 맞서야 하는지도 몰랐어요."

안드리아는 데이트했던 여러 남자들과 또 아버지와의 대화를 통해 남자란 시각적으로 쉽게 끌린다는 것을 알고 있다고 말했다. 그러나 그녀는 미래의 남편을 만나기까지는 문제의 심각성을 전혀 몰랐다. "당시 남편과 저는 고등부에서 가장 친한 친구였지만 사랑의 끌림 같은 건 없었어요." 안드리아는 말했다. "그는 자신의 포르노 문제를 털어놓을 정도로 저를 편하게 느꼈어요. 초등학교 3학년 때 포르노를 처음 접한 그에겐 정말 전쟁이었지요. 저는 그런 문제에 약간 놀랐어요. 저도 연애 시절 남자들의 외모를 보고 끌리긴 했지만 남자가 여자를 볼 때 느끼는 감정에 비하면 제가 느꼈던 신체적 매력은 아무것도 아니었으니까요."

프레드의 아내 브렌다도 인터뷰에 참여했다. 그녀의 말에 여자들의 전형적인 반응이 압축돼 있다. "나쁜 뜻으로 하는 말은 아니지만, 여자들은 대체로 이런 문제가 없다보니 어떤 남자들은 섹스 생각밖에 모르는 대책 없는 변태로 보여요. 남자들에 대한 내 신뢰감에도 영향을 미칩니다. 목회자들과 교회 직분자들도 그런 문제가 있을 수 있다니까 말이에요. 여자들의 지나친 옷차림이 문제가 될 수 있다는 생각은 들지만, 남자들이 여자들을 보면서 음란한 생각을 한다는 것이 저는 싫어요. 그나마 다소 위안이라 할 수 있는 건 이런 문제를 겪는 남자들이 아주 많다는 겁니다. 대다수 남자들이 겪는 문제라니 그런 남자들을 정말 변태로 보지 않아도 되겠군요."

{ 브렌다에게 감사한다. 사실 중요한 점을 지적해 줬고, 남자의 관점에서 더 많은 생각을 하게 한다. 우리 남자들은 여자들의 충격을 이해한다. 사실 우리도 성 문제로 갈피를 못 잡을 때가 많고 우리 자신이 싫다. 그래서 우리는 자비를 원한다. 자비를 받을 자격이 없음을 잘 알지만 말이다. 이 문제를 보는 여자의 마음에서 얼만큼의 자비를 볼 수 있을까? 당연히 그것은 자기 남편의 상황에 달려 있다. }

여자들의 마음에는 당연히 연민과 혐오, 자비와 심판 사이에서 줄다리기가 벌어진다.

엘렌은 이렇게 말했다. "이런 얘기를 듣고 나는 결혼한 남자들의 문제가 그렇게 크다는 데 놀랐어요. 남자들이 정말 안 됐습니다. 제 남편한테 물었더니 자기도 그런 고민이 있다고 말하더군요. 처음엔 상처가 됐지만 남편이 솔직히 말해줘서 고마웠어요. 남편은 이 부분에서 큰 문제가 없었어요. 그래서 전 감사하지요."

캐런도 자비 쪽으로 기운다. "제 남편한테도 늘 야한 이미지들이 쏟아져 들어오지요. 다행히 남편은 거기에 대해 솔직해요." 그녀는 말했다. "저는 남편이 접하는 유혹들을 알고 싶어요. 남편의 고충을 좀더 이해할 수 있을 테니까요. 남편이 그간 이 싸움에 충절을 보였으므로 전 배신감은 못 느껴봤어요. 이런 복을 못 누리는 여자들도 있지요."

성적 유혹과의 싸움에 크게 지는 남편을 둔 여자들은 어떨까?

"함께 이런 얘기를 할 때 남편은 솔직했어요." 디나는 말했다. "하지만 난 남편한테 몹시 화가 났어요. 상처뿐 아니라 깊은 배신감을 느꼈어요. 항상 남편한테 잘 보이려고 다이어트와 운동으로 체중을 유지해 왔거든요. 그런데도 왜 딴 여자들을 봐야 하는지 전 이해가 안 갔어요."

여자들은 연민과 분노 사이에서 고뇌한다고 말했다. 그들의 감정은 남편의 싸움의 조수(潮水)에 따라 간만(干滿)의 차를 보일 수 있다. 여성 독자들에게 권하고 싶은 것이 있다. 당신은 남편을 위해 기도하고 성적으로 남편을 채워줘야 함을 잘 알면서도 때로 그러고 싶은 마음이 안 들 수 있다. 솔직히 터놓고 함께 대화하라. 그리고 옳은 길을 택하라.

제 2 부

어쩌다 여기까지 왔는가?

How We Got
Here?

 04 혼합된 기준

우리 대부분의 경우, 성적 죄에 빠지는 일은 빙판 길에서 미끄러지듯 쉽고 자연스럽게 일어났다. 왜 그럴까?

나중에 보겠지만 남성의 생리 자체가 성적 죄에 천성적 취약성을 안고 있다. 그러나 인간의 변덕스런 마음도 우리를 취약하게 만든다. 지금은 후자를 살펴보자.

어쩌면 당신은 언젠가는 성적 죄에서 벗어나리라는 희망에 매달렸을 수 있다. 크면서 자연스레 그 죄에 들어섰듯 더 크면 자연스레 떨쳐지려니 기대했을 수 있다. 여드름처럼 말이다. 생일을 맞을 때마다 당신은 성적 부도덕이 사라지기를 기다렸을 수 있다. 그런 일은 없었다. 그후 당신은 결혼하면 자연스레 벗어나려니 생각했다. 그러나 그런 일도 일어나지 않았다. 우리 많은 사람들도 마찬가지다.

프레드: 엉뚱한 자신감

마크는 결혼 예비 학교에 등록하면서 내게 이렇게 말했다. "부도덕 문제라면 말도 마십시오. 벌써 몇 년째 헤어나지 못하고 있습니다. 결혼하면 해방될 줄 믿고 있습니다. 원할 때마다 성관계를 가질 수 있을 테니까요. 사탄도 나를 더는 유혹할 수 없을 겁니다!"

몇 년 후 그를 다시 만났다. 결혼으로 문제가 해결되지 않았다는 그의 말에 나는 놀라지 않았다. "프레드, 아내는 나만큼 섹스를 자주 원하지 않아요." 그는 말했다.

오, 정말?

"성 중독자처럼 보일 생각은 없지만, 내 채워지지 않은 욕구는 결혼 전만큼이나 많을 겁니다. 뿐만 아니라 아내는 특정 부류의 성적 탐험을 창피하거나 천박하게 생각해요. 어떤 때는 그런 걸 아예 '변태'라 부르기도 하지요. 아내가 괜히 얌전 빼려는 것 같긴 한데, 그렇다고 내가 뭐라고 말해 줍니까?"

우리 경험으로 보아, 해줄 말은 별로 없다!

결혼은 성의 열반이 아니다

결혼은 성적 부도덕을 없애 주지 않는다. 십대들과 독신 청년들은 거기에 놀라지만 기혼 남자들은 놀라지 않는다. 미네소타의 중고등부 목사 론은 학생들에게 성적 순결을 권하면 이런 반응이 나온다고 한다. "목사님이야 결혼하셨으니까 그런 말씀이 쉽게 나오겠죠! 아무 때나 원하면 성관계를 가지실 수 있잖아요!" 젊은 미혼자들은 결혼이 성적 열반 상태를 가져다주는 줄 안다.

그렇다면 오죽 좋으랴. 우선 첫째로, 섹스는 남자와 여자에게 의미가 다르다. 남자들은 성관계 직전과 성관계 중에 주로 친밀함을 얻는 반면 여자들은 만지고 나누고 껴안고 대화하면서 친밀함을 얻는다. 그러니 마크의 서글픈 발견처럼 섹스 횟수가 남자보다 여자에게 덜 중요한 것은 당연하다. 이런 남녀 차이로 인해, 결혼해서 만족스런 성생활을 한다는 것은 슬램덩크와는 거리가 멀다. 오히려 그것은 코트 반대편에서 던지는 슛에 가깝다.

둘째, 인생에 우여곡절이 찾아온다. 랜스는 사랑하던 연인과 결혼했으나 그녀의 몸에 성관계를 몹시 고통스럽게 하는 구조적 결함이 있음을 알았다. 수술과 수개월간의 재활 치료 후에야 문제가 해결됐다. 빌은 아내가 중병에 걸리는 바람에 8개월간 성관계를 갖지 못했다. 상황이 그렇다 해서 랜스와 빌은 "하나님, 제 아내를 낫게 해주실 때까지 계속 포르노를 보겠습니다"라고 말해도 됐을까? 물론 아니다.

셋째, 당신의 아내는 연애할 때와 갑자기 크게 달라질 수 있다. 워싱턴 D.C.의 건장하고 잘생긴 젊은 목사 래리는 좋은 신앙 유산을 물려받았다. 그의 아버지는 훌륭한 목사다. 래리는 하나님께 사역자로 부름 받고 너무 기뻤다. 래리가 빼어난 금발의 미모 린다를 만났을 때 둘은 켄과 바비 인형 세트처럼 그야말로 천생 연분처럼 보였다.

그러나 결혼식 후에 보니 린다는 남편을 성적으로 채워 주는 것보다는 자기 직업에 훨씬 관심이 많았다. 린다는 섹스에 흥미가 없었을 뿐 아니라 종종 섹스를 자기 뜻을 관철시키려는 조종 무기로 사용했다. 자연히 래리는 섹스 횟수가 뜸하다. 한 달에 두 번이면 행운이고, 두 달에 한 번이 정상이다. 래리는 하나님께 뭐라고 말해야 할까? "주님, 아내는 경건치 못합니다! 아내를 바꿔 주소서. 그러면 자위행위를 끊겠습니다!" 그럴 수야 없다. 결혼이 래리의 성적 욕구를 채워 주지 못해도 하나님은 여전히 순결을 원하신다.

당신의 순결은 배우자의 건강이나 욕구에 의존해서는 안 된다. 하나님은 당신에게 책임을 물으신다. 결혼식 전에 통제력을 갖추지 못한다면 신혼여행 후에 문제가 도질 것은 뻔하다. 미혼인 당신이 야한 영화를 보고 있다면 복된 결혼도 그 버릇을 바꿔 놓지 못한다. 여자가 지나갈 때마다 눈길을 뗄 수 없다면 혼인 서약을 하고 나서도 눈이 돌아가게 돼 있다. 당신은 지금 자위행위를 하고 있는가? 손가락에 결혼 반지를 낀다고 저절로 끊어지지 않는다.

이게 어찌된 일이냐?

결혼으로 즉각 문제가 해결되지 않아도 우리는 혹 결혼의 연륜이 쌓이면 해방되겠지 하는 희망에 매달린다. 앤디는 우리에게 말했다. "전에 어디서 읽었는데, 남자의 성욕은 3-40대부터 떨어지고 여자의 성욕은 그 시기에 절정에 달한다고 하더군요. 한동안 나는 아내와 내가 행복한 중간 지대에서 만나려니 생각했습니다만 그런 일은 없었습니다."

결혼이나 세월을 통해 성적 죄에서 해방되는 일은 극히 드물다('색골 영감'이라는 말에 뼈가 있다). 그러니 당신이 성적 부도덕과 거기서 비롯되는 하나님과의 멀고 미지근한 관계에 지쳤다면, 결혼이나 호르몬 감소로 문제가 해결되기를 더 이상 기다리지 말라.

변화를 원할진대 꼭 인식할 것이 있다. 당신이 부도덕한 것은 성적 순결에 대한 하나님의 기준을 자신의 기준으로 희석시켰기 때문이다. 그것이 우리가 말하려는, 남자들이 성적 죄에 쉽게 빠지는 세 가지 이유 중 첫 번째다.

앞서 말했듯이 하나님의 기준은 우리 삶에서 성적 부도덕을 조금도 남김없이 버리는 것이다. 이 기준대로 산다면 성의 굴레란 있을 수 없다. 오히려 그토록 많은 그리스도인 남자들이 성의 굴레 아래 있는 것에 우리는 놀라야 한다.

우리 하늘 아버지는 놀라신다. 하나님이 던지시는 질문(호 8:5-6)에 그분의 놀람이 드러난다. 풀어쓰면 이렇다.

이게 어찌된 일이냐? 어쩌자고 내 자녀들이 부도덕한 삶을 택하느냐? 그들은 정녕 그리스도인이 아니더냐! 언제나 그리스도인답게 행동할 셈이냐?

하나님은 우리가 그리스도인이며 순결한 삶을 택할 수 있음을 아신다. 그런데 우리는 왜 모르는가?

우리는 남자들에게 성적 덫을 씌우려는 어떤 거대한 음모의 피해자가 아니다. 우리는 성생활에 대한 하나님의 기준에 자진해서 우리 기준을 섞었을 뿐이다. 하나님의 기준이 너무 어려워 보이니까 우리는 혼합물 — 뭔가 새롭고 편하고 부담 없는 길 — 을 만들어 냈다.

'혼합물'이란 무엇인가? 빌 클린턴 대통령의 섹스 스캔들 때 떠오른 '성적 관계'의 흐리멍덩한 정의가 좋은 예일 것이다. 대통령은 맹세코 모니카 르윈스키와 성적 관계를 갖지 않았다고 진술한 후 나중에 오랄 섹스는 그 범주에 넣지 않았다고 설명했다. 그 정의로 본다면 그는 간음하지 않은 것이다.

이것은 그리스도가 가르치신 기준과 극명한 대조를 이룬다. "나는 너희에게 이르노니 음욕을 품고 여자를 보는 자마다 마음에 이미 간음하였느니라"(마 5:28).

순진함, 반항심, 경솔함

어째서 우리는 그토록 쉽게 하나님의 기준에 우리 기준을 섞는 것일까? 성적 죄와 관련해 우리는 왜 그리 쉽게 선택하는 것일까?

단순히 순진해서 그런 경우도 있다. 당신도 어렸을 때 디즈니 만화 영화의 고전 '피노키오'를 혹 봤을 것이다. 어린아이들은 다 마땅히 학교에 다녀야 함을 피노키오는 알았다. 그러나 등교 길에 그는 건달패를 만났다. 그들은 모험 나라라는 곳에서 하루를 신나게 보낼 수 있다며 피노키오에게 배표를 공짜로 주었다. 근처 해상에 있는 일종의 놀이 동산이었다. 그러나 날이 저물면 모든 아이들이 당나귀로 변해 광산에 팔려가 평생 짐수레를 끌어야 한다는 사실을 피노키오는 몰랐다. 마찬가지로 우리도 '남들도 다 그러니까' 성적 순결에 대한 하나님의 기준을 순진하게 함부로 대하다 소경처럼 넘어져 악에 빠질 수 있다.

반면 우리는 순진해서가 아니라 단순히 반항심 때문에 잘못된 성적 기준을 택하는 경우도 있다. 우리는 피노키오를 모험 나라로 앞장서 빼돌리는 당돌한 소년 램프위크와 같다. 으스대며 침 뱉고 픽픽 비웃는 등 램프위크는 등장 순간부터 반감을 준다. '뉘 집 자식인가? 부모는 왜 이런 녀석을 가만 놔두나?' 의문이 절로 난다. 그는 뻔히 알면서도 악을 저지른다. 어떤 결과를 당하든 당연히 자업 자득이다.

당신도 램프위크처럼 성적 부도덕이 잘못인 줄 알고도 반항심으로 행할 수 있다. 날이 저물면 쓰라린의 값을 치르면서도 당신은 모험 나라 나들이가 즐겁다.

셋째로 당신은 하나님의 기준이 너무 터무니없어 보여 신중히 대하지 않을 수 있다. 어느 독신자 성경공부 모임에서 성적 순결에 대한 얘기가 나왔다. 많은 멤버들이 결혼 경력이 있었고 외로움을 타고 있었다. 하나님께서 독신자들에게도 성적 부도덕을 일체 멀리하기를 기대하신다는 누군가의 말에 한 미모의 아가씨가 불쑥 되받았다. "아무도 우리에게 그런 삶을 기대할 수는 없어요!" 하나님의 기준을 옹호한 두 사람만 빼고는 나머지 멤버들도 거기에 적극 동의했다.

파멸과 자기혐오

순진함, 반항심, 하나님의 기준을 신중히 대하지 않는 어리석은 경솔함. 당신이 그 중 어느 경우든, 당신의 기준을 섞으면 올무에 빠질 뿐 아니라 그 이상의 결과를 초래한다.

혼합물은 사람을 망쳐 놓을 수 있다. 애굽을 떠나 약속의 땅으로 가는 이스라엘 백성에게 하나님은 요단강을 건너 새 조국에 이르거든 모든 악을 멸하라고 명하셨다. 이교도들을 모두 죽이고 그 우상들을 박살내야 한다는 뜻이었다. 그렇지 않을 경우 이스라엘 문화에 이방 문화가 '섞여' 결국 그들이 이방의 타락한 습성에 빠진다고 하나님은 경고하셨다.

그러나 이스라엘 백성은 모든 것을 멸하는 일에 소홀했다. 적당히 그치는 편이 훨씬 쉬웠다. 시간이 지나자 멸하지 않고 그냥 둔 것들과 사람들이 올무가 됐다. 이스라엘 백성은 하나님과의 관계에서 간음했고 계속 그분께 등을 돌렸다.

약속대로 하나님은 그들을 그 땅에서 옮기셨다. 그러나 예루살렘 함락과 거민들의 최종 추방 직전에 하나님은 곧 포로로 잡혀갈 그 백성에 대해 이렇게 예언하셨다.

너희 중에서 살아 남은 자가 사로잡혀 이방인들 중에 있어서 나를 기억하되 그들이 음란한 마음으로 나를 떠나고 음란한 눈으로 우상을 섬겨 나를 근심하게 한 것을 기억하고 스스로 한탄[혐오]하리니 이는 그 모든 가증한 일로 악을 행하였음이라(겔 6:9).

구원이라는 약속의 땅에 들어섰을 때 우리는 삶에서 성적 부도덕을 조금도 남김없이 제하라는 명령을 받았다. 그 땅에 들어온 후 당신은 성적 죄를 멸하지 못했는가? 남김없이 버리지 못했는가? 그래서 그 실패 때문에 자신을 혐오하는 지경에 이르렀는가? 당신이 그런 상태라면 여기 희망이 있다.

성경에 나타난 하나님의 기준

성적 순결에 대한 하나님의 기준을 전혀 모르는 남자들이 많다. 성적 순결에 대한 하나님의 기준에 우리 기준이 너무 깊이 섞였기 때문이고, 많은 그리스도인들이 성경을 자주 읽지 않기 때문이다.

신약성경 거의 모든 책에 성적 부도덕을 피하라는 명령이 담겨 있다는 사실을 당신은 알고 있었는가? 다음은 우리의 성적 순결에 대한 하나님의 마음을 보여 주는 구절들을 일부 뽑은 것이다(강조된 부분은 성적 영역에서 우리가 피해야 할 것들을 보여 주는 핵심 어구다).

나[예수]는 너희에게 이르노니 '음욕을 품고' 여자를 보는 자마다 마음에 이미 간음하였느니라(마 5:28).

속에서 곧 사람의 마음에서 나오는 것은 악한 생각 곧 '음란[성적 부도덕]'과 도둑질과 살인과 간음과 탐욕과 악독과 속임과 음탕과 질투와 비방과 교만과 우매함이니 이 모든 악한 것이 다 속에서 나와서 사람을 더럽게 하느니라(막 7:21-23).

'음행[성적 부도덕]'을 멀리할지니라(행 15:29).

그러므로 우리가 어둠의 일을 벗고 빛의 갑옷을 입자. 낮에와 같이 단정히 행하고 방탕하거나 술 취하지 말며 '음란[성적 부도덕]'하거나 호색하지 말며 다투거나 시기하지 말고(롬 13:12-13).

이제 내가 너희에게 쓴 것은 만일 어떤 형제라 일컫는 자가 '음행[성적 부도덕]'하거나 탐욕을 부리거나 우상 숭배를 하거나 모욕하거나 술 취하거나 속여 빼앗거든 사귀지도 말고 그런 자와는 함께 먹지도 말라 함이라 (고전 5:11).

몸은 '음란[성적 부도덕]'을 위하여 있지 않고 오직 주를 위하여 있으며 주는 몸을 위하여 계시느니라(고전 6:13).

'음행[성적 부도덕]'을 피하라(고전 6:18).

또 내가 다시 갈 때에 내 하나님이 나를 너희 앞에서 낮추실까 두려워하고 또 내가 전에 죄를 지은 여러 사람의 그 행한 바 '더러움과 음란함과 호색함'을 회개하지 아니함 때문에 슬퍼할까 두려워하노라(고후 12:21).

내가 이르노니 너희는 성령을 따라 행하라. 그리하면 육체의 욕심을 이루지 아니하리라 … 육체의 일은 분명하니 곧 '음행[성적 부도덕]과 더러운 것과 호색'과(갈 5:16, 19).

'음행[성적 부도덕]과 온갖 더러운 것'과 탐욕은 너희 중에서 그 이름조차도 부르지 말라. 이는 성도에게 마땅한 바니라. 누추함과 어리석은 말이나 희롱의 말이 마땅치 아니하니 오히려 감사하는 말을 하라(엡 5:3-4).

그러므로 땅에 있는 지체를 죽이라 곧 '음란[성적 부도덕]과 부정과 사욕과 악한 정욕'과 탐심이니 탐심은 우상 숭배니라. 이것들로 말미암아 하나님의 진노가 임하느니라(골 3:5-6).

하나님의 뜻은 이것이니 너희의 거룩함이라 곧 '음란[성적 부도덕]'을 버리고 각각 거룩함과 존귀함으로 자기의 아내 대할 줄을 알고 하나님을 모르는 이방인과 같이 '색욕'을 따르지 말고 … 하나님이 우리를 부르심은 '부정'하게 하심이 아니요 거룩하게 하심이니(살전 4:3-5, 7).

'음행[성적 부도덕]하는 자'와 혹 한 그릇 음식을 위하여 장자의 명분을 판 에서와 같이 망령된 자가 없도록 살피라(히 12:16).

모든 사람은 결혼을 귀히 여기고 침소를 더럽히지 않게 하라. '음행[성적 부도덕]하는 자'들과 간음하는 자들을 하나님이 심판하시리라(히 13:4).

너희가 '음란과 정욕'과 술 취함과 '방탕'과 향락과 무법한 우상 숭배를 하여 이방인의 뜻을 따라 행한 것이 지나간 때로 족하도다(벧전 4:3).

소돔과 고모라와 그 이웃 도시들도 그들과 같은 행동으로 '음란[성적 부도덕]'하며 다른 육체를 따라 가다가 영원한 불의 형벌을 받음으로 거울이 되었느니라(유 7).

그러나 [나 예수가] 네게 두어 가지 책망할 것이 있나니 거기 네게 발람의 교훈을 지키는 자들이 있도다. 발람이 발락을 가르쳐 이스라엘 자손 앞에 걸림돌을 놓아 … '행음[성적 부도덕]'하게 하였느니라(계 2:14).

그러나 [나 예수가] 네게 책망할 일이 있노라. 자칭 선지자라 하는 여자 이세벨을 네가 용납함이니 그가 내 종들을 가르쳐 꾀어 '행음[성적 부도덕]'하게 하고(계 2:20).

그러나 두려워하는 자들과 믿지 아니하는 자들과 흉악한 자들과 살인자들과 '음행[성적 부도덕]하는' 자들과 점술가들과 우상 숭배자들과 거짓말하는 모든 자들은 불과 유황으로 타는 못에 던져지리니 이것이 둘째 사망이라(계 21:8).

이 정도면 중요한 내용 아닌가? 여기 인용된 책들은 신약성경의 절반이 넘는다. 이 말씀들에 근거해 성적 순결에 대한 하나님의 기준을 요약해 보자.

_성적 부도덕은 우리 죄성의 탐욕스런 태도에서 시작된다. 그 뿌리는 우리 내면의 어두움에 있다. 따라서 성적 부도덕은 불신자들을 노예로 삼는 다른 죄들과 마찬가지로 하나님의 진노를 산다.

_우리 몸은 성적 부도덕을 위해 있지 않고 주님을 위해 있다. 그분은 우리를 지으셨을 뿐 아니라 성적 순결함 가운데 살도록 우리를 부르셨다. 그분의 뜻은 모든 그리스도인이 행동은 물론 말과 생각에서도 성적으로 순결해지는 것이다.

_따라서 성적 부도덕을 철저히 버리는 것 — 성령을 좇아 살며, 그것을 회개하고 피하고 죽이는 것 — 은 거룩하고 존귀한 일이다. 불신자들처럼 색욕을 좇아 사는 삶은 이전으로 족하다.

_우리는 성적 부도덕을 고집하는 다른 그리스도인과 가깝게 지내지 말아야 한다.

_당신이 다른 사람들을 (혹 뒷좌석이나 밀실에서) 성적 부도덕으로 꾄다면 예수님이 친히 당신을 책망하신다!

정녕 하나님은 우리가 그분의 기준대로 살기를 기대하신다. 사실 데살로니가전서 4장 3절에서 성경은 그것이 하나님의 뜻이라고 잘라 말한다.

그러니 그분의 명령을 신중히 대하라. 성적 부도덕을 피하라!

05 순종인가 탁월함인가?

성적 죄에 우리의 기준을 섞기란 너무 쉬운 반면 참된 순결에 올곧게 헌신하기란 너무 어렵다. 어째서 그럴까? 우리가 거기에 익숙해 있기 때문이다. 우리가 성적 순결에서 혼합된 기준을 쉽게 용납하는 것은 삶의 대다수 다른 영역에서도 혼합된 기준을 용납하기 때문이다.

탁월함인가 순종인가?

당신에게 묻겠다. 당신 삶의 목표는 무엇인가? 탁월함인가 순종인가? 둘은 어떻게 다른가? 순종을 목표로 삼는다는 것은 탁월함이 아니라 완전함을 지향한다는 뜻이다. 사실 탁월함은 한 차원 낮은 개념이다.

"잠깐! 나는 탁월함과 완전함이 똑같은 건 줄 알았는데요." 당신은 말한다.

같아 보일 때도 있다. 그러나 단순한 탁월함은 혼합의 여지를 허용한다. 대부분의 영역에서 탁월함은 고정된 기준이 아니라 혼합된 기준이다.

예를 들어 보자. 미국 기업들은 탁월함을 추구한다. 물론 그들은 완전한 제품, 완전한 서비스 등 완전을 추구할 수 있지만 완전은 너무 많은 비용을 요하며 이익을 축낸다. 기업들은 고객들에게 완전해지지 않고 완전해 보이기만 해도 된다는 것을 안다. 완전에 못 미침으로써 그들은 품질과 비용 사이에 수익성을 확보한다.

수익성을 확보하기 위해 그들은 주변 기업들과 비교해 업계 '최선책'을 찾아 낸다. '어디까지 버티고도 완전해 보일 수 있을까? 얼만큼까지 완전에 못 미쳐도 괜찮을까?' 기업들은 탁월함의 중간 지대에 머무는 것이 이익임을 안다. 완전에는 너무 많은 비용이 들기 때문이다.

그러나 그리스도인들이 불신자의 삶과 순종 사이에 끼어 탁월함의 중간 지대 — 비용이 낮은 곳 — 에 머무는 것은 이익일까? 말도 안 된다! 사업에서 완전해 보이는 것은 이익이 될지 몰라도 영적 영역에서 완전해 보이는 것은 편의주의에 지나지 않는다. 그것은 절대 이익이 되지 않는다.

분명 탁월함은 순종이나 완전함과 다르다. 탁월함의 추구는 혼합의 여지를 허용하기 때문에 우리는 온갖 올무에 극도로 취약해진다. 순종 내지 완전함의 추구는 그렇지 않다. 탁월함은 혼합된 기준이지만 순종은 고정된 기준이다. 우리는 고정된 기준을 겨냥하고 싶다.

프레드: 잘못된 질문

나는 하나님의 고정된 기준인 순종을 겨냥하지 않은 자의 전형이었다. 나는 교회에서 강좌를 가르치고 봉사 부서의 장을 맡고 제자훈련 수업에 참석했다. 교회 출석도 모범적이었고 기독교 용어도 구사할 줄 알았다. 사업의 최선책을 찾는 기업들처럼 내 물음은 이랬다. '어디까지 가고도 그리스도인으로 통할 수 있을까?' 정작 내가 물어야 했던 질문은 이것이다. '나는 얼마나 거룩해질 수 있을까?'

탁월함과 온전함의 차이를 내가 가르치는 결혼 예비학교의 두어 가지 사례를 통해 예시하려 한다. 7주 과정이 시작될 때마다 나는 참석자들에게 결혼 생활에서 바라는 것이 무엇인지 묻는다. 최근 한 반에서는 여섯 커플 모두 자신들의 관계를 하나님의 원리에 기초해 세우고 싶다고 밝혔다. 그래서 나는 이렇게 물었다. '가정에 불편한 상태를 피하기 위해 진실을 타협해도 괜찮은가?'

다들 안 된다고 했다. 그들은 진실을 타협하는 것은 엄연히 거짓이며 자기 집에서는 있을 수 없는 일이라고 하나같이 입을 모았다.

"정말입니까?" 나는 물었다. "그럼 이 경우는 어떻습니까? 제 아내 브렌다는 네 자녀를 낳았는데 그때마다 체중이 늘어 옷 사이즈가 네 차례나 커졌습니다. (이 대목에서 대개 웃음보가 터진다.) 사이즈가 늘 때마다 아내는 어떻게든 이전의 작은 옷을 입고 교회에 가려 했습니다. 간신히 옷을 입으며 아내는 제게 묻곤 했지요. '너무 꽉 끼나요?' 아내는 옷이 맞는지 아니면 괜히 몸집만 돋보이는지 알려 했습니다. 대개 엇비슷했는지라 나는 진실을 타협하는 쪽과 아내를 속상하고 풀죽게 하는 쪽 중에서 택해야 했습니다.

불편한 상태를 피하기 위해 저는 진실을 타협해도 괜찮았을까요? 그래봐야 이건 작은 일입니다. 게다가 저는 아내를 사랑합니다. 내가 진실을 말한다면 아내는 기분이 상할 것입니다. 나는 아내를 기분 상하게 하고 싶지 않습니다."

"여러분이라면 어떻게 하겠습니까? 진실을 고치겠습니까?"

불과 몇 분전까지만 해도 자기 집에서 절대 진실을 타협하지 않겠다고 장담한 그들이건만 놀랍게도 여섯 중 다섯 커플은 당연히 진실을 타협해서라도 그 특정 상황의 불편함을 피하겠다고 말했다.

그들은 기독교 용어를 말할 줄 알며 분명 탁월해 보인다. 하지만 그들은 기독교 진리를 삶으로 옮길 수 있을까?

우리는 탁월함으로 자신의 불순종 행로를 덮으려 한다. 피트와 메리는 내 결혼 예비학교에 참석했다. 피트는 첫날부터 아주 인상적이었다. 그는 강의 내용을 전부 빨아들이며 남편의 책임에 관한 가장 어려운 가르침까지도(섬기는 삶 등) 고개를 끄덕여 수긍했다.

7주 과정 마지막 날 피트와 메리가 수업 후에 나를 찾아왔다. "지난주 성적 순결에 대한 얘기가 정말 와 닿았습니다." 피트가 입을 열었다. "포르노나 성인 영화를 본다고 성생활이 더 좋아지지 않는다는 대목이 특히 좋았습니다. 제 첫 아내는 내게 성인 영화를 빌려다 주곤 했지요. 그래서 잠자리에 들기 전 함께 보곤 했는데 결국 우리에게 해가 됐습니다." 그러더니 그는 "메리와의 결혼 생활에서는 그러지 않을 겁니다"라고 덧붙였다. 거기까지는 좋았다.

그러나 메리가 다가서며 말했다. "함께 보는 영화 때문에 우린 늘 티격태격해 왔어요. 제 아파트에서 함께 영화를 빌려다 보곤 하는데 내용이야 아시다시피 다 그렇잖아요. 대부분 인기 있다는 영화에는 선정적인 장면들이 나옵니다. 저는 그게 갈수록 더 불편하게 느껴져요. 야한 장면이 나오면 저는 피트에게 끄자고 말하지만 피트는 비싼 돈 주고 빌려왔는데 안 보면 아깝다면서 화를 내요. 그래서 피트가 마저 다 보는 동안 저는 부엌에 들어가 딴 일을 해요."

눈물이 글썽해진 메리는 시선을 아래로 깔며 말했다. "저는 그런 영화들이 우리한테 좋지 않다고 생각해요. 나를 위해서 그만 보자고 부탁해도 피트는 듣지 않아요. 피트가 집에 돌아가기 전 우린 늘 함께 기도하지만 그래도 그런 영화를 본 날이면 저는 늘 더럽고 저속해진 기분이에요. 영화가 우리 사이를 갈라놓는 것 같아요."

물론 피트는 당황했다. 그가 추구한 것은 탁월함일까 순종일까? 적어도 이 부분에서 그는 중도에 머물렀다. 주변 동료들의 기준으로 볼 때, 그는 외설적인 장면이 나오는 인기 영화들을 보면서도 그리스도인처럼 보일 수 있음을 알았다. 그에게 필요한 것은 그게 전부였다.

다행히 피트는 내게 대책을 물었다. 나는 그에게 메리의 주도에 따라 야한 비디오를 보지 말라고 했고, 그는 그렇게 하겠다고 했다.

단체로 중간 지대에

메리의 음성처럼 우리를 순종과 완전함으로 부르는 도전의 음성이 전무할 때가 비일 비재하다. 단순한 탁월함에 안주해 우리는 하나님의 기준을 무시한다. 우리는 주변 문화에 더 가까워짐으로 하나님과 멀어진다.

교회로 함께 모여서조차 우리는 중도에 머문다. 교회들의 행사 지향적인 접근은 보기에는 좋지만 제대로 도전을 주지 못할 때가 많다.

데모인의 우리 교회는 성가대가 탁월하다. 소리가 전문가들 같다고 이 지방에 소문이 자자하다. 악단에는 현지의 전문 교향악단 연주자들까지 협연하고 있다. 새로 이사온 이웃 사람과 우리 교회에 대해 얘기하는데 그녀는 이렇게 말했다. "그 교회라면 저도 가 봤지요. 아주 좋던데요. 꼭 공연 관람하는 것 같아요."

우리 교회는 전통 지향의 행사 일정도 탁월하다. 인종 간 화합을 다지는 '슈퍼볼 일요일' 저녁 예배가 있다. 해마다 독립기념일에는 '애국의 밤'을 열어 엘리자베스 돌, 게리 바워, 캘 토마스 같은 명강사들을 모셔 애국심을 고취시킨다. 매년 열리는 '도시의 밤'은 도심에 있는 자매 교회의 사역자들과 자원 봉사자들을 기리는 시간이다. 크리스마스 행사, 부활절 행사, '친구의 날', '개학의 밤' 등 그밖에도 아주 많다.

분명 우리는 데모인에서 '소속감을 주는 교회'가 되려 애쓰고 있다. 이익이 있었을까? 이 탁월함의 추구에서 나온 것은 무엇일까?

최근 우리는 새해를 맞아 일주일간 전교인 저녁 기도회를 열었다. 기도의 전략적 가치에 반론을 제기하거나 충실한 기도가 우리 신자들의 사명이라는 사실에 이의를 달 사람은 아무도 없다. 그러나 기도하는 일에 순종하려면 큰 대가와 헌신이 따른다. 기도 주간이 시작되던 월요일 저녁에 나온 성인은 평소 출석 교인 2,300명 중 고작 34명뿐이었다. 목요일에는 성인 17명만 기도하고 있었다. 나는 완전히 낙심했다. 그러나 일주일 후 '봉사자 격려 주일'에는 1천 명이 나와 자신의 교회 봉사에 칭찬을 받았다.

나는 우리 교회 수요 예배 때 중보기도자 모임도 준비했다. 90분간 교인들을 위해 중보할 수 있도록 그저 방을 열어 두는 일이었다. 첫날 밤 대여섯 명이 문간에 와 물었다. "여기가 중보기도에 대해 가르치는 방인가요?"

"아니오. 저희는 중보기도에 대해 가르치는 것이 아니라 중보기도를 할 겁니다." 내 대답에 그들은 하나같이 돌아서 가버렸다. 중보기도에 대해 배우는 것은 좋아 보이지만 실제 기도하려면 대가가 든다. 순결도 그와 다를 바 없다.

무엇을 기대하랴

수많은 부분에서 우리는 하나님과 적당히 거리를 둔 채 단체로 탁월함의 중간 지대에 앉아 있을 때가 많다. 그분의 더 높은 기준이 도전을 가해 올 때면 우리는 그 문제를 진지하게 받아들이기 보다 자신이 주변 사람들과 크게 다르지 않다는 사실로 위안을 삼는다. 문제는 우리가 불신자들과도 크게 다르지 않다는 점이다.

사춘기 그리스도인들은 대개 불신자 동료들과 구별이 안 된다. 활동, 음악, 유머는 물론 혼전 순결에 대한 태도까지 똑같다. 크리스틴이라는 십대 소녀는 우리에게 이렇게 말했다. "우리 중고등부에는 그리스도인 흉내만 내는 아이들 천지예요. 얘들은 정말 마약 먹고 술 마시고 파티하고 성관계를 가져요. 순결한 삶을 살려면 교회 신자들과 어울리는 것보다 학교의 불신자들과 어울리는 편이 더 쉬워요. 학교 친구들은 내 입장을 이해하며 '참 좋다, 그럴 수 있다'고 말하지만 그리스도인 아이들은 '유난 떨지 말고 삶을 즐겨라!'며 나를 조롱하고 비웃거든요. 걔들은 사사건건 내 가치관에 시비를 걸어요." 한 평신도 지도자의 아들 브래드는 크리스틴에게 이렇게 말했다고 한다. "혼전 성교가 나쁜 건 나도 알지만 그것만 아니라면 다 괜찮아. 난 젖가슴 더듬는 게 좋기만 하더라."

안타깝지만 성인들도 십대 그리스도인들과 조금도 다르지 않다. 독신 직장 여성 린다에 따르면 그녀 교회의 성인 독신자 모임에는 '선수들' — 자기 필요를 채우려고 은근히 먹이에 접근하는 남녀들 — 이 있다고 한다.

그리스도인 부부들도 중도에 안주하기는 마찬가지다. 스티브가 매일 진행하는 라디오 토크쇼에는 외도에서 헤어나는 길이나 배우자와의 별거에 대처하는 길을 묻는 그리스도인들의 전화가 쇄도한다.

우리는 눈먼 것일까? 우리의 총체적 중도 헌신에서 무엇을 기대할 수 있을까? 기독교에 새로 회심하는 자들도 우리처럼 될 것임을 우리는 모른단 말인가? 예수님께 대한 인격적 헌신에 있어 우리처럼 나태한 그들의 모습을 보면 위안이 될까?

우리의 느슨한 기준이 세상을 향한 복음 증거를 무력하게 하건만 우리는 그것도 모른단 말인가? 『부흥의 기도』(Revival Praying)에서 저자 레오나드 레이븐힐(Leonard Ravenhill)은 이렇게 말한다.

> 오늘 이 시대는 하나님을 부인하는 투사들과 영리하고 호전적인 회의론자들과 얼빠진 얼굴의 무수한 이교도들이 관중석을 가득 메운 싸움터 같다. 그들은 모두 사신 하나님의 교회가 무엇을 할 수 있나 보려 텅 빈 링을 지켜보고 있다. 그런데도 어찌 내 마음이 불타지 않으랴! 우리 그리스도인들은 도대체 뭘 하고 있는가? 시쳇말로 우리는 '교회 놀음'이나 하고 있는가?

바른 반응

이스라엘 왕 요시야는 불과 스물여섯의 나이에 하나님의 기준이 무시되는 비슷한 상황에 부딪쳤다. 역대하 34장에 보면 대대적 성전 보수 중에 오랜 세월 잊혀졌던 하나님의 율법책이 발견된 기사가 나온다. 요시야는 자기 앞에서 율법책을 낭독하게 했다. 하나님의 기준과 그 기준대로 살지 못한 백성들의 실패가 부득불 그의 주의를 끌었다.

요시야는 "상관없다. 우린 오랫동안 이렇게 살아 왔다. 이런 일로 율법주의에 빠지지 말자!"고 말하지 않았다. 아니, 그는 두려워하며 비통

함과 절망의 표시로 옷을 찢었다. 그는 자기 백성의 태만을 즉시 인정하며 "여호와께서 우리에게 쏟으신 진노가 크도다"고 말했다. 그리고 하나님의 다음 인도를 구했다.

하나님은 요시야의 반응에 다음 말씀으로 즉각 응답하셨다.

내가 이 곳과 그 주민을 가리켜 말한 것을 네가 듣고 마음이 연약하여 하나님 앞 곧 내 앞에서 겸손하여 옷을 찢고 통곡하였으므로 나도 네 말을 들었노라 여호와가 말하였느니라(대하 34:27).

여기서 요시야는 곧바로 온 나라를 주도해, 철저히 돌이켜 하나님의 기준에 순종하게 한다.

왕이 … 여호와의 전에 올라가매 유다 모든 사람과 예루살렘 주민들과 제사장들과 레위 사람들과 모든 백성이 노소를 막론하고 다 함께 한지라. 왕이 여호와의 전 안에서 발견한 언약책의 모든 말씀을 읽어 무리의 귀에 들려 주고 왕이 자기 처소에 서서 여호와 앞에서 언약을 세우되 마음을 다하고 목숨을 다하여 여호와를 순종하고 그의 계명과 법도와 율례를 지켜 이 책에 기록된 언약의 말씀을 이루리라 하고 예루살렘과 베냐민에 있는 자들이 다 여기에 참여하게 하매 예루살렘 주민이 하나님 곧 그의 조상들의 하나님의 언약을 따르니라. 이와 같이 요시야가 이스라엘 자손에게 속한 모든 땅에서 가증한 것들을 다 제거하여 버리고 이스라엘의 모든 사람으로 그들의 하나님 여호와를 섬기게 하였으므로 요시야가 사는 날에 백성이 그들의 조상들의 하나님 여호와께 복종하고 떠나지 아니하였더라(대하 34:29-33).

조금도 혼합이 없다. 하나님의 기준이 참된 삶의 기준임을 알았기에 요시야는 일어나, 하나님을 대적하는 것을 모두 치웠다.

대가 계산

당신은 어떤가? 성적 순결에 대한 하나님의 기준을 들었으니 이제 당신은 요시야의 심정으로 마음을 다하고 성품을 다하여 그 기준대로 살기로 기꺼이 언약을 세우겠는가? 당신은 하나님을 대적하는 성적인 것들을 모두 치울 것인가?

당신은 단지 탁월함의 혼합된 기준대로 살아 왔는가? 중도에 머물면서도 여전히 그리스도인처럼 보이는 삶 말이다. 아니면 당신은 정말 부름 받은 그대로 순종과 완전함의 길을 추구해 왔는가?

어느 쪽인지 어떻게 알까? 당신이 쾌히 치르려는 대가를 보면 안다. 당신은 그리스도인의 삶에 어떤 비용을 치르고 있는가? 그리스도에 대해 배우는 것은 적은 비용으로 되지만 그리스도처럼 살려면 비싼 대가가 따른다.

_수천 명 남자들의 집회에 참석해 하나님을 찬양하고 삶의 길을 배우는 것은 적은 비용으로 되지만, 집에 와서도 거기서 다짐했던 삶의 변화에 계속

헌신하려면 비싼 대가가 따른다.

_〈플레이보이〉지를 피하는 것은 적은 비용으로 되지만, 날마다 눈과 생각을 다스리려면 비싼 대가가 따른다.

_자녀를 기독교 학교에 보내 신앙 교육을 남에게 맡기는 것은 적은 비용으로 되지만, 아버지가 찬양과 진심어린 기도를 인도하며 꾸준히 가정 예배를 드리려면 비싼 대가가 따른다.

_자녀의 옷차림을 단정하게 하는 것은 적은 비용으로 되지만, 생각을 단정하고 바르게 해주려면 비싼 대가가 따른다.

자, 당신의 위치는 어디인가? 편한 쪽인가? 당신은 자기 죄의 행위에 매우 관대한 사람인가? 당신의 하나님 개념이 당신 삶에 고도의 혼합을 초래하지는 않았는가?

만일 그렇다면 당신의 성적 기준은 혼합됐을 소지가 높고, 당신 삶에 최소한 조금이라도 성적 부도덕이 있을 소지가 높다. 당신은 참된 순종의 대가를 치르려 하지 않는다. 예컨대 당신은 많은 할리우드 영화에 들어 있는 외설을 피하지 않는다. 옛 애인들 생각이나 은근히 다가오는 직장 여직원 생각을 버리지 않는다. 아슬아슬한 비키니나 젖가슴이 풍만한 스웨터나 매끈한 핫팬티 그리고 그런 것들을 입는 여자들을 보지 않도록 자신의 눈을 훈련하지 않는다.

하나님은 당신의 아버지시며 순종을 기대하신다. 능력의 원천으로 당신에게 성령을 주신 그분은 그분의 명령만으로 당신에게 충분하다고 믿으신다. 당신이 당신의 명령만으로 자녀들에게 충분하다고 믿는 것처럼 말이다.

문제는 우리가 순종을 구하지 않는다는 것이다. 우리는 단지 탁월함을 구할 뿐, 그분이 명령하셨다는 사실만 갖고서는 제대로 반응하려 하지 않는다. 우리는 밀쳐 내며 대꾸한다. "조금도 남김없이 제하라니 왜 그래야 돼? 그건 너무 힘들어!"

성적 죄에 얽매이고 성의 미열(微熱)에 무력해진 남자들이 무수한 교회에 무수히 많다. 프라미스 키퍼스(Promise Keepers) 집회에는 선뜻 가지만 약속 준수자가 되기에는 너무 병약한 남자들이다.

순결을 위한 영적 전투는 모든 마음과 영혼 속에 벌어지고 있다. 대가는 엄청나다. 순종은 어려우며, 정말 찾아보기 힘든 겸손과 온유를 요한다.

우리는 중고등부에서 평판이 좋은 제임스라는 아이의 이야기를 들었다. 성적 순결을 지키기로 서약하라는 촉구 앞에 그는 "예상 못할 상황이 내 앞에 너무 많기 때문에 그런 서약은 못한다"며 거부했다. 제임스는 중도에 안주했다. 당신은 어떤가?

프레드: 당신은 정말 누구인가?

우리 개개인이 하나님의 기준에 순종하는 값비싼 작업을 무시해 왔기에 교회에 성적 부도덕이 만연해 있다. 우리는 '어느 선까지 가고도 여전히 그리스도인으로 통할 수 있을까?' 궁리하느라 바쁘다. 성적 순결에 이르는 고된 작업을 피하며 아무도 없을 때 눈길을 함부로 돌리면서도 여전히 성적으로 순결해 보일 수 있으니 말이다.

나는 대학 시절 한 남자에게서 그런 예를 보았는데 아직도 내게 경종을 준다. 스탠포드 신입생 때 나는 향수에 시달렸다. 학교 근처에서 자란 한 기숙사 친구가 나를 딱하게 보았던지 자기 집에 데려가 저녁을 대접해 주었다. 그들은 아주 부자였고 집도 으리으리했다. 정말 멋진 밤이었다! 그때 나는 아티초크라는 야채를 처음 먹었다(지금도 좋아한다). 더욱이 그의 어머니는 아주 다정다감했고 그 지방의 걸출한 사업가인 그의 아버지는 교회에서 중책을 맡았을 뿐 아니라 가족 간의 시간을 매우 중시했다.

몇 주 후 내가 이발소에서 머리를 깎고 있는데 친구 아버지가 안으로 들어왔다. 나는 약간 수줍어 말없이 있었고, 내 젖은 머리며 목에 둘린 이발소 천 때문에 그도 나를 알아 보지 못했다. 자리에 앉아 차례를 기다리며 그는 〈플레이보이〉 지를 집어 들었다. 나는 깜짝 놀랐다! 혹시 '그냥 기사만 읽나' 보려고 유심히 보았으나 그는 곧바로 누드 부분을 펼쳤다. 그리고는 책을 비스듬히 세워 몰입해 들어갔다.

이것이 당신인가? 그리스도인인 당신 모습에 은밀한 어두운 부분이 있는가? 당신이 십대라면, 여름철 단기 선교에 나서는 때에도 여전히 차 뒷좌석에서 여자의 가슴을 상상하는가? 당신이 남편이라면, 주일학교에서 가르치고 남전도회에 열심이다가도 밤이 되면 화면 속 여자 나체를 탐닉하는가?

당신은 정말 누구인가?

단순히 탁월함만 구하는 것은 하나님께 나아가기에 부적합한 방법이다. 그것은 우리를 온갖 올무에 취약하게 만든다. 우리의 유일한 희망은 순종이다.

부도덕의 여지를 조금도 남김없이 죽이지 않으면 우리는 시각을 통해 성적 만족과 화학적 쾌감을 얻으려는 남성적 성향에 쉽게 사로잡힐 것이다(다음 장에서 자세히 다룰 것이다). 그러나 우리의 남성성을 다루려면, 그 전에 먼저 우리에게 있다는 듯 착각했던 권리, 즉 하나님의 기준을 혼합할 권리를 버려야 한다. '나는 어떻게 거룩해질 수 있을까?'를 물으며 기도하고 하나님과의 새로운 관계에 헌신하며 그분의 순종의 명령에 온전히 따라야 한다.

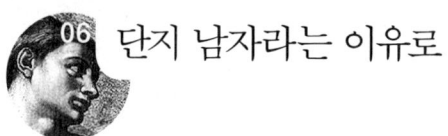# 단지 남자라는 이유로

하나님의 기준을 중도 타협하는 것 외에도 남자들 사이에 성적 죄가 만연한 데는 다른 이유가 있다. 단지 남자라는 이유만으로 우리는 자연히 그렇게 된다.

프레드: 남자의 천성
아내 브렌다가 넷째 아이를 갖기 전부터 나는 기도를 통해 그 아이가 사내이며 우리의 둘째 아들이라는 확신이 있었다. 어찌나 확신이 깊었던지 임신 기간 중 나는 브렌다와 몇몇 가까운 친구들에게 그렇게 말까지 했다.

출산 날이 다가오자 부담도 커졌다. "뭐하러 떠벌렸던가? 딸이면 어쩌나? 내가 틀렸으면 어쩌나?" 나는 푸념이 절로 났다.

브렌다의 진통이 시작되면서 내 부담도 시시각각 갑절로 커지는 듯했다. 마침내 분만실의 밝은 불빛 아래 서서 조그만 머리가 빠져나오려는 것을 보면서 나는 진실의 순간이 임박했음을 알았다.

아기는 얼굴을 위쪽으로 하고 나왔다. '좋았어. 똑똑히 보이겠군.' 그런 생각으로 초조해하며 나는 브렌다를 살짝 다그쳤다. "여보. 좀더 힘을 줘요."

어깨가 나왔다. '이제 몇 센티만 더 나오면 된다'고 생각하는 순간 이게 웬일인가? '아! 의사 선생님. 왜 이러는 겁니까?' 엉덩이와 다리가 나오는 마지막 순간 의사가 아기를 자기 쪽으로 돌린 것이다. 이제 나는 아기의 등밖에 보이지 않았다. '제발, 제발.' 나는 속으로 부르짖었다.

의사와 간호사는 답답할 정도로 아무 말이 없었다. 일사 불란하게 그들은 아기를 닦고 목구멍을 소제한 뒤 갓난아기 머리에 얄궂게 작은 모자를 올려놓았다. 이윽고 의사가 아기를 내게 넘겨주자 아기의 다리가 아래로 처졌다. 금방 밑을 보고 나는 알 수밖에 없었다.

"아들이오!" 나는 소리쳤다.

마이클은 지금 여덟 살이고 맏아들 제이슨은 열여섯이다. 말할 것도 없이 둘 다 천상 남자다. 둘을 키우면서 나는 남자의 타고난 천성적 성향을 느낀다. 그런 성향은 내게 그렇듯 둘에게도 성적 순결의 모든 측면에 영향을 미칠 것이다.

남자는 천성적으로 반항적이다

"아담이 꾀임을 보지 아니하고 여자가 꾀임을 보아 죄에 빠졌음이니라"(딤전 2:14)고 디모데에게 설명할 때 바울은 에덴 동산에서 아담이 속아서 금단의 열매를 먹은 것이 아님을 알았다. 아담은 그것이 잘못인 줄 알면서 그냥 먹었다. 그로부터 수천 년이 지난 지금, 아담의 모든 아들들도 똑같이 반항적인 성향이 있다.

『성적 자살』(Sexual Suicide)의 저자 조지 길더(George Gilder)의 보고에 따르면 주요 강력 범죄의 90% 이상, 강간의 100%, 절도의 95%를 남자가 저지른다. 또 음주 운전자의 94%, 자살의 70%, 가족과 자녀 상대 범행의 91%도 남자 차지다. 굵직한 범죄자들은 대개 독신 남자들이다.

반항심은 남성 고유의 천성적 모습이다. 하나님의 기준을 중도 타협하는 데 필요한 교만이 그 천성적 성향에서 나온다. 우리 남자들은 단순히 '내' 방식이 좋아서 죄를 택할 때가 많다.

남자는 '반듯한' 삶이 고리타분하다

제임스 답슨 박사는 『남자들과의 솔직한 대화』(Straight Talk to Men and Their Wives)에서 '반듯한' 삶을 이렇게 잘 요약했다.

> 일하는 남자의 반듯한 삶은 … 1년 50주, 매주 닷새씩 피곤한 몸을 침대에서 일으키는 것이다. 8월에 2주간 휴가를 얻어 아이들이 좋아할 여행을 택하는 것이다. 반듯한 삶은 온갖 신제품을 사들이고 싶은데도 돈을 현명하

게 쓰는 것이다. 야구 시합을 보고 싶어 죽겠는데도 토요일이면 아들을 데리고 나가 자전거를 타는 것이다. 지난주에 60시간을 일하고서도 휴일이면 차고를 청소하는 것이다. 반듯한 삶은 코감기와 자동차 엔진 수리와 잔디밭 잡초와 세금 고지서를 처리하는 것이다. 목사의 생각을 더 들을 게 없는데도 일요일이면 가족을 데리고 교회에 가는 것이다. 어떻게 먹고살지 이미 막막한데도 하나님의 일에 소득의 일부를 바치는 것이다.

이 모두에 대한 대다수 남자들의 본능적 반응은 '벗어나고 싶다!'는 것이다.
우리의 천성적 반항심이 하나님의 기준을 중도 타협하게 만드는 '교만'을 불러일으킨다면, 반듯한 삶에 대한 천성적 혐오감은 그 기준을 타협하고 죄가 약속하는 일시적 쾌감을 맛보고 싶은 '욕망'을 불러일으킨다. 우리의 혼합된 기준은 고리타분하게 느끼는 온갖 책임들로부터 우리를 벗어나게 해준다.

남자는 성욕이 강하고 꾸준하다
정액 생산과 기타 요인들로 인해 남자는 천성적으로 매 48-72시간 단위로 성적 해소를 원한다(이 말을 듣고 "오, 내 힘든 십자가여!"라고 외친 젊은 아내도 있다). 많은 여자들은 꾸준히 성관계를 원하는 남편이 그저 놀라울 뿐이다. 욕망 수준이 좀처럼 그에 맞먹지 못하는 결혼 초 여자들은 특히 더하다. 그러나 그게 남자다. 아내가 당신을 사랑해서(또는 당신이 불쌍해서!) 자신의 욕망을 비슷하게 키웠다면 당신은 행운아다.

답슨 박사의 책에 수상스키를 타러 갔던 한 젊은 부부의 이야기가 나온다. 스키 초보자인 남편은 오후 내내 만(灣)을 휘젓고 다니며 서는 법을 배우려 애쓴다. 용감히 시도하고 또 시도하지만 수상보다 수중에서 보내는 시간이 더 많다.

햇볕에 그을린 우리의 영웅은 수고에 지친 기색이 역력하다. 그때 그의 아내가 친구를 보며 말한다. "저러고도 오늘밤 집에 가면 또 원할 텐데 이해가 되니?"

이 72시간 사이클은 눈과 생각의 성적 순결에 어떤 영향을 미칠까? 다음 두어 주 동안 자신을 잘 관찰해 보라. 당신은 일요일 밤 섹스를 나눈다. 월요일 아침 출근길, 새 광고판의 요염한 여자를 보아도 큰 반응은 없다. 그러나 섹스 없이 사흘이 지난 후 출근길에 그 여자가 보이면 당신의 '모터'가 돌아가기 시작한다. 여자는 몇 분 동안 당신 머리를 떠나지 않는다. 그날 오후 지루한 업무 회의 시간에 그 여자가 당신 생각을 사로잡는다.

롭은 우리에게 말했다. "꼬박 일주일간 출장에 오를 때면 저는 대개 일요일 밤 아내와 관계를 갖습니다. 아내는 그런 면에서 저를 잘 도와 줍니다. 꼭 필요한 도움이지요. 출장중 월요일 밤에는 저녁 먹고 일 좀 한 뒤 뉴스를 보고 곧 잡니다. 섹스 생각이 날 수도 있지만 큰 문제는 아닙니다. 그러나 수요일 밤이면 사정이 달라집니다. 그 생각밖에 없다고 해도 과언이 아닙니다! 유혹은 지독합니다. 밤마다 강도가 더 심해지는 것 같습니다."

유혹은 세질 수도 있고 그렇지 않을 수도 있지만 유혹에 대한 당신의 민감도는 분명 높아진다. 사이클 사흘째면 유혹은 불가항력적으로 느껴질 수 있다.

모든 영적 전투에서 당신의 몸은 의지할 것이 못된다. 성적 순결과 순종의 싸움이라면 더 말할 것도 없다. 우리는 바울의 고백에 쉬 공감한다.

> 곧 선을 행하기 원하는 나에게 악이 함께 있는 것이로다. 내 속 사람으로는 하나님의 법을 즐거워하되 내 지체 속에서 한 다른 법이 내 마음의 법과 싸워 내 지체 속에 있는 죄의 법으로 나를 사로잡는 것을 보는도다. 오호라, 나는 곤고한 사람이로다(롬 7:21-24).

당신의 몸은 종종 낙오해 오히려 당신의 적 편에 합세한다. 이런 배반 성향이 우리의 성욕을 충동질해 하나님의 기준을 무시하게 만든다. 이런 성욕에 남자의 천성적 교만과 반듯한 삶을 벗어나려는 남자의 천성적 욕망이 더해지면 우리는 섹스의 노예가 될 모든 조건을 완비한 셈이다.

그 구체적 발단은 남자의 네 번째 천성적 성향에서 온다. 가장 치명적인 성향이다.

남자는 시각을 통해 성적 만족을 얻는다

남자들에게 눈은 얼마든지 마음대로 죄 지을 방편이 된다. 연인이나 정부가 없어도 된다. 기다릴 필요도 없다. 눈만 있으면 언제라도 시각을 통해 성적 만족을 얻을 수 있다. 방식과 형태와 모습을 불문하고 여자의 나체는 우리를 자극한다.

우리는 까다롭지 않다. 낯선 여자의 누드 사진도 아내와의 낭만적인 시간 못지 않게 금세 효력을 발한다. 여체를 보는 것에 관한 한 우리는 시각에 점화 스위치가 달려 있다.

여자들은 성적으로 자극되는 방식이 달라 이점을 잘 이해하지 못한다. 여자의 점화는 촉감과 관계와 연계된다. 여자들은 우리 성의 이런 시각적 측면을 천박하고 더럽게 여기며 심지어 혐오한다. 남편들이 '시각 요인'을 긍정적으로 전환해 침실에서 잘 활용하도록 아내에게 권하기라도 하면 대개 경멸과 조소만이 돌아온다. 예컨대 리자는 이렇게 말했다. "그러니까 나도 싸구려 코르셋을 사서 술집 여자처럼 쇼를 해야 한다 그거로군요!"

시각을 통한 성적 만족은 성적 순결을 위한 당신의 싸움에 결코 웃을 일이 아니다. 누드 장면이 우리 두뇌의 쾌락 중추에 일으키는 작용과 요즘 나체나 그에 준하는 여자들을 아주 쉽게 볼 수 있다는 점을 감안할 때, 우리 눈과 생각이 억제를 거부하는 것은 당연한 일이다.

시각적 전희

요지를 놓치지 않기 위해 네 번째 천성적 성향을 다른 말로 표현한다. 남자의 경우 눈의 부도덕은 곧 성적 전희다.

맞다. 허벅지를 더듬거나 젖가슴을 만지는 것과 똑같다. 전희(前戲)란 우리를 자연스레 성교로 끌어가는 모든 성적 행동이기 때문이다. 전희는 욕망에 불붙이고 우리를 단계별로 상승시켜 결국 갈 데까지 가게 만든다.

에스겔서 23장 3절에서 엿볼 수 있듯이 하나님은 결혼 밖에서의 전희를 죄로 보신다. 여기서 하나님은 택한 백성들의 고집과 배신을 정욕의 죄에 빠진 처녀의 모습으로 묘사하신다. "그들의 유방이 눌리며 그 처녀의 가슴이 어루만져졌나니." (하나님이 성경에서 '페팅'을 언급하신 적이 없다고 당신이 한번이라도 주장한 적이 있다면 이 구절을 통해 그런 생각을 바로잡기 바란다.) 성적 순결을 가르치는 신약의 총체적 논지(4장 끝에 열거한 말씀들을 다시 읽어보라)와 그 기준의 정신적·신체적 적용만큼이나 똑같이 교훈적인 말씀이다. 하나님의 관점에서 섹스란 여자의 체내에 들어가는 것 이상이다.

전희에 해당하는 행위들은 무엇일까? '가슴을 어루만지는' 것은 분명 전희다. 왜? 성교로 이어지게 돼 있다. 오늘밤 그녀와 아니라면 적어도 나중에 집에서 자위행위로 이어진다. 오늘밤 그녀와 아니라면 혹 내일 밤 그녀의 의지가 약해졌을 때일 수 있다.

아내 이외의 여자를 공상하며 하는 자위행위나 몽상 속의 '가상 성교'도 실제 성관계와 똑같다. 예수님께서 정하신 기준을 기억하고 있는가? "또 간음하지 말라 하였다는 것을 너희가 들었으나 나는 너희에게 이르노니 음욕을 품고 여자를 보는 자마다 마음에 이미 간음하였느니라"(마 5:27-28).

전희에는 또 무엇이 있는가? 서로 성기를 만지는 것도 전희다. 허벅지 위만 만져도 전희일 수 있다. 젊은 남자들은 그렇게 보지 않을지 모르지만 아버지들은 다르다! 당신 딸의 허벅지를 더듬는 남자를 본다면 장담컨대 당신은 그저 윙크하며 돌아서지는 않을 것이다. 여자가 십대 남자의 무릎에 머리를 누이는 것도 전희다. 약한 형태일 수 있지만 그것 역시 감당할 수 없을 만큼 남자의 모터를 고속으로 돌린다. 신체의 특정 부위가 바짝 밀착된다면 천천히 춤추는 것도 전희일 수 있다.

그렇다고 젊은이들이 손잡기, 팔짱끼고 걷기, 짧은 키스 등 전희가 아닌 방식으로 신체 접촉을 할 수 없다는 말은 아니다. 그러나 목과 가슴 부위에 짙은 키스를 하다 보면 자연히 옷을 벗게 되고 그것은 다시 상호 자위행위를 거쳐 성교로 이어진다.

약속의 파기

당신이 기혼자라면 궁금할 수 있다. '내 전희는 아내와만 이루어지는데 이 모든 것이 나랑 무슨 상관인가?'

정말인가? 눈의 부도덕은 확실한 성적 만족을 가져다 준다. 그것도 전희가 아닌가? 영화의 야한 장면을 보며 당신의 벨트 아래에서 용트림이 있는가? 바닷가에서 갑자기 아슬아슬한 비키니를 입은 절세 미인을 만날 때 당신은 무슨 생각을 하는가? 관제 센터에서 '발화 위기!'를 알리는 동안 당신은 숨을 헐떡거린다. 생각일망정 당신은 그 자리에서 그녀를 침대에 눕힌다. 아니면 그 이미지를 접어 두었다가 나중에 그 여자를 공상한다.

당신은 섹시한 모델을 빤히 쳐다보며 탐한다. 더 쳐다보며 더 탐한다. 당신의 모터는 회전 속도가 빨라져 위험 상태에 달한다. 어떻게든 해소가 필요하다. 그렇지 않으면 엔진이 터질 것 같다.

남자에게 시각을 통한 성적 만족은 일종의 섹스다. 의심의 여지가 없다. 우리 남자들은 눈을 통해 성적 만족과 화학적 쾌감을 얻는다.

알렉스는 자기 처제와 함께 TV를 보던 날을 기억한다. 나머지 가족들은 백화점에 가고 없었다. "처제는 꽉 끼는 반바지 차림으로 내 앞에서 배를 깔고 엎드려 TV를 보다가 잠이 들었습니다. 의자에 앉아 있다 문득 보니 처제의 허벅지 위쪽과 속옷 선이 보였습니다. 무시하려 했지만 심장이 약간 두근거리기 시작했고 내 눈은 자꾸만 둔부 아래로 끌렸습니다. 나는 너무 흥분돼 아예 눈으로 더듬으며 욕망에 빠졌습니다. 어떻게든 해소해야 했습니다. 처제가 자는 사이 그 자리에서 자위행위를 했습니다."

알렉스의 경우 눈의 부도덕은 분명 전희였고 그 이상의 죄로 이어졌다. 시각을 통한 성적 만족을 전희로 인식하는 것이 매우 중요하다. 관능적 모습을 볼 때 여체의 아름다움에 대한 진한 감동만 생긴다면 그것은 아이오와 옥수수 밭에 몰아치는 뇌우의 장엄한 위력을 보는 것과 다를 바 없다. 죄가 없다. 문제가 없다.

그러나 그것이 정말 전희라면, 즉 당신이 거기서 성적 만족을 얻는다면 그것은 부부의 침소를 더럽히는 일이다.

모든 사람은 혼인을 귀히 여기고 [부부의] 침소를 더럽히지 않게 하라. 음행하는 자들과 간음[성적 부도덕]하는 자들을 하나님이 심판하시리라(히 13:4).

눈에 안 보일지 모르지만 당신이 대가를 치르고 있음 또한 분명하다.

스스로 속이지 말라. 하나님은 업신여김을 받지 아니하시나니 사람이 무엇으로 심든지 그대로 거두리라. 자기의 육체를 위하여 심는 자는 육체로부터 썩어질 것을 거두고(갈 6:7-8).

뿐만 아니라 당신은 알렉스처럼 약속을 파기하고 있다. 당신은 지상에서 아내만을 당신의 성적 만족의 유일한 그릇으로 삼겠다고 약속했다. 알렉스도 그랬다. 그러나 소파에서 그 일이 있는 동안 그는 약속을 어겼다. 그는 자신의 하나뿐인 사랑에 정절을 지키지 않았다.

유명 강사인 에드 콜(Ed Cole) 목사가 들려 준 이야기를 생각해 보라. 그는 한 큰 사역 단체의 간부들을 위해 정오 기도회를 인도했는데, 기도회를 마친 후 한 젊은 여자가 그를 따로 불러 기도를 부탁했다.

"제게 문제가 있어요." 여자는 약간 수줍게 말했다.

"무슨 문제입니까?" 그가 물었다.

여자는 얼굴이 굳어지며 눈물이 그렁그렁 맺혔다. "저도 잘 모르겠지만 제 남편이 저한테 문제가 있대요." 여자는 입술을 깨물며 더듬더듬 말했다.

에드는 다시 물었다. "남편이 말하는 당신의 문제가 무엇입니까?"

"제가 자기를 이해하지 못한다나요." 여자는 단어 하나마다 괴로워하며 마침내 말했다.

"무엇을 이해하지 못하십니까?" 에드는 물었다.

갑자기 젊은 여자가 속 깊은 곳으로부터 격한 울음을 터뜨렸다. "남편은 침대 옆에 잡지들을 둡니다." 여자는 울음 간간이 숨을 고르며 말했다. "〈플레이보이〉와 〈펜트하우스〉, 또 딴 것들도 있지요. 먼저 그런 잡지들을 봐야 저와 관계를 맺을 수 있대요. 그래야 자극이 된다나요." 쥐어 짜내듯 말하는 여자의 얼굴에 눈물이 주르르 흘렀다. "남편한테 그런 잡지가 없어도 된다고 말했더니 제가 자기를 이해하지 못한답니다. 제가 자기를 정말로 사랑한다면 왜 그런 잡지가 필요한지 이해할 것이고 그래서 다른 것도 구해다 줄 거라고 그래요."

얼마 후 에드가 남편의 직업을 묻자 여자는 중고등부 목사라고 대답했다.

어떤 아내도 부부만의 친밀한 침소를 외설적 포르노 모델과 공유하도록 강요받아서는 안 된다. 이 경우 남편은 아내에게 자신의 죄를 용인할 뿐 아니라 잡지를 더 사게 함으로써 죄를 조장할 것까지 요구했다. 그리고는 아내를 비난함으로 자기 행동을 정당화했다. 있을 수 없는 일이다! 이 남자도 자신의 하나뿐인 사랑에 정절을 지키지 않았다.

남자의 천성에서 건강한 남성성으로

우리가 천성적으로 — 단지 남자라는 이유만으로 — 성적 죄에 빠진다면 거기서 헤어나는 길은 무엇인가? 우리는 남자의 천성을 없앨 수도 없고 절대 그것을 원치도 않는다.

예컨대 우리는 자기 아내를 보며 성적 갈망이 들기 원한다. 아내는 아름답다. 우리는 아내를 바라보면서 종종 밤중에 잠자리에서 있을 일을 미리 그려 보며 성적 만족을 얻는다. 이렇게 제자리에 있을 때 남자의 천성은 놀라운 것이다.

그러나 남자의 천성은 성적 죄의 큰 뿌리다. 그러니 어쩔 것인가? 우리는 생물학적 남자 이상이 되기를 선택해야 한다. 남성성(manhood)을 선택해야 한다.

'진정한 남자가 되라'던 우리 아버지들의 훈계는 자신들이 이미 알고 있던 남성성의 차원으로 우리도 도약하라는 권고였다. 그들은 우리가 쉬운 답을 찾으려는 천성적 성향을 뛰어넘어 잠재력을 실현하기 원했다. '남자가 되라'던 우리 아버지들의 말은 우리도 그들처럼 되라던 주문이었다.

우리 하늘 아버지도 우리에게 남자가 되라고 명하신다. 그분은 우리가 그분처럼 되기 원하신다. "하늘에 계신 너희 아버지의 온전하심과 같이 너희도 온전하라"는 그분의 부르심은 눈의 부도덕과 생각의 공상과 마음의 방황 등 우리의 천성적 성향을 뛰어넘으라는 주문이다. 그분 기준의 순결은 우리에게 저절로 오지 않는다. 그분은 우리가 성령의 내주하시는 임재의 능력으로 일어나 일을 해내기 원하신다.

요압은 중대한 전투를 앞둔 자기 휘하의 이스라엘 군대에게 "너는 담대하라. 우리가 우리 백성과 … 위하여 담대히[남자답게] 하자"(삼하 10:12)고 말했다. 한마디로 이런 말이다. "우리는 우리를 향한 하나님의 계획을 안다. 남자답게 일어나자. 마음과 생각을 다해 일을 해내자!"

성적 순결 부분에서 하나님은 당신이 일어나 일을 해내기 원하신다.

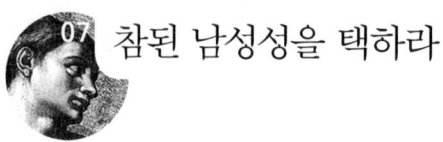

07 참된 남성성을 택하라

당신은 중요한 전투를 앞두고 있다. 당신은 성적 죄에 노예가 되면서까지 성적 죄를 사랑할 가치가 없다고 결정했다. 당신은 그것을 조금도 남김없이 제하기로 헌신했다. 하지만 어떻게 할 것인가? 남자의 천성이 강한 적으로 당신에게 다가온다.

당신은 단지 남자라는 이유로 이 곤경에 들어섰다. 거기서 빠져나가려면 남자다운 남자가 되어야 한다.

프레드: 예수님과 손과 눈

예컨대 우리 눈과 관련지어 참된 남성성이란 무슨 뜻인가? 관건은 무엇인가?

작가이자 강사인 게리 로즈버그 박사의 뉴스레터에 보면, 그가 어떤 손을 보며 천국에 간 자기 아버지 손을 떠올렸다는 글이 나온다. 게리는 자기 아버지 손의 의미를 계속 회상한다. 그리고는 예수님의 손으로 생각을 옮겨 이 단순한 진리에 주목한다. "예수님의 손은 절대 여자를 부정하게 만지지 않았다."

글을 읽으며 나는 슬픔으로 영혼이 찢기는 듯했다. 내 손에 대해서도 그렇게 말할 수 있다면 얼마나 좋으랴! 나는 내 손으로 여자들을 욕되게 했다. 그 죄를 뉘우친다. 좀더 생각하다가 나는 구원받은 첫 해부터는 내가 여자를 부정하게 만지지 않았다는 사실을 깨달았다. 얼마나 기쁜 생각인가!

나는 게리의 말을 좀더 묵상했다. 예수님의 손은 절대 여자를 부정하게 만지지 않았다. 하지만 예수님은 눈으로 보며 음욕을 품는 것도 만지는 것과 똑같다고 하셨다. 그때 퍼뜩 깨달아진 것이 있다. 예수님께서 죄가 없으신 분임을 감안할 때, 그분은 절대 여자를 부정하게 만지지 않았을 뿐 아니라 여자를 부정하게 보신 적도 없다. 나에 대해서도 그렇게 말할 수 있을까?

없다. 구원받아 순결한 삶의 자유를 얻었음에도 나는 여전히 여자들을 부정하게 보는 쪽을 택했었다.

혹자는 말할지 모른다. '자신에게 너무 가혹하지 말라. 남자가 보는 것은 당연하다. 우리 천성의 일부다.' 그러나 당신이 하고 있는 일은 도적질이다. 부도덕한 사고 생활은 도둑의 생활이다. 당신은 당신 것이 아닌 형상들을 훔치고 있다. 혼전 섹스를 가질 때 당신은 당신 것이 아닌 사람을 만졌다. 아내가 아닌 여자의 블라우스를 내려다볼 때 당신은 당신 것이 아닌 것을 훔쳤다. 길 가다가 주머니에서 1백 달러짜리 지폐를 떨어뜨린 사람 뒤를 쫓아가 돈을 줍는 것과 똑같다. 그 돈은 당신 것이 아니다. 설사 돈이 떨어진 것을 주인이 몰랐더라도 마찬가지다. "저, 여보세요" 부르는 대신 돈을 챙기기로 마음먹는 순간 당신은 권리도 없는 물건을 취한 것이다.

마찬가지로 여자의 블라우스 옷섶이 제껴질 때 당신은 '내 시선 안에 있으니 내 것이다'라고 말할 수 없다. 아니, 당신은 고개를 돌려야 한다. 그렇지 않으면 도둑이다. 당신은 그 귀한 피조물을 하나님 손 안에 그리고 그녀의 남편이나 미래의 남편 손 안에 두어야 한다.

눈 도둑이 될 때 우리는 내 것이 아닌 부분에서, 즉 나와 무관한 여자들에게서 성적 만족을 횡령하는 것이다.

여자를 부정하게 쳐다본 적이 없는 예수님은 이 부분에서 분명 우리의 역할 모델이다.

"그야 그렇겠지!" 당신은 말한다. "그분은 하나님이니까. 나한테 그분 같은 삶을 기대한다는 건 불공평해!"

그럴지도 모른다. 예수님의 인격적 기준이 그분의 신성 때문에 당신에게 도달 불능으로 보인다면 성격 순결 부분에서 성경에 나타난 남성성의 또다른 역할 모델을 살펴보자.

평범한 남자

그의 이름은 욥이다. 우리가 믿기로 성경에서 이 남자야말로 성적 순결에 대한 역할 모델의 진수다. 그의 이야기가 담긴 성경의 한 책을 보면 하나님이 사탄에게 욥을 자랑하시는 모습이 나온다.

> 네가 내 종 욥을 주의하여 보았느냐? 그와 같이 온전하고 정직하여 하나님을 경외하며 악에서 떠난 자는 세상에 없느니라(욥 1:8).

하나님은 욥이 자랑스러웠을까? 물론이다! 그분은 최고의 찬사로 그 종의 신실함을 칭찬하셨다. 당신이 순결하고 온전하고 정직하게 행한다면 그분은 당신에 대해서도 똑같이 자랑스럽게 말씀하실 것이다. 그분 마음에 기쁨이 넘칠 것이다. 당신은 순결하게 살아갈 자유와 권세를 이미 받았다. 상담이 더 필요한 것도 아니고 축사(逐邪)가 더 필요한 것도 아니다.

하지만 욥의 모본을 당신의 삶과 비교할 때 이런 성경말씀은 사실 당신에게 낙심이 될 수 있다. 그러니 욥이 어떻게 했는지 좀더 알아 보자. 욥기 31장 1절에 욥의 기상 천외한 고백이 나온다. "나는 음욕을 품고 여자를 보지 않기로 내 눈과 언약을 맺었다"(NIV).

눈과의 언약이라! 처녀를 쳐다보지 않기로 제 눈과 약속했단 말인가? 불가능하다! 사실일 수 없다! 그러나 욥은 성공했다. 그렇지 않았다면 그는 이렇게 단언하지 못했을 것이다.

만일 내 마음이 여인에게 유혹되어 이웃의 문을 엿보아 문에서 숨어 기다렸다면 내 아내가 타인의 맷돌을 돌리며 타인과 더불어 동침하기를 바라노라(31:9-10).

욥은 완전히 성공했다. 그렇지 않고서야 마음에서 그런 고백이 나올 수 없었다. 그는 자신이 바르게 살아왔음을 알았고 자기 눈과 생각이 순결함을 알았다. 그는 하나님과 인간 앞에서 자기 아내를 걸고, 즉 자신의 결혼 생활을 걸고 그렇게 선언했다.

이야기의 도입부로 돌아가 욥기 첫 구절을 읽어 보자.

우스 땅에 욥이라 불리는 사람이 있었는데 그 사람은 온전하고 정직하여 하나님을 경외하며 악에서 떠난 자더라.

욥은 평범한 사람이었다! 그 사실을 깨달을 때 당신 영혼에 영광스레 밀려들어야 할 소중한 말이 있다. 그가 할 수 있다면 나도 할 수 있다. 하나님이 지어 주신 남성성 안에서 당신도 성적 부도덕을 뛰어넘을 수 있다. 하나님은 당신이 그것을 알기 원하신다.

프레드: 나의 언약 체결

욥의 모본을 처음 진지하게 생각할 무렵 나는 며칠간 계속 그의 말을 묵상했다. 욥과 내가 다른 점은 하나뿐이었다. 행동이었다. 하나님은 그가 '온전하다'(blameless)고 하셨다. 나는 아직 온전하진 않았지만 나도 욥처럼 남자였고 그래서 희망이 있었다.

며칠 후 내 생각은 하나님과 인간 사이의 계약을 뜻하는 '언약'이라는 말에 멈추었다. 언약을 세운다고 할 때 내가 할 일은 정확히 무엇일까? 나는 말로 약속할 수는 있었지만 그 약속을 지킬 자신이 없었다.

내 눈은 어떤가? 나는 정말 내 눈이 약속을 너끈히 지키기를 기대할 수 있을까? 생각도 못하고 말도 못하는 눈이 어떻게 약속을 지킨단 말인가?

몇 날 며칠 내 생각은 언약의 개념으로 되돌아가 그 뜻을 파악하려 애썼다. 그러는 중에도 나는 계속 죄 가운데 있었으나 영혼 깊은 곳에 뭔가 소용돌이치고 있었다.

와르르 무너지던 순간이 지금도 기억난다. 데모인 멀헤이 거리의 정확한 지점까지 생각난다. 나는 3천만 번도 넘게 눈으로 하나님을 저버렸다. 내 마음에 죄책감과 고통과 슬픔이 들끓었다. 멀헤이 거리를 지나다가 나는 갑자기 핸들을 잡고 이를 악문 채 소리쳤다. "됐어! 이런 삶은 이제 끝이다! 내 눈과 언약을 맺는다. 어떤 대가가 따라도 좋고 애쓰다 죽어도 좋다. 여기서 끝낸다. 여기서 끝낸다!"

나는 언약을 맺었고 하나하나 벽돌을 쌓아 올렸다. 나중에 스티브와 함께 그 벽돌담을 쌓는 청사진을 소개하겠지만 여기서는 내 돌파구를 잘 보기 바란다.

_나는 분명한 결단을 내렸다.

_나는 '단번에' 단호히 변화를 택했다.

말로 표현 못할 정도로 간절했다. 실패로 얼룩진 세월이 가져다준 좌절이 내 마음에서 봇물처럼 쏟아졌다. 그런 삶이 지긋지긋했다! 그때도 나 자신을 믿을 수 있을지 전적인 확신은 없었지만 그래도 진심을 담아 마침내 나는 정말로 전투에 뛰어들었다. 눈과의 언약을 통해 이제 내 모든 정신적·영적 자원은 내 부도덕한 삶이라는 한 가지 과녁에 집중됐다.

그 언약과 함께 나는 또한 남자의 천성적 성향들을 뛰어넘는 남성성을 택했다. 후에 보겠지만 내게 그것은 일대 도약이었다.

성경 최대의 사내답지 못한 남자

이 단계가 아직도 당신에게 이상해 보일 수 있다. 그러나 순종 행위가 종종 이상하고 심지어 불합리해 보인다는 사실을 잊지 말라. 우리는 때로 이런 반박의 말을 듣곤 한다. "제정신이 아닌 다음에야 누가 자기 눈과 이런 언약을 맺겠는가? 몰상식해 보인다."

그 반론에 대한 답으로 한 남자의 사연을 보자. 우리는 그를 성경 최고의 사내답지 못한 남자라 부른다. 그의 이름은 시드기야다. 그는 바벨론이 예루살렘을 점령하고 멸하여 유다 왕국을 끝장내려 위협하던 시기에 예루살렘에서 왕으로 통치했다.

시드기야의 남성성 결핍은 예레미야서 38장에 기록된 사건들을 통해 표면에 떠오른다. 하나님의 선지자 예레미야는 바벨론 침공의 결과가 어떻게 될지 잘 알았고 또 알렸다.

예레미야가 모든 백성에게 이르는 말을 들은즉 이르기를 "여호와께서 이와 같이 말씀하시되 이 성에 머무는 자는 칼과 기근과 전염병에 죽으리라. 그러나 갈대아인에게 항복하는 자는 살리니 그는 노략물을 얻음 같이 자기의 목숨을 건지리라. 여호와께서 이와 같이 말씀하시니라. 이 성이 반드시 바벨론의 왕의 군대의 손에 넘어가리니 그가 취하리라 하셨다" 하는지라(38:1-3).

이 말을 들은 시드기야는 고관들을 시켜 예레미야를 깊은 구덩이에 빠뜨려 입을 다물게 했다. 나중에 그는 신하들에게 명해 선지자를 건져 올렸으나 여전히 예레미야를 구금해 두었다. 그러던 어느날 예루살렘이 포위 당하자 왕은 예레미야를 은밀히 따로 부른다. 예레미야는 왕에게 이렇게 말했다.

만군의 하나님이신 이스라엘의 하나님 여호와께서 이와 같이 말씀하시되 "네가 만일 바벨론의 왕의 고관들에게 항복하면 네 생명이 살겠고 이 성이 불사름을 당하지 아니하겠고 너와 네 가족이 살려니와 네가 만일 나가서 바벨론의 왕의 고관들에게 항복하지 아니하면 이 성이 갈대아인의 손에 넘어가리니 그들이 이 성을 불사를 것이며 너는 그들의 손을 벗어나지 못하리라" 하셨나이다(38:17-18).

항복하라! 예레미야를 통해 하나님은 왕에게 아주 힘든 일, 전혀 이치에 맞지 않는 일을 시키셨다. 제정신이 아닌 다음에야 누가 성을 떠나 적에게 항복하겠는가? 몰상식해 보였다. 그러나 하나님 말씀은 분명했다. 그들이 남아 있든 떠나든 성은 함락될 것이었다.

시드기야는 두렵다고 말했으나 예레미야는 확고 부동했다.

원하옵나니 내가 왕에게 아뢴 바 여호와의 목소리에 순종하소서. 그리하면 왕이 복을 받아 생명을 보전하시리이다(38:20).

그러나 우유부단한 시드기야는 두려워 순종하지 못했다. 옳은 길은 너무 불합리하고 대가가 너무 컸다. 그와 그 가정과 나라에 임한 결과는 비참했다.

사람의 남자인가 하나님의 남자인가
진정한 남성성에 관한 한 하나님의 정의는 아주 단순하다. 그것은 하나님 말씀을 듣고 그대로 행한다는 뜻이다. 말씀대로 행하는 자, 그것이 남성성에 대한 하나님의 유일한 정의다. 반면 사내답지 못한 남자에 대한 하나님의 정의는 하나님 말씀을 듣고도 행치 않는 자다.

아침 면도 때 얼굴 양쪽에 각각 면도날이 하나씩 들 정도로 수염이 많은 남자를 혹 본 적이 있는가? 오후 4시쯤이면 그의 얼굴은 다시 면도를 해야 할 만큼 온통 거무칙칙해진다. 하루에 면도날 네 개! 수염 없이 매끈매끈한 남자들은 이 터프가이를 우러러본다.

그러나 하나님은 그런 데 전혀 관심이 없으시다. 하나님이 보고 찾으시는 것은 사람의 남자가 아니라 '하나님의 남자'다. 남자에 대한 그분의 정의 — 그분 말씀을 듣고 행하는 자 — 는 엄격하지만 적어도 명확하다.

한편 하나님의 기준대로 남자가 되지 못하면 그 결과는 늘 비참하다. 사실 갈라디아서 6장 7-8절에 따르면 하나님은 업신여김을 받지 않으시며 당신은 선한 것이든 악한 것이든 심은 대로 거둔다.

이제 당신은 당신 삶에서 성적 부도덕을 조금도 남김없이 제해야 한다는 하나님 명령이 이해가 된다. 욥이 자기 눈과의 언약을 통해 그리한 것처럼 당신도 그렇게 하면 하나님의 남자다. 조금도 남김없이 제하지 않는다면 당신은 사내답지 못한 남자일까? 그럴 수 있다.

예레미야서 앞부분에서 선지자는 백성들에게 "네가 얼마나 오랜 후에야 정결하게 되겠느냐"(13:27)라고 개탄한다. 당신을 위한 질문이기도 하다. 당신은 얼마나 오랜 후에야 성적으로 정결하게 되려는가?

승리란 어렵다. 우리는 벗어나고 싶다고 자주 말했지만, 이런 말은 한 점 미풍에도 흩날리는 민들레 홀씨에 지나지 않는다. 그 말을 떠받치는 결연한 남성성이 없이는 아무 일도 일어나지 않는다. 말과 행동은 다르다.

다음 몇 장에 걸쳐 우리는 먼저 성적 순결 부분에서 단호히 승리를 택하도록 당신을 도운 뒤, 진정한 남자로서 그 승리를 실천하기 위한 후속 지침을 제시하려 한다.

 여자의 마음

여자로서 당신은 필시 남녀가 성적으로 얼마나 다른지 알게 됐다.

헤더는 그 점을 이해하려 애쓰며 말했다. "저는 남편의 감정을 좀더 민감하게 이해하기 시작하는 중이에요. 남자들은 항상 기분을 타지요."

안드리아는 이렇게 소감을 밝혔다. "세월이 가면서 저는 남편 몸의 신호를 읽게 됐어요. 설사 내 몸이 안 좋거나 피곤해도 대개는 남편의 성적 필요를 존중할 수 있지요. 그래서 내 몫을 다해 남편을 채워 줍니다. 하지만 솔직히 말해 왜 내 정서적 필요는 남편의 신체적 필요만큼 중요하지 않은가 싶어 억울한 때도 있었어요. 저는 남편에게 제 친밀함의 필요를 자꾸 말해요. 그래야 남편을 더 잘 채워 주고 저 자신이 남편의 육체적 쾌락의 도구로 느껴지지 않을 테니까요. 제 남편은 여러 모로 아주 잘하지만 이 부분은 아직 미숙해요. 제가 자주 일깨워 줘야 돼요."

안드리아는 주제에 열의를 보였다. "앤 랜더스는 더 이상 섹스에 흥미를 잃은 여자들의 사연을 연재한 적이 있었어요. 남편이 거기에 대한 제 생각을 묻더군요. 나는 어떤 때는 그 여자들이 왜 그렇게 됐는지 알 것도 같다고 솔직히 말했어요. 남편은 놀란 표정이었지만 저는 말을 이었지요. 남편들이 자신만 채울 줄 알았지 아내를 즐겁게 해준 적은 한번도 없다면 아내들이 섹스를 혐오하는 까닭이 이해가 된다고 말이에요."

시각으로 성적 만족을 얻으려는 남자들의 천성적 성향에 아내들은 곧잘 반감을 느끼기 쉽다.

론다는 말했다. "남자의 특성을 처음 들었을 때 너무 심해 보였어요. 내 상상을 완전히 초월했지요. 도저히 믿어지지 않았고, 남자들이 지어낸 얘기가 아닐까 하는 의구심마저 가끔 들었어요. 하지만 차이를 인정하고 난 지금은 문제 전반에 대해 좋은 태도를 갖게 됐다고 말할 수 있습니다."

캐시의 말도 비슷했다. "남편의 욕구의 생리적 기초를 깨닫고서 저는 극히 실존적인 그 필요에 좀더 민감해졌어요. 전에는 고급 란제리 가게는 천박한 여자들이나 가는 덴 줄 알았어요. '분위기 있는 옷'이 남편에게 큰 플러스가 된다는 것을 남편의 도움으로 알았어요. 그리스도인 여자들도 자기 남편을 자극하는 거라면 뭐든 더 자유로이 활용할 필요가 있다고 생각해요."

동시에 여자들은 용모로 다른 남자들을 자극하지 않도록 조심해야 한다. 성경은 여자들의 옷차림이 단정해야 한다고 가르치지만(딤전 2:9)

많은 여자들은 이런 구절을 가볍게 대하는 경향이 있다. 일부 여자들이 쇼핑할 때 찾는 '세련된 옷'이란 실은 '섹시한 옷'이다. 그들은 가슴이 돋보이는 스웨터나 곡선형 몸매가 돋보이는 노출형 드레스를 찾는다. 당신 남편에게는 좋을 수 있지만 당신이 아는 나머지 남자들은 어쩌란 말인가?

"대부분의 여자들은 다른 남자들이 뭘 생각하는지 의식하지 않는 것 같아요." 캐시는 말했다. "제 남편과 다른 남자들이 부딪치는 유혹이 얼마나 강한지 알고 나니 옷차림에 더 조심하게 됩니다."

72시간 사이클을 이해하면 당신의 남편을 채워 주는 데 도움이 될 수 있다. 엘렌은 말했다. "그이의 순결은 제게 극히 중요해요. 그래서 저는 날마다 남편이 넘치는 잔으로 나가도록 그이의 필요를 채우려 합니다. 자녀 양육과 제 생리 주기에 신경이 많이 쓰이던 결혼 초만 해도 그것이 훨씬 힘들었어요. 모든 조건이 완비된 '이상적 시간'이 별로 없었지요. 하지만 그게 삶입니다. 어쨌든 전 했어요."

그래서 짧은 성행위도 필요할 때가 있다. 매번 단시간의 섹스로만 일관한다면 건강치 못한 일이지만, 72시간 유혹 사이클의 위력을 진정시키려면 그것이 꼭 필요하다. 장시간 충분히 즐길 만한 시간이나 기력이 없을 때도 있다. 그래도 남편의 순결을 생각한다면 웬만큼 힘을 내 응해 줄 수 있다.

집에서 입는 옷에 관해서라면 남편의 점화 장치가 시각적임을 명심하라. 남편 앞에서 셔츠만 갈아입어도 남편의 모터는 돌아갈 수 있다.

엘렌의 말이 일리가 있다. "남편을 위해서 저는, 행동에 돌입할 준비가 돼 있지 않는 한 남편 앞에서 옷을 벗지 않도록 노력해요!"

남편과 함께 로맨틱한 비디오를 보고 싶을 때는 영화의 생생한 러브신이 남자를 시각적 욕정에 빠뜨릴 수 있음을 세심히 고려해야 한다. 남편의 성적 순결을 위해 남편에게 거절할 여지를 주라(그리고 당신 자신의 성적 순결을 타협하는 영화들은 보지 말라).

끝으로, 남편의 '문제'와 그것이 결혼 생활에 미치는 영향을 충분히 이해하고자 정서적으로 씨름하는 과정에서 알아둘 것이 있다. 결혼 생활에 성적 죄 못지 않게 해로운 것은 비교의 죄다. 남자들은 선정적 장면들을 볼 때 자기 아내에 대한 만족도가 낮아질 수 있다. 마찬가지로 여자들도 완벽한 남편에 대해 공상할 때 하나님이 주신 배필에 대한 만족도가 낮아질 수 있다.

여자들은 여러 모양으로 비교에 빠지기 쉽다. 지금은 덤덤해진 남편을 섹시했던 대학 시절 모습과 비교하는 여자들도 있다. 그런가하면 아득히 먼 섬으로 일탈을 꿈꾸며 불만을 키우는 여자들도 있다. 연애 소설을 뒤적이며 허구의 세계에 젖어드는 경우도 있지만 그래봐야 불만만 싹틀 뿐이다.

안드리아도 같은 생각이다. 그녀의 경우 "특히 부부 관계가 삐걱거릴 때 '완벽한 남편'을 공상하는 것"이 추락의 일대 위기다. "그러면 남편에게 불만이 생기고 그래서 정도 이상을 원하게 되거든요."

프랜시스는 여자들의 "사고 생활이 빈곤할" 수 있다고 시인한다. "우리는 남편을 다른 집 남편들과 비교해요. 하지만 꼭 신체적 내지 성적인 면은 아니고 영적인 면에서, 즉 어느 집 남편이 더 훌륭한 영적 지도자인가 또는 그냥 전반적으로 더 영적인가 따위를 비교해요. 우리는 또 자신의 삶을 다른 여자들의 삶과 비교합니다. 누가 더 편하게 사나, 누구는 돈을 벌어야 하고 누구는 안 그래도 되는가 따위지요. 거기서도 남편에 대한 불만이 생길 수 있어요."

제 3부

승리를 선택하라

Choosing Victory

08 결단의 시점

우리는 2차대전 참전 용사인 버니 베이커라는 사람에 대한 기사를 우연히 신문에서 읽었다. 그는 뼈 암으로 사형 선고를 받았다. 살 날이 2년밖에 안 남은 그는 의사들에게 가능한 모든 치료를 동원해 달라고 말했다. "치료 방법만 일러 주시오. 나는 계속 살 겁니다." 그는 말했다. 그 사이 그는 시간을 내서 이동주택 차로 알래스카 여행도 가고 코스타리카로 낚시 유람도 가고 플로리다에도 몇 차례 다녀왔다.

암 진단 후 9년이 지나 그는 호흡 부전과 기력 감퇴로 고생하고 있지만, 그래도 "나는 계속 싸운다. 그편이 낫다"고 말했다.

체념으로 한 말이 아니었다. 그것은 전사의 말이요 진짜 사나이의 말이었다. 그는 남태평양에서 폭탄과 기관총 포화를 견뎌 낸 후 미국에 돌아와 마침내 파이프 렌치 두 개와 125달러짜리 픽업트럭 한 대로 베이커 기계 회사를 차렸다(후에 미국 내 같은 업계에서 가장 큰 회사 중 하나가 된다). 암이 그를 세게 때렸지만 그는 항복할 뜻이 없었다. 계속 싸우는 편이 낫다. 베이커에게 그것 말고 다른 길은 무엇이었을까?

포기하고 죽는 것이었다.

부도덕한 눈과 생각을 대적하여 싸우는 당신은 어떤가? 당신에게 싸움 외에 다른 길은 무엇인가?

계속 덫에 갇힌 채 영적으로 죽는 것이다.

버니 베이커 세대의 남자들, 즉 탐 브로코(Tom Brokaw)의 책 제목 『가장 위대한 세대』(The Greatest Generation)의 화신인 2차대전 참전 용사들과 대화해 보면, 그들은 자신들을 영웅으로 생각하지 않는다고 말한다. 그들은 그저 할 일이 있었을 뿐이다. 상륙용 주정(舟艇)의 트랩이 열리자 그들은 침을 꿀꺽 삼키며 "때가 왔다"고 말했다. 싸울 때가 된 것이다.

성적 부도덕을 상대로 한 당신의 싸움도 때가 되지 않았는가? 물론 전투는 어렵다. 우리도 그랬다. 전투를 처음 시작할 때 우리는 의당 초장에 지려니 했고, 정말 졌다. 죄가 우리를 눌렀다. 그러나 우리는 죄를 이기고 하나님을 높이고 싶었다.

당신의 삶과 가정은 인정사정 없이 사방에 기총 소사하는 섹스의 무시무시한 공세를 받고 있다. 지금 당신은 상륙용 주정 안에 있다. 해안과 결전의 순간이 점점 다가오고 있다. 하나님은 당신에게 무기를 주셨고 전투 훈련도 시키셨다.

당신은 언제까지나 배 안에 남아 있을 수 없다. 조만간 트랩이 내려온다. 바로 당신이 전투의 포화 속으로 용감히 돌진할 때다. 하나님은 당신과 함께 싸우시지만 당신 대신 싸워주시지는 않는다.

지금은 남자답게 뛰어들어 전진할 때다.

프레드: 전투가 가장 치열할 때 이기자

앞서 얘기한 대로 나는 그리스도인이 된 후 성적 죄를 일부 버렸다. 그러나 나는 성적 문화의 부정적 영향에 굴하던 내 습성을 완전히 떨치지 않았고, 그것이 내게 올무가 됐다. 유부남으로서 성적 유혹과 계속 싸우면서 나는 '호르몬이 떨어지면 좀 달라지겠지' 하고 바라며 탄식하던 날이 하루 이틀이 아니었다. 싸움에 신물이 난 나는 제발 싸움이 끝났으면 하는 마음뿐이었다.

생일이 자꾸 지나도 전혀 풀리지 않자 결국 나는 속았다는 기분이 들었다. 나는 죄짓는 데 넌더리났고 사탄에게 넌더리났고 나에게 넌더리났다. 더는 질질 끌고 싶지 않았다. 이스라엘 백성들처럼 나는 자신이 혐오스러워졌다(이스라엘 백성들이 "스스로 한탄[혐오]하게" 된다는 에스겔서 6장 9절의 하나님의 예언처럼).

나는 화가 났다. 나는 당장 이기고 싶었고 당당히 이기고 싶었다. 언젠가 노화로 인해 어물쩍 찾아오는 승리는 싫었다. 나는 전투가 가장 치열할 때 이기고 싶었다.

당신도 그래야 한다. 지금 이기지 못한다면 당신 자신이 정말 하나님의 남자인지 도무지 알 길이 없다.

전쟁에 나감은 이기기 위함이다

3년 전 내가 상담한 벤은 성적 순결을 원한다고 말했으나 그야말로 말뿐이었다. 최근 그는 말했다. "난 아직도 〈플레이보이〉 지를 사고 있습니다. 내가 그런 것들을 아직 덜 혐오하는 것 같습니다."

근처의 한 사역 기관에서 일하는 커크는 자칫 큰 논란을 부를 위기에 처했다. 그는 계속되는 음담패설로 동료를 굴욕적인 상황에 몰아넣고 있었다. 내 도움이 필요하다는 커크의 말에 나는 그와 그의 목사를 만나기로 했다.

처음 모인 자리에서 목사는 "이 지역에 그런 언행은 다반사지요"라고 말했다. 커크는 동의하며 고개를 끄덕였다. 나는 커크가 자기 죄를 미워하지 않음을 알았기에 그를 다시 만나지 않았다.

비슷한 경우로, 하루에 몇 번씩 자위행위를 하던 17세의 로니가 생각난다. 그의 목사는 내게 말했다. "로니는 말로는 벗어나고 싶다지만 본인이 노력하려는 가책이 전혀 없습니다. 하나님이 해 주셔야만 죄를 버리겠다는 거지요." 얼마 후 로니는 겁에 질려 목사 사무실에 뛰어들어와 이렇게 말했다. "목사님, 도와 주세요! 제가 자위행위 할 때 공상한다고 했었지요? 두 주 전부터 공상 내용이 갑자기 동성애로 바뀌었어요. 막을 도리가 없어요!" 그 '계시'가 있고서야 로니는 일어나 싸워야 함을 느꼈다.

우리는 성적 순결의 전투에 진 사람들도 알고 있고 이긴 사람들도 알고 있다. 차이는 무엇일까? 이긴 사람들은 자신의 부도덕을 혐오했다.

그들은 전쟁에 나가되 이기러 나갔고 싸우다 죽을 각오로 나갔다. 모든 자원이 적에게 집중됐다.

당신도 마찬가지다. 전심 전력으로 남성성을 선택하지 않는 한 당신 삶의 이 부분에서 승리란 있을 수 없다.

지금은 왜 안 되나?
성적 순결을 위한 단호한 선택에 이르려면 몇 가지 힘든 선택을 내리고 몇 가지 힘든 질문에 답해야 한다.

_나는 얼마나 더 올무에 빠져 살 작정인가?
_내 가족들은 얼마나 더 기다려야 하는가?
_나는 언제나 하나님의 눈을 볼 수 있을까?

몇 년 전 내 아내 브렌다가 내게 그런 힘든 질문을 던졌다. 성적 죄가 아닌 다른 문제였지만, 성의 굴레를 벗는 데 필요한 힘든 결단에도 적용될 수 있는 사례다.

나는 아버지의 수용을 충분히 받지 못했는데, 내 나이 35세가 되어 그것이 돌연 나를 깊이 뒤흔들었다. 그 고통은 아내와의 관계, 자녀들과의 관계에 영향을 미쳤다. 내 언어와 말투가 거칠어졌다. 거친 정도가 아니라 난폭했다. 브렌다는 내 행동을 이해하고 넘어가려 했지만 일년이 지나자 힘들어했다. 어느날 아내가 내게 말했다. "좋아요! 알겠어요.

얼마나 더 그렇게 살 작정인지 그것만 식구들에게 말해 줘요. 우리도 거기에 대비하게 말이에요!" 그리고는 파르르 방을 나갔다.

나는 한참을 그곳에 말없이 앉아 있었다. 나는 얼마나 더 이렇게 살 것인가? 10년? 왜 하필 10년인가? 5년은 안 되나? 5년 후에 변화를 결단할 수 있다면 1년 후는 왜 안 되나? 1년 후에 된다면 지금은 왜 안 되나?

마음을 찌르는 아내의 예리한 질문 하나에 나는 때가 왔음을 알았다. 곧바로 나는 상담자를 찾았다. 얼마 후 나는 콜로라도 볼더에서 열린 프라미스 키퍼스 집회에 참석했다. 첫날밤 하나님은 강사를 통해 내게 말씀하셨고, 나를 향한 그분의 사랑에 대해 여태 몰랐던 단면을 계시해 주셨다. 그날 밤 콜로라도 대학교 운동장 관람석에서, 아버지가 내게 남긴 고통이 녹아 내리기 시작했다. 가족들을 향한 나의 태도와 방식도 달라져야 했다. 나는 단호한 행동을 취해야 했다.

아내의 질문

비슷하게 당신도 성적 순결 부분에서 결단의 지점에 와 있다.

솔직히 인정하자. 당신은 성적 쾌감이 좋다. 그런데 그것에 예속돼 있는 게 문제다. 성적 쾌감이란 자신을 혐오하면서까지 좋아할 만한 것인가? 하나님의 기준을 무시하는 것이 옳은가?

거울을 보라. 당신의 성적 공상이 떳떳한가? 속옷 광고나 영화의 섹스 장면을 보고 나면 자신이 천박해진 기분이 들지 않는가?

성적으로 말해 당신은 섹스에 미열이 있는 상태다. 그것은 당신을 불구자로 만들지는 않지만 그렇다고 당신은 건강한 것도 아니다. 웬만큼 정상 기능은 되지만 정말 큰 힘을 발휘할 수는 없다. 한마디로 당신은 근근이 살아간다. 이 열이 내리지 않으면 당신은 절대 그리스도인으로서 제 역할을 다할 수 없다. 탕자처럼 당신도 정신 차리고 결단해야 한다.

당신의 아내는 당신의 성적 부도덕 문제를 모를 수 있다. 그래서 우리가 당신의 아내 대신 묻는다.

_당신은 얼마나 더 성적으로 부도덕하게 살 것인가?
_당신은 얼마나 더 성적으로 아내의 것을 박탈할 것인가?
_당신은 얼마나 더 아내와의 연합 ― 오래 전 아내에게 서약했던 그 연합 ― 의 성장을 방해할 것인가?

하나님의 관점은 단순하다. 당신은 이런 질문을 직시하고 결단해야 한다. 그러나 당신은 머뭇거리고 있다. 우리도 몇 년씩 머뭇거렸기에 잘 안다. 당신은 생각한다. '잠깐만, 난 준비가 안 됐어.' '그렇게 쉽지 않지!'

좋다. 죄를 끊겠다는 선택이 늘 작은 결정처럼 보이지 않음을 우리도 인정한다. 올무에 갇힌 상태에서는 모든 것이 복잡해 보인다. 그러나 설교자 스티브 힐(Steve Hill)의 다음 말을 들어 보라. 마약과 알코올 중독은 물론 성적 죄에서 벗어나는 길을 설파하고 있다.

인간에게 전에 없던 유혹이란 없습니다. 하나님은 당신에게 피할 길을 보내십니다. 그러나 당신이 자원해서 그 피할 길을 취해야 합니다 …

나는 갈 데까지 간 알코올 중독자였습니다. 위스키를 그것도 스트레이트로 날마다 마셨습니다. 또 나는 마약 중독자였습니다. 코카인을 코로 마시고 팔뚝에 맞았습니다. 안한 짓이 없습니다. 그런데 하나님은 마약을 밝히는 욕망에서 나를 절대 건져 주시지 않았습니다. 절대로 말입니다. 오히려 다시는 마약에 손대거나 술을 마시지 않기로 내가 결단해야 했습니다 … 여러분 가운데 포르노에 빠진 이들은 음란한 욕망을 없애 달라고 하나님께 기도할지 모릅니다. 당신은 호르몬이 있는 남자입니다. 당신은 느낄 걸 다 느낍니다. 십대 때부터 그랬고 죽는 날까지 그럴 겁니다! 당신은 이성에 끌리게 돼 있습니다.

하나님이 당신의 욕망을 없애실 수 없다는 말이 아닙니다. 그분은 하실 수 있습니다! 다만 내 삶이나 지난 세월 내가 대해 온 수많은 사람들의 삶 속에서 그분은 한 번도 그러신 적이 없습니다. 포르노 중독자들도 마찬가지입니다. 그들의 99%는 결단을 내려야 했습니다. 그들은 성인 잡지 진열대 옆에 가지 않기로, 아내와 가족들에게 충절을 지키기로 결단해야 했습니다.

우리 생각도 같다. 지금은 결단할 때다.
당신은 언제 바뀔 것인가? 얼마나 더 기다릴 참인가? 5년? 1년? 지금은 왜 안 되나?

사생 결단의 순간

다윗의 '세 용사' 중 하나인 엘르아살의 예를 생각해 보라. 블레셋과의 격전에 대한 짤막한 기록에 그의 이야기가 나온다.

> 이스라엘 사람들이 물러간지라 … 그가 나가서 손이 피곤하여 그의 손이 칼에 붙기까지 블레셋 사람을 치니라. 그 날에 여호와께서 크게 이기게 하셨으므로(삼하 23:9-10).

엘르아살은 더 이상 올무에 갇혀 있기를 거부했다. 다른 사람들은 다 적을 피해 달아났지만 그는 버티고 서서 말했다. "나는 도망가는 데 신물이 난다. 나는 죽기 아니면 이기고 까무러치기로 싸울 것이다. 지금은 내 사생 결단의 순간이다."

당신도 도망가는 데 신물이 나는가? 저자 겸 목사인 잭 헤이포드는 언젠가 예쁜 은행 창구 직원과 계좌 송금 업무를 마친 후 차 안에 앉아 이렇게 혼잣말을 했다. "마음을 깨끗케 하고 나를 하나님께 바쳐야 한다. 그렇지 않으면 여기서 자위행위를 할 수밖에 없다." 잭이 프라미스 키퍼스 집회에 온 수만 명 남자들 앞에서 그런 말을 할 수 있었다는 사실이 커다란 감화를 주었다.

당신은 어떤가? 당신은 얼마나 더 블레셋 사람에게 쫓겨다닐 것인가? 차라리 싸울 의욕은 없는가?

프레드: 승리의 의욕

변화의 의욕이 대단했던 한 남자의 이야기다.

예정된 결혼식을 몇 주 앞두고 배리는 성적 순결에 대한 내 강연을 들었다. 그는 성인 영화를 즐겨 보았기에 내 말에 마음이 무겁게 짓눌렸다. 비밀을 꼭꼭 묻어둔 채 헤더와 결혼할 작정이었던 그가 이제 그녀에게 진실을 털어 놓기로 마음먹었다.

헤더는 배리의 고백에 대한 자신의 반응을 이렇게 떠올렸다. "그날 밤 차 안에서 얘기하면서 저는 충격을 받아 몸을 움직일 수 없었어요. 아무 느낌 없이 그냥 앞만 똑바로 쳐다보고 있었지요.

"그를 내려 준 뒤 저는 하염없이 울었어요. 며칠간 그를 만나 주지도 않았지요. 다시 만나던 날 그가 절더러 예뻐 보인다고 하더군요. 나는 화가 치밀고 소름이 돋아 면전에서 약혼 반지를 던져 버리며 내 앞에서 사라지라고 말했어요. 기분이 메스껍고 불결했어요."

보다시피 이것은 감정을 건드리는 주제다. 남자들의 비밀 행각을 알게 될 때 여자들은 그것을 자신과 연관시켜 받아들인다.

헤더는 브렌다와 내게 만남을 청했다. 우리는 만났다. 많은 기도와 상담 끝에 헤더는 배리에게 일주일 기한을 주었다.

그러고 나서 나는 배리를 만났다. 배리는 도와 달라며 말했다. "전 섹스 영화에 완전히 중독된 상태입니다. 헤더가 이해해 줄 줄 알았는데 기겁하며 절더러 변태랍니다. 프레드, 시급합니다! 청첩장까지 이미 돌렸어요. 이걸 끊지 못하면 장모님께 모든 걸 설명해야 하는 사태가 벌어집니다! 꼭 좀 도와 주세요!"

배리는 의욕이 있었을까? 물론이다. 이보다 신속히 전쟁에 이기고 싶어하는 사람을 나는 거의 만나 보지 못했다. 정말 그는 문제를 이겼다. 그는 성적으로 순결한 남자가 됐다. 지금 배리와 헤더는 행복한 결혼 생활을 누리고 있다.

당신도 싸움에 이길 수 있다. 지금부터 이기기 시작할 수 있다.

필요한 모든 것

승리의 기초로 당신이 알아둘 것이 있다. 하나님은 순결한 삶에 필요한 모든 것을 이미 당신에게 주셨다. 그것은 최첨단 위치 추적 시스템보다 뛰어나다.

갈보리에서 그분은 당신에게 줄, 순결하게 살아갈 자유와 권세를 확보하셨다. 그 자유와 권세는 성령의 임재를 통해 당신에게 주신 그분의 선물이다. 당신이 그리스도께 삶을 드리던 날부터 성령은 당신 안에 내주하신다. 우리 심령은 그분의 거룩한 성품과 새롭게 연합했고, 자유와 권세가 그 연합 안에 싸여 있다. 이 연결 고리를 통해 그분의 능력과 약속 성취가 우리에게 주어진다.

그의 신기한 능력으로 생명과 경건에 속한 모든 것을 우리에게 주셨으니 이는 자기의 영광과 덕으로써 우리를 부르신 이를 앎으로 말미암음이라. 이로써 그 보배롭고 지극히 큰 약속을 우리에게 주사 이 약속으로 말미암아 너

희가 정욕 때문에 세상에서 썩어질 것을 피하여 신성한 성품에 참여하는
자가 되게 하려 하셨느니라(벧후 1:3-4).

이것은 마치 요단강 건너 약속의 땅을 취하려 준비하던 여호수아와
이스라엘 백성의 상황과 흡사하다. 하나님은 여호수아에게 뭐라고 말
씀하셨던가?

내가 네게 명령한 것이 아니냐 강하고 담대하라 두려워하지 말며 놀라지
말라. 네가 어디로 가든지 네 하나님 여호와가 너와 함께 하느니라 하시니
라(수 1:9).

그분은 이스라엘 백성에게 필요한 모든 것을 주셨다. 그들은 강을 건
너기만 하면 됐다.
성적 순결에서도 하나님은 우리의 필요를 이미 다 채워 주셨다. 우
리에게 부족한 것은 능력이나 권세가 아니라 절박감이다. 우리는 강하
고 담대하게 순결의 땅으로 들어가기를 택해야 한다. 그 선택을 내리는
데 1초도 안 걸리지만 그때부터 성령께서 당신을 인도하시며 당신과 함
께 싸움에 나서신다.

기다리시는 하나님
우리는 저마다 성 문화에 속아 왔고 저마다 죄를 택해 왔다. 정도는 달

라도 그런 선택은 우리 각자에게 올무가 되어 왔지만 우리는 이 곤경을 극복할 수 있다. 하지만 우리는 자신의 책임을 외면할 때가 너무 많다. 우리는 이렇게 투덜댄다. "그야 물론 나도 부도덕에서 벗어나고 싶다! 그 문제로 내가 강대상 앞에 나간 것만도 수백 번이 넘지 않던가? 다만 하나님 쪽에서 나를 거기서 벗어나게 해 주실 뜻이 없는 것 같다."

하나님 뜻이 아니다? 그것은 하나님의 성품에 대한 모독이다. 하나님을 탓하지 말라.

하나님의 뜻은 당신의 성적 순결이다. 당신은 아니라 생각할지 모르지만 그것은 당신의 평소 모습이 순결치 못하기 때문이다. 하나님은 순결의 길을 이미 열어 놓으셨다. 다음 말씀을 들어 보라.

이와 같이 너희도 너희 자신을 죄에 대하여는 죽은 자요 그리스도 예수 안에서 하나님께 대하여는 살아 있는 자로 여길지어다. 그러므로 너희는 죄가 너희 죽을 몸을 지배하지 못하게 하여 몸의 사욕에 순종하지 말고 또한 너희 지체를 불의의 무기로 죄에게 내주지 말고 오직 너희 자신을 죽은 자 가운데서 다시 살아난 자 같이 하나님께 드리며 너희 지체를 의의 무기로 하나님께 드리라. 죄가 너희를 주장하지 못하리니 이는 너희가 법 아래에 있지 아니하고 은혜 아래에 있음이라(롬 6:11-14).

죄로부터 해방되어 의에게 종이 되었느니라(롬 6:18).

하나님은 당신을 기다리고 계신다. 단지 당신이 잠깐 들러 말하기를 바라며 강대상 옆에서 기다리시는 것이 아니다. 그분은 당신이 일어나 싸움에 나서기를 기다리신다. 우리는 주님을 통해 모든 차원의 성적 부도덕을 이길 능력을 지니고 있지만 그 능력을 활용하지 않으면 부도덕의 습성을 영영 깨뜨릴 수 없다.

성적 부도덕은 우리 안에 속수 무책으로 자라는 종양 같은 것이 아니다. 그러나 구해 달라는 기도에 매달리며 누가 대신 없애 주기를 간구할 때 우리는 부도덕을 그렇게 대하는 셈이다. 사실 성적 부도덕은 나의 잘못된 결정들이 모아진 것이요 미성숙한 성품의 결과다. 설령 누가 구해 준다 해도 우리는 즉각 성숙해지지 않는다. 성품 작업이 반드시 필요하다.

당신은 성품 작업을 어떻게 하고 있는가? 이 책 나머지 부분에서 거기에 대해 살펴보려 한다.

거룩함이란 두루뭉술한 것이 아니다. 그것은 바른 선택이 모아진 것이다. 당신 주변에 거룩한 구름이 몰려들기를 기다릴 필요가 없다. 죄짓지 않기로 선택할 때 당신은 거룩해진다. 당신은 성적 부도덕의 세력에서 이미 자유하다. 그러나 스스로 택하지 않는 한 — "이제 됐다! 나는 순결한 삶을 택한다!"고 말하지 않는 한 — 성적 부도덕의 습성에서 아직 자유롭지 못하다.

09 실지가 회복된다

좋다. 당신은 지금이 싸울 때라고 결정했다. 성적 순결의 싸움에는 대가가 따른다는 것도 알았다. 그것은 희생과 집중과 신의(信義)를 요한다.

그러나 분명하게 보아야 할 것이 또 있다. 남성성과 그에 따른 순결을 택할 때 당신이 얻을 것은 무엇인가?

이 전쟁에 이김으로 당신 삶에 엄청난 복이 임한다. 당신의 승리는 죄 때문에 잃었던 실지(失地)를 되찾아 준다. 승리를 통해 당신은,

_하나님과의 관계를 되찾아 살려 낼 수 있다.
_아내와의 관계를 되찾아 살려 낼 수 있다.
_자녀들과의 관계를 되찾아 살려 낼 수 있다.
_사역과의 관계를 되찾아 살려 낼 수 있다.

프레드: 새로운 빛과 가벼움

죄 때문에 나는 긴 세월 거울 속의 나를 쳐다볼 수 없었다. 나는 하나님이 나를 무조건 사랑하심을 알았지만 그분이 내 행동을 무조건 수용하지 않으심도 알았다. 따라서 나는 하나님의 눈을 볼 수 없었다.

나는 어느 목사의 이런 설교를 들은 일이 있다. "문을 두드리실 때 예수님은 당신 집의 모든 방에 들어갈 자유를 원하십니다. 그분은 당신 삶의 모든 부분에서 환영받고 편안하기 원하십니다. 당신 집에 혹 그분을 문밖에 세워둔 방이 있습니까?"

'있다.' 나는 회중석에 앉아 속으로 말했다. '섹스의 방이 굳게 잠겨 있다.' 가면을 쓴 위선자인 나는 그 방을 남몰래 숨겨 왔다. 한 가지 의미에서 그것은 하나님께 큰일이 못 됐다. 즉 나는 그분이 여전히 나를 사랑하심을 알았다. 그러나 내 죄 때문에 그분과의 관계가 나빠진 것도 나는 알았다. 내 자녀들이 불순종할 때 우리 관계는 나빠진다. 나중에 아이들은 내 눈을 보며 용서와 관계 회복을 구한다. 나도 하나님께 그래야 함을 알았다.

그러나 내 경우, 더 이상 용서를 구하며 하나님의 눈을 볼 배짱이 없었다. 늘 잘못했다는 말뿐 전혀 변하지 않는 나 자신이 면목없기 그지 없었다. "너는 왜 나한테 '주여, 주여' 하면서 내 말대로 행치 않느냐?"는 그분 말씀이 마음속을 떠나지 않았다.

나는 돼지우리에 남아 묵은 옥수수 속을 먹고 있는 탕자였다. 하늘 아버지와의 관계를 회복하려면 진창에서 나와 집으로 발을 떼야 했다.

먼저 깨끗이 씻지 않아도 좋지만 첫발은 반드시 내디뎌야 했다. 길 저만치 아버지가 반지며 옷이며 신발이며 본래 귀한 아들이 누릴 모든 것을 갖추고 기다리실 참이었다. 다만 나는 먼저 정신을 차려야 했다. 그날 멀헤이 거리에서 내 눈과 언약을 맺음으로 나는 집을 향한 — 순결을 향한 — 첫발을 내디뎠다.

머잖아 내 영혼에 새로운 빛과 가벼움이 느껴졌다. 그간 성적 죄가 불러온 어두움이 어찌나 숨막히고 깊었던지 일단 그것이 사라지자 피부로 느껴질 정도로 차이가 실감났다. 나는 하나님의 사랑과 수용을 동시에 느꼈다.

내적 평화와 함께 일상 생활에 외적 평화가 찾아왔다. 앞 3장에서 호텔이라면 기겁하던 월리라는 사업가 얘기를 했었다. 이제 월리는 밤에 호텔에 투숙해 커피숍에서 식사를 즐기고 방에 돌아가 불을 끄고 잠들 수 있다. 그는 말한다. "이제 호텔 방이 조금도 무섭지 않습니다. 옛날처럼 육욕의 세계가 나의 하루를 지배하지 않습니다. 나를 지배하던 강한 욕망들이 다 사라졌습니다. 단 아내 티나에 대한 욕망은 여전히 아주 쌩쌩합니다!"

성적 순결에 승리하면 당신도 아내를 향한 욕망에 똑같이 긍정적인 영향을 입을 것이다.

아내의 매력

결혼 초 나는 브렌다에게 절대 나 자신을 감정적으로 다 내주지 못했다. 한때는 그것이 내 성격 결함 때문인 줄 알았지만 알고 보니 내 성적 죄가 나를 움켜쥐고 있었다. 지금은 보다 자연스레 신뢰를 받는다. 내가 눈과 생각으로 '은밀한' 성생활을 즐길 권리를 버리고 브렌다에게 자신을 전부 내준 덕이다.

보상이 또 있다. 브렌다는 더 이상 내가 딴 여자들과 바람피울 것에 대한 두려움이 없다. 내 순결 헌신에 관해 수시로 터놓고 대화하므로 아내는 전혀 안심이다. 나는 다른 여자들의 미모를 보며 감탄하는 일도 없고 다른 여자들 얘기도 하지 않는다. 아내 외의 육욕의 세계에 일체 눈을 굶기기 때문에 아내가 그렇게 매혹적일 수 없다. 아내도 안다.

스티브: 온전한 연합

나도 비슷한 일을 경험했다. 샌디와 결혼할 때 나는 긴 세월 간수해 온 은밀한 방을 품고 왔다. 그 방 안에는 내 진짜 첫사랑인 먼 옛날의 애인이 있었다. 나는 그녀를 성적으로 공상하진 않았지만 그 은밀한 방이 영영 내 것일 줄 알았다. 그녀와 함께했던 삶의 아련한 옛 추억을 되새기는 나만의 공간으로 생각한 것이다.

은밀한 방을 선뜻 버리고 나서야 나는 샌디와 온전히 연합할 수 있었다. 일단 그렇게 되자 더 이상 옛 애인을 접하고 싶지 않았다. 샌디에게 집중했고 샌디를 원했기 때문이다.

당신에게도 옛 애인, 포르노, 좋아하는 웹사이트 등 은밀한 방이 있을지 모른다. 그 은밀한 혼자만의 방을 버려야 한다. 해롭기 때문이다.

친구들의 신뢰

당신의 성적 순결은 친구들과의 관계도 되찾게 해준다. 한 친구가 저녁 때 자기 아내를 우리 둘 중 하나와 단둘이 호텔 방에 남겨둬야 한다고 하자. 프레드와 내가 공히 알거니와 그 친구는 전혀 불미스런 일이 없을 것을 100% 믿을 수 있다. 항상 그랬던 것은 아니다. 물론 그런 상황은 절대 없겠지만 요지는 그게 아니다. 단순히 이제 우리는 자신이 신뢰감 있는 사람임을 안다. 우리 친구들은 우리가 머릿속에서 자기 아내의 옷을 벗기거나 성관계를 공상할 것 따위로 염려할 필요가 없다.

그리스도의 몸 된 교회에서 신뢰는 중요하다. 고린도전서 6장 15-20절에서 바울은 성적으로 부도덕한 남자는 자기 몸에 죄지을 뿐 아니라 그리스도의 몸과 그 몸 안의 친구들에게도 죄짓는 것이라고 말한다.

우리 친구들은 우리의 순결을 믿는다. 실패는 우리 심령만 아니라 그들의 심령도 다치게 한다. 우리는 믿을 만한 사람이 돼야 한다.

프레드: 당신의 유산

당신은 세대 간 전수돼 온 죄의 습성을 깨뜨릴 수 있다. 자녀와의 관계에서 그것은 놀라운 지식이다. 시편 기자의 말을 생각해 보라.

> 인생은 그 날이 풀과 같으며 … 여호와의 인자하심은 자기를 경외하는 자에게 영원부터 영원까지 이르며 그의 의는 자손의 자손에게 이르리니(시 103:15, 17).

하나님은 분명 당신 개인의 구원에 관심이 있으시다. 그래서 아들을 보내 당신 개인을 위해 죽게 하셨다. 그러나 그분은 중요한 사슬의 한 고리로서의 당신에게도 똑같이 관심이 있으시다. 기독교 유산의 전수에는 대대로 자손들을 선하게 바꾸는 능력이 있음을 그분이 아시기 때문이다.

마찬가지로 죄도 세대를 타고 자손들에게 영향을 미칠 수 있다. 우리 집이 그랬다. 우리 집안은 남자들이 섹스와 포르노를 탐하고 아내를 버리거나 혹은 바람피우다 들통나는 곳이었다. 나도 조상들의 전철을 밟아 〈플레이보이〉지와 〈갤러리〉지에서 봤던 사진들이 20년이 지난 지금도 기억난다. 많은 애인들과 침대에서 보냈던 순간들도 내 기억에 남아 있다. 그러나 주님과 나는 이겼다. 세대 간의 죄는 끊겼다.

열여섯 된 내 아들 제이슨은 이제 편안한 미소와 친절한 습성을 지닌 180센티미터의 잘생기고 건장한 사춘기 아이다. 얼마 전 제이슨과 함께 있던 친구들이 포르노를 꺼냈다. 제이슨은 자리를 피했다. 내 아들이 자리를 피했다. 그것이 내게 어떤 의미인지 당신은 모를 것이다!

당신이 세대 간의 죄에서 벗어나는 중이라면 당신의 자녀와 그 자녀의 자녀를 위해 계속 선한 싸움을 싸워야 한다.

한번은 어떤 남자가 D. L. 무디에게 말했다. "하나님께 온전히 헌신된 한 사람을 통해 그분이 무슨 일을 하실 수 있는지 세상은 아직 보지 못했습니다." 그러자 무디는 "내가 그 사람이오!"라고 답했다. 무디와 달리 오늘의 젊은이들은 성적 열병과 싸우느라 영적 에너지가 너무 많이 소모된다. 당신 아들이 애당초 그 소모적 열병에 걸리지 않는다면 그리하여 모든 영적 에너지가 하나님 나라의 소명에 소모될 수 있다면 어떨까?

가능한 일이다. 성적 열병이 없는 젊은이 군대를 통해 하나님이 무슨 일을 하실 수 있는지 세상은 아직 보지 못했다. 당신이 아버지라면, 그런 군대에 들어갈 자격을 갖추도록 당신 아들을 순결히 지키고자 힘써 왔는가? 당신도 무디처럼 "내가 그 사람이오"라고 답할 수 있는가?

하나님나라 건설에 동참하는 자

구원받은 후 그리스도께 깊은 열정을 느낀 나는 전임 사역자의 길을 생각했다. 나는 여러 학교와 신학교를 알아 봤다. 평생 모든 이들에게 예수 그리스도에 대해 얘기하며 살 생각에 가슴이 설레었다. 심히 문란한 성생활에서 해방된 나는 하나님의 용서에 취할 대로 취했다.

그러나 성경에서 다윗 왕과 아들 솔로몬의 대화를 읽으며 나는 다시 현실로 돌아왔다. 다윗은 오래 전 나단 선지자를 통해 받은 하나님 말씀을 아들에게 들려 준다. 유대교 성전을 짓고 싶은 다윗의 열망에 관한 것이다.

이르되 "내 아들아. 나는 내 하나님 여호와의 이름을 위하여 성전을 건축할 마음이 있었으나 여호와의 말씀이 내게 임하여 이르시되 '너는 피를 심히 많이 흘렸고 크게 전쟁하였느니라. 네가 내 앞에서 땅에 피를 많이 흘렸은

즉 내 이름을 위하여 성전을 건축하지 못하리라"(대상 22:7-8).

다윗은 전쟁의 사람이요 피를 많이 흘렸기에 성전을 지을 자가 못 됐다. 하나님은 다윗에게 그 일을 아들 솔로몬에게 넘기겠다고 하셨다.

"한 아들이 네게서 나리니 그는 온순한 사람이라 내가 그로 주변 모든 대적에게서 평온을 얻게 하리라 … 그가 내 이름을 위하여 성전을 건축할지라"(대상 22:9-10).

나는 다윗처럼 선지자한테 직접 듣지는 못했지만 이 구절이 책에서 내게 튀어 나왔다. 하나님이 분명 내게 이렇게 말씀하시는 듯했다.

다윗은 전쟁의 사람이요 피를 많이 흘렸기에 내 성전 건축을 그에게 맡길 수 없다. 비슷하게 너는 중한 성적 죄의 사람이다. 지금 너한테는 내 나라 건설을 전임으로 맡길 수 없다. 우선 너는 지역 교회의 순전한 기둥이 되는 법을 배워라. 네가 신실하면 네 아들이 전임으로 내 나라 건설에 동참할 것이다.

내게는 참담한 말이었지만 그분 음성을 똑바로 들었다는 확신이 있었다. 다행히 다윗의 넓은 마음이 내게 감동이 됐다.
이 말씀을 묵상하면서 나는 기쁨으로 차선의 길을 가기로 결심했다.

나는 하나님나라 건설에 전임 사역자가 될 수 없지만 내 아들 제이슨을 최대한 잘 준비시킬 수는 있었다. 나는 다윗이 솔로몬에게 한 것처럼 부지런히 마음을 다해 제이슨의 성경 읽기, 암송, 음악 레슨, 교회 출석 등을 도왔다. 또 선교사들을 집에 초대해 묵게 하면서 그들이 사람들의 삶에 미치는 영향력을 제이슨이 듣게 했다. 무엇보다 나는 아들을 순결하게 지키려 최선을 다했다. 나는 아들의 교우 관계를 살폈고, 포르노의 위험을 설명했고, 선정적 영화나 TV 쇼를 보지 못하게 했다.

나는 좋은 본이 돼야 한다. 아버지와 나의 경우도 그랬다. 오래 전 아버지는 내가 술 담배에 손대지 않고 고등학교를 졸업하면 100달러를 주겠다고 약속했다. 나는 고등학교를 마칠 때까지 술 담배에 손대지 않았고 졸업식 날 아버지는 약속을 지켰다. 그러나 대학에서는 달랐다. 나는 담배는 피지 않았으나 술을 마시기 시작했다. 왜 하나는 시작하고 하나는 시작하지 않았을까?

아버지는 하루에 담배를 두 갑씩 피웠다. 열 살 무렵 나는 아버지가 앞으로 6개월밖에 못 산다는 진단을 받는 것을 보았다. 의사들은 한쪽 폐를 제거했다. 나는 아버지가 수술 후의 통증을 견디는 것을 보았다. 금연에 누차 실패했던 아버지가 단칼에 담배를 끊었고, 다시는 담배에 손대지 않았다. 아버지의 특정한 폐 질환이 흡연의 직접적 결과였는지는 알 수 없지만 흡연의 위험과 아버지의 꿋꿋한 생존의 투지는 내게 깊은 인상을 남겼다.

술의 경우는? 아버지는 말로는 내게 술을 마시면 안 된다고 했지만 잔디를 깎거나 낚시를 갈 때면 늘 맥주 한두 병으로 일과를 마무리했다. 내가 아주 어렸을 때부터 가족들이 식당에 가면 아버지는 마티니를 시켰다. 독특한 잔 모양과 올리브와 거기서 발산되는 전반적 인상 — 휘젓지는 않았지만 잘 흔든 상태 — 이 내 어린 마음에 그렇게 멋있어 보일 수 없었다.

술 문제로 마음을 정해야 할 시점이 왔을 때 나는 술을 마시지 않은 사람을 단 한 명도 떠올릴 수 없었다. 아버지는 분명 아니었다. 술을 막는 모본이 내 삶에 하나도 없었다. 그래서 나는 시작했다.

당신 아들이 '어떤 영화를 봐야 되나, 친구들이 포르노를 보여 줄 때 어째야 되나, 귀여운 여자애가 따로 불러내 블라우스 단추를 끄르기 시작할 때 어째야 되나' 고민할 때, 곁에 말릴 사람이 있는가? 그의 친구들은 아니다. 심지어 교회 친구들도 오히려 권할 것이다. 당신 목소리가 크고 명료해야 한다. "아들아, 부도덕을 피하라"고 속삭여 줄 목소리는 필시 당신밖에 없기 때문이다. 당신의 모본이야말로 유혹에 대적하는 논거가 돼야 한다.

송장을 피하여

내 대(代)에는 사역의 중추적 지도자가 될 수 없음을 알기에 나는 제이슨을 하나님나라의 일에 준비시키는 데 열심을 다하고 있다.

솔직히 한때는 왜 그래야 하는지 이해가 안 갔었다. 그러나 다른 유명 기독교 지도자들의 추락과 우리 교회 결혼 사역을 맡은 두 핵심 부부의 이혼과 우리 교회 두 목사의 외도를 보면서 나는 더 잘 이해하게 됐다. 하나는 내가 다니던 교회의 담임 목사였는데, 교회가 온전히 회복되는 데 10년도 더 걸렸다. 또 하나는 협동 목사였는데, 나는 그의 사역 복귀를 돕는 회복 팀 멤버였으므로 그의 죄의 파장을 곁에서 보았다. 여태 내가 '송장'이란 말을 제대로 몰랐구나 하는 생각이 들었다.

한때는 내 사역을 제한하시는 하나님이 야속하기도 했지만 이제는 야속하지 않다. 나는 결혼 예비학교 강사로 우리 교회에서 매해 30쌍의 커플을 가르치고 있다. 그런 내가 사생활에서 죄에 빠진다면 그 파장이 교회 전체에 미칠 것을 나는 안다. 교회에서 성적 순결을 가르치는 만큼 나부터 견고해야 함을 나는 처음부터 알았다.

때는 지금

하나님은 당신을 복 주시려 기다리고 계신다.

아내를 위해 당신은 나서야 한다.

자녀를 위해 당신은 세대 간의 죄를 끊어야 한다.

교회에도 당신의 섬김이 필요하다.

때는 지금이다. 당신도 그렇게 생각하는가?

좋다. 전투 계획을 수립하자. 상륙용 주정의 트랩이 열리고 있다. 해변에 상륙할 때가 왔다.

10 당신의 전투 계획

순결의 전투에서 처음 이기기 전까지 우리는 여러 번 잘못 시작했다. 결단이 미흡한 데도 원인이 있었다. 우리는 순결을 원하면서도 또 원치 않았다. 우리는 적을 몰랐고 적에게 접근하는 법을 몰랐다. 성적 순결의 작업은 전체가 하나의 신비였다.

당신이 성적 죄를 공격할 태세를 갖추고 상륙용 주정에 있다고 하자. 당신은 결단했다. 지휘관을 따라 해변에 돌진하기로 결심했다. 배의 트랩이 열린다. 그러나 당신을 기만하듯 해류가 배 바로 앞 해저에 깊은 웅덩이를 파놓았다. 예상치 못했던 일이다. 영문도 모른 채 당신은 어느새 머리까지 물 속에 잠겨 있다. 군장의 무게가 당신을 바닥으로 잡아 끈다. 이러다 익사할 것만 같다.

두 발짝도 채 내딛기 전에 당신의 전투는 끝났다.

당신을 대적하는 사탄의 최대 무기가 바로 그런 기만이다. 그는 예수님께서 이미 당신의 자유를 사신 것을 안다. 당신이 전투의 단순성을 보기만 하면 금방 이긴다는 것도 그는 안다. 그래서 사탄은 기만하며 혼미케 한다. 그는 당신을 속여 '나는 몇 년씩 집단 치료를 받아야 할 무력한 피해자'라고 생각하게 만든다. 그는 성적 죄란 남자의 일부이며 당신이 어쩔 수 없는 일이라고 말한다. 그는 성 중독에 대해 장황히 늘어 놓으며 '나는 성 중독자가 아니고, 빠져들지 않았고, 순종의 삶이 필요 없다'고 믿게 만든다. 이런 기만은 사탄이 당신을 무너뜨리려는 많은 방법 중 하나일 뿐이다.

전투에 나서는 당신을 위해 이 장에서는 적을 휘감고 있는 신비를 벗기려 한다. 당신의 행동 목표를 실제적인 용어로 정의하고, 성적 죄의 몇몇 중요한 특성도 기술할 것이다. 세부 내용을 꼼꼼히 살피기 바란다. 이왕 싸울 거라면 이겨야 하지 않겠는가.

당신의 전투 목표
당신의 목표는 성적 순결이다. 성적 순결의 '좋은' 실천적 정의는 다음과 같다. '좋다'함은 단순성 때문이다.

당신 아내 이외의 어떤 사람이나 어떤 것에서도 전혀 성적 만족을 얻지 않을 때 당신은 성적으로 순결하다.

순결이란 결혼 생활 밖에서 오는 성적 만족을 끊는 것이다. 어떻게 끊을 것인가?

결혼 생활 밖에서 성적 만족을 얻을 수 있는 곳은 눈과 생각 두 가지뿐이다. 따라서 성적 세계의 전투에 성공하려면 눈과 생각의 접근로를 차단해야 한다. 아울러 아내와의 관계에 반드시 건강하고 긍정적인 애정과 태도를 가져야 한다. 다시 말해 마음이 바로 돼야 한다.

요컨대 정욕과의 싸움에서 당신의 목표는 당신 삶에 3대 방어망을 치는 것이다.

1. 눈
2. 생각
3. 마음

첫째 방어망인 눈은 가장 외곽의 방어선이다. '접근 금지' 팻말을 빙둘러 세워둘 방벽이다. 이것은 언약을 통해 당신의 눈을 방어한다("나는 음욕을 품고 여자를 보지 않기로 내 눈과 언약을 맺었다"고 한 욥처럼). 그러려면 정욕의 대상이 나타날 때 눈길을 돌리도록 당신 눈을 훈련해야 한다. 당신 눈은 선정적인 것에서 눈길을 돌려야 한다. 현재 하지 않고 있는 일이다. 여기에 대해서는 제4부에 자세히 설명할 것이다.

둘째 방어망인 생각의 경우 당신은 정욕의 대상을 차단하기보다 그것을 평가하고 포획한다. 여기서 당신을 떠받쳐 줄 요절은 고린도후서 10장 5절이다. "모든 생각을 사로잡아 그리스도에게 복종케 하니." 당신은 생각을 훈련해야 한다. 생각을 사로잡아야 한다. 역시 현재 하지 않고 있는 일이다. 여기에 대해서는 제5부에서 깊이 배울 것이다.

셋째 목표(제6부에서 살펴볼 것이다)는 가장 내선의 방어망을 쌓는 것이다. 위치는 당신의 마음속이다. 이 방어망을 쌓으려면 아내에 대한 애정이 깊어지고 아내에게 갚아야 할 빚과 약속에 깊이 헌신해야 한다. 아내를 사랑하고 존중하고 아끼기로 한 약속을 무시하면 당신의 결혼 생활은 안으로부터 죽을 수 있다. 존중하고 아껴 주는 것이 이 방어망 구축의 핵심 행동이다. { 이것은 당신이 독신자라도 똑같이 적용된다. 당신은 모든 데이트 상대를 존중하고 아껴야 한다. 장차 당신의 아내 될 사람과 데이트하는 다른 남자에게 당신이 그 여자를 존중하고 아껴주기를 바라는 것과 똑같다. }

그것이 당신의 전투 계획이다. 그게 전부다. 그 이상도 이하도 아니다. 3대 방어망을 쌓고 죄짓지 않기로 선택하면 된다. 세 방어망이 구축되자마자 당신은 성적 부도덕에서 자유를 얻는다. 성적으로 당신의 외면 생활과 하나님이 당신 안에 창조하신 내면 생활이 마침내 서로 일치된다.

이 공격 계획은 너무 단순해 실효가 없어 보일 수 있다. 당신의 성적 부도덕과의 싸움이 오래됐기 때문이다. 상관 없다. 적의 속성을 공부해 보면 이 단순성으로 충분하고도 남음을 알게 된다.

그래서 3대 방어망을 쌓는 법으로 넘어가기 전에 먼저 성적 죄를 휘감고 있는 신비의 거품을 벗겨내자. 적을 바로 알면 속지 않을 수 있다.

부도덕은 습관이다

눈동자 색처럼 성적 부도덕도 유전이라 생각하는 이들이 있을 수 있다. '나는 남자라서 눈이 부정하고 생각이 부도덕할 수밖에 없다.' 그러나 분명 여자보다 남자가 더 시각 지향적임에도 불구하고 우리가 던지는 추파를 유전 탓으로 돌릴 수는 없다. 어떤 남자들은 자신을 부도덕한 눈과 생각의 희생자로 본다. 그 구실로 모든 책임을 면할 수 있다는 듯 말이다.

단순한 진리는? 부도덕은 습관이다. 그것은 습관처럼 산다. 섹시한 여자가 들어오면 당신 눈은 그쪽으로 돌아가 위아래로 훑는 나쁜 습관이 있다. 늘씬한 여자가 조깅하고 지나가면 당신 눈은 습관적으로 그 여자를 따라간다. 패션 잡지의 란제리 특집호가 배송되면 습관처럼 당신은 쭉 빠진 몸매에 군침을 흘리며 은밀한 곳을 공상한다.

부도덕이 습관일 뿐이라는 사실에 많은 남자들이 놀란다. 덩치 큰 깡패가 실은 허풍쟁이라서 더 이상 겁낼 필요가 없음을 깨닫는 것과 흡사하다.

부도덕이 유전이거나 모종의 괴로운 마법이라면 당신은 무력하다. 그러나 부도덕은 습관이기에 바뀔 수 있다. 습관처럼 사는 부도덕은 습관처럼 죽을 수도 있다. 그래서 당신은 희망이 있다(우리는 그것이 6주만에 가능하다고 믿는다).

이것은 희소식이다. 습관을 깨는 것은 익숙한 일이요 신비와 거리가 먼 까닭이다. 우리는 다 나쁜 습관을 대해본 적이 있다. 나쁜 습관을 우리는 어떻게 하는가? 단순히 더 좋은 새로운 습관으로 대치한다. 그거다. 당신이 1개월 내지 6주간 바짝 집중하여 새 습관을 연습할 수 있다면 낡은 습관은 금세 부자연스러워 보인다.

대다수 남자들에게 성적 부도덕은 '병'이나 '결손'이 아니다. 우리 눈은 성적인 것을 좋아하며, 남자의 성향에서 나쁜 습관이 나온다. 우리는 닥치는 대로 음침한 구석에서 싸구려 스릴을 구하는 나쁜 습관이 있다. 우리는 습관적으로 잘못된 길을 택해 왔다. 이제 우리는 습관적으로 바른 길을 택해야 한다.

오해하지 말라. 습관이 당신의 감정이나 상황과 전혀 무관하다는 말이 아니다. 글렌은 우리에게 이렇게 말했다. "내 성적 죄는 직장에서 마감 시한에 쫓길 때, 특히 아내와 싸웠거나 사랑받고 존중받는다는 느낌이 없을 때 훨씬 악화됐습니다. 그럴 때마다 나는 물리치지 못하고 어쩔 수 없이 성적 죄를 짓는 것 같았지요. 솔직히 나는 그저 눈의 습관을 바꾼다고 그것이 달라질 거라고는 생각하지 않았습니다. 그런데 묘하지요. 일단 눈을 통제하자 똑같은 마감 시한과 부부 싸움이 더 이상 나를 성적으로 몰아가지 않는 겁니다. 내 부도덕은 저절로 사그라지는 것 같았습니다."

글렌에게 업무 스트레스와 수용 결핍은 성적 부도덕의 근본 원인이 아니었다. 성적 부도덕은 그가 감정과 상황을 처리한 한 가지 방법일 뿐이었다. 한마디로 그는 부도덕에서 해결책을 찾았다. 그러나 성적 부도덕을 제하자 감정과 상황이 다른 방식으로 처리되기 시작했다.

습관처럼 작용하는 부도덕

성적 부도덕은 습관처럼 살 뿐 아니라 습관처럼 작용한다. 순결도 똑같다. 순결도 습관처럼 작용한다. 무슨 말인가?

일단 습관이 굳어지면 우리는 그 일을 잊어버려도 된다. 별 의식적인 생각 없이도 습관이 알아서 하므로 우리는 다른 일들에 관심을 쏟을 수 있다. 예컨대 누구나 아침에 일어나는 습관적 방식이 있다. 대체로 우리는 침대에서 천천히 기어 나와 양치질하고 샤워하고 옷 입고 아침을 먹는다. 7시 10분에 아이들과 함께 시리얼. 굳이 생각할 것도 없다. 아침의 기계적인 일과를 우리는 자면서도 할 수 있고, 실제 그럴 때가 많다!

성적 부도덕이 나쁜 습관처럼 작용한다면 성적 순결은 좋은 습관처럼 작용한다.

힘이 되는 말이다. 부도덕과의 전쟁에 돌입하면 그 피곤한 싸움 때문에 당신 입에서 "순결을 위해 평생 이렇게 애쓰며 살 수는 없다"는 말이 절로 나올 수 있다. 그러나 그대로 조금만 더 견디면 순결의 습관이 발판을 굳혀 당신 대신 싸워 주며, 의식적 노력이 훨씬 덜 든다.

지금은 부도덕한 습관들이 당신을 휘어잡고 있다. 당신은 무심코 죄를 짓는다. 예컨대 당신 눈은 짧은 치마가 지나갈 때마다 그리로 돌아간다. 굳이 생각 없이도 당신의 나쁜 습관이 작동한다. 그러나 순결의 습관이 자리잡으면 여자 옷이 바람에 젖혀질 때 당신은 생각도 없이 자동으로 눈길을 피한다. 보려면 억지로 봐야 한다.

프레드: 억지로 본 사건

상상이 안 가는가? 그렇다면 이 짤막한 일화를 생각해 보라.

눈길 돌리기를 훈련한 후 나는 브렌다와 함께 플로리다의 한 해변에서 일광욕을 하고 있었다. 브렌다가 우리 쪽으로 다가오는 비키니 차림의 한 여자를 가리키며 말했다. "프레드, 저것 좀 봐요! 믿어지지 않아요!"

나는 고개를 돌렸으나 처음에는 볼 수 없었다. 좋은 습관이 어찌나 강해졌던지 억지로 봐야 했다.

"노인이 저런 옷을 입었잖아요!" 브렌다는 예순을 넘긴 듯한 여자에 대해 말했다. 비키니 차림의 여자를 억지로 봐야 했던 것과 그렇게 꽉 죄는 옷을 입은 노인을 본 것 중 내가 어느 쪽에 더 놀랐는지 모르겠다.

부도덕은 중독처럼 싸운다

눈과 생각의 부도덕은 습관처럼 살지만 중독처럼 싸운다. 많은 습관들은 중독성이 있다. 흡연자들은 담배가 당기고 마약 사용자들은 마약이 아른거리고 알코올 중독자들은 사지가 떨린다.

어떤 중독은 중독의 소재를 단계적으로 줄여 끊을 수 있다. 그러나 단칼에 끊는 것이 최선책인 중독도 있다. 성적 부도덕에서 가장 잘 통하는 방법은 무엇일까? 단칼에 끊는 것이다. 점점 줄여서는 불가능하다. 우리가 해 봤지만 소용 없었다. 우리 눈과 생각이 너무 간사하고 교활했기 때문이다. 단계적이라면 일부 부도덕을 허용한다는 뜻인데, 그 부도덕의 영향력은 배가 되고 습관은 깨어지지 않는다. 게다가 단계적 방법은 성적 방종의 가능성마저 안고 있고, 그것은 며칠씩 이어질 수 있다.

방종은 당신 마음을 멍들게 한다. 클리프는 말했다. "나는 싸움이 뭔지도 잘 모르고 성적 죄를 끊으려 했었습니다. 이를 갈며 한동안 잘하다가도 어느새 자위행위를 하곤 했습니다. 한동안 성관계가 없었기 때문일 수도 있고, 떨쳐내지 못한 음란한 생각 때문일 수도 있겠지요. 그러고 나면 '이왕 버린 몸 될 대로 되라지' 하는 생각이 들었습니다. 1-2주 동안 하루 두세 번씩 자위행위를 하고서야 다시 싸울 힘이 생겼습니다. 그렇게 방종에 빠진 것이 몇 번인지 모릅니다."

단칼에 끊어야 한다. 하지만 어떻게? 아내 이외의 모든 정욕의 세계에 눈을 철저히 굶겨야 한다. 독신자들의 경우 모든 정욕의 세계에 눈을 굶긴다는 뜻이다. 그러면 데이트하는 여자들과 혼전 섹스를 갖고 싶은 욕망을 이길 수 있다. 기혼 남자들처럼 그렇게 눈을 굶기면 당신의 데이트 상대가 도구가 아닌 인격으로 보일 것이다.

눈을 굶기는 방법은 제4부에 소개할 것이다. 지금 알아둘 것은 내면에 '포기하려는 충동'이 따를 수 있다는 점이다. 당신은 성적 굶주림의 일부를 언제 어디서나 눈을 통해 채우는 데 익숙해 있다. 당신 몸은 그 쾌감을 얻으려 싸울 것이다. 순결의 정도가 높아지면 한때 눈으로 채워지던 성적 굶주림의 부분이 미결로 남아 사라지지 않는다. 그 집요한 굶주림은 당신에게 남아 있는 유일한 냉장고로 달려가게 만든다. 당신의 아내다. 그것이 어떻게 부부를 둘 다 채워 주는지 다음 장에서 더 자세히 살펴볼 것이다.

귀신들림과 짓눌림

부도덕과의 싸움에서 사탄의 자리를 언급했으니 이제 성적 부도덕이 일종의 귀신들림인지 여부를 살펴보자.

당신 삶에 부도덕이 난무할 때 당신은 귀신들린 것이 아니며 축사(逐邪)가 필요 없다. 때로 내면의 악마가 당신을 죄로 몰아가는 것처럼 느껴지지만 실은 당신의 나쁜 습관과 호르몬이 주는 강박일 뿐이다. 당신은 단지 통제를 잃은 것이며, 모든 것을 중생한 심령의 통제 밑에 다시 가져와야 한다. 귀신들림은 개입되어 있지 않지만 영적 짓눌림의 요소는 있을 수 있다.

프레드: 전환점

내 경우를 당신이 판단해 보라.

단칼에 끊은 지 6주째가 되어갈 무렵 나는 아주 음탕하고 격한 꿈을 꿨다. 나는 혼을 빼놓을 듯한 성적 유혹을 받았지만 정말 '안돼, 난 안 해'라고 말했다. 꿈에서는 처음 있는 일이었다(꿈속의 자유로운 상태에서도 당신의 무의식적 사고가 순결을 선택한다면 승리가 가까이 왔음을 알 수 있다). 그때 격렬한 육박전이 벌어졌다. 나는 "예수님의 이름으로 내가 너를 물리친다!"고 소리쳤다.

"예수님의 이름으로"를 말할 때는 전투가 내 편으로 기울었으나 "내가 너를 물리친다"고 말할 때는 전투가 와락 적 쪽으로 기울었다. 나 자신은 힘이 없었기 때문이다. 다급해진 나는 예수님의 이름을 생각나는 대로 다 외쳤다.

갑자기 잠에서 깬 나는 큰소리로 하나님을 찬양했다. 주일 아침이었다.

몇 시간 후 교회에서 나는 처음으로 예배 시간 내내 자유로이 예배했다. 남은 하루와 밤과 이튿날까지 마음속에 계속 찬송이 솟구쳤다. 긴긴 세월 하나님께 그토록 거리감을 느꼈던 나로서는 황홀한 기분이었다.

어찌된 일일까? 독단할 수는 없지만 나는 내 삶의 영적 짓눌림이 그날 밤 깨졌다고 확신한다. 나는 문제마다 무조건 사탄과 결부시키는 사람은 아니다. 다만 이것을 알 뿐이다. 그날 밤 전까지 나는 한 번도 자유로이 예배할 수 없었다. 그날 밤 이후로 예배가 절로 나왔고 오늘까지 계속되고 있다.

순결에는 언제나 영적 방해가 따른다

당신의 싸움에 영적 짓눌림은 없을지 모르나 영적 방해는 늘 있게 마련이다. 적은 언제나 당신 귀 옆에 있다. 그는 당신이 이 싸움에 이기기를 원치 않는다. 남자들의 자신감과 승리의 의지를 꺾어 놓는 거짓말들을 그는 잘 안다. 거짓말이 들려올 것을, 그것도 아주 많이 들려올 것을 미리 예상하라.

앞서 우리가 한 말은 사실이다. 이 전쟁의 이면에 당신의 평강과 안정이 있다. 측량할 수 없는 영적 득이 있다. 속이는 자는 당신에게 스티브 아터번과 프레드 스토커는 제정신이 아니며 당신도 그들 생각을 따랐다가는 곧 둘을 합해 놓은 것만큼이나 제정신을 잃는다고 말할 것이다.

사탄의 거짓말이 들려올 때 잘 식별할 수 있도록 그 중 일부를 소개한다(각 거짓말 뒤에 진실을 밝혀 놓았다).

사탄: "이 문제가 있는 사람은 너밖에 없다. 혹시라도 누가 아는 날이면 너는 온 교회의 웃음거리가 될 것이다!"
진실: 대다수 남자들이 이 문제를 겪고 있으며 따라서 아무도 웃지 않는다.
사탄: "너는 또 실패했다. 너는 절대 네 눈을 훈련할 수 없다. 불가능하다."
진실: 불가능하지 않다. 욥도 자기 눈을 훈련하지 않았던가? 그도 당신처럼 평범한 남자였다.
사탄: "너는 지금 너무 율법적이다! 율법은 죽었다. 율법은 죽음만 부른다."
진실: 하나님은 지금도 우리의 행동 기준을 갖고 계신다. 당신은 그분의 기준대로 순결하게 살 책임이 있다.
사탄: "제발 바보같이 굴지 말라! 이 '습관 바꾸기' 계획은 절대 안 통한다."
진실: 이 계획은 절대 통한다. 대다수 남자들에게 성적 부도덕의 문제는 나쁜 습관들로 발전된 나쁜 선택들에 다름 아니기 때문이다.
사탄: "부도덕의 대가는 극히 미미한데 왜 이런 값비싼 전쟁을 치르느냐?"

진실: 죄의 대가가 늘 보이지 않아서 그렇지, 당신이 생각하는 것보다 훨씬 크다.

사탄: "평생 이렇게 초긴장 상태로 살 이유가 뭐냐? 당장 포기해라. 그러면 나도 널 가만 놔두겠다."

진실: 사탄이 정말 약속대로 당신을 가만 놔둘 수도 있지만 설령 그렇더라도 심은 대로 거둔다는 법칙이 가차없이 당신에게 빚을 받아갈 것이다. 당신은 성적 부도덕의 대가를 피할 수 없다. 싸우는 편이 낫다.

사탄: "이제 너는 업무 상황에서, 특히 여자들을 접할 때 어색해진다. 너는 주변에 안 맞을 것이고 사업에 실패할 것이다."

진실: 아니, 당신은 업무 상황에서 어색해지지 않는다. 오히려 전보다 더 편안해진다.

자위행위: 뿌리가 아니라 증상

많은 남자들의 경우처럼 당신의 성적 부도덕에 자위행위가 포함된다면 적이 당신에게 사용할 수 있는 기만 전략이 몇 가지 더 있다. 자위행위가 문제의 뿌리라든지, 과거의 심리적 고통이 자위행위를 유발한다는 주장도 빼놓을 수 없다. 이 문제에 정면으로 부딪쳐 보자.

분명히 말하지만 자위행위는 방치된 눈과 멋대로 치닫는 생각의 한 증상이다. 눈길을 돌리고 생각을 사로잡는 새 습관을 들이면 자위행위는 멎는다. 그때까지는 멎지 않는다. 자위행위 자체를 겨냥하는 것은 무의미하다. 문제의 참 원인을 공격하는 것이 아닌 까닭이다. 대신 눈과 생각을 겨냥하라.

유명 강사이자 목사인 에드 콜의 말을 들어 보라.

포르노는 이용자들 마음속에 이미지가 생기도록 부추길 뿐 아니라 그들을 꾀어 거기에 대한 공상에 빠뜨린다. 대개 이런 공상에는 타인이나 자위행위를 통해서만 충족될 수 있는 에로틱한 행위가 개입된다. 일단 마음속에 이미지가 생기면 그 그림은 사실상 우상이 된다. 자위행위 습관은 그 우상을 숭배하는 행위가 된다. 결국 그것은 마음속에 거점을 구축해 올가미 노릇을 한다. 어떤 사람들은 내가 이런 설교를 하기엔 너무 구닥다리라고 말하지만 나는 습관적 자위행위 때문에 균형 감각을 송두리째 잃은 남자들을 끊임없이 만난다. 한 남자는 하루 몇 번이 습관적이냐고 물었다. 그걸로 가르칠 이유는 충분하다!

성경은 자위행위라는 주제에 침묵한다. 무슨 수퍼모델이 아니라 자기 아내에게 초점을 둔다면, 떨어져 있거나 질환 중에 성적 긴장을 풀기 위해 간혹 자위행위를 해도 괜찮다는 주장도 펼 수 있다. 포르노든 무엇이든 당신의 모터를 돌아가게 하는 것과 연계된 무절제한 자위행위는 언제나 죄이며, 당신과 하나님 사이를 멀어지게 한다. 거룩함을 바란다면 당신은 자위행위를 끊어야 한다. 아내 이외의 이미지에서 성적 자극을 얻는 것은 옳지 못하다.

자위행위에서 벗어나려면 뿌리에 도끼를 대야 한다. 뿌리는 무엇인가? 당신이 하나님의 기준을 무시한 채 (눈과 생각을 통해) 당신 삶에 조금이라도 부도덕을 받아들이는 것, 그것이 뿌리다.

자위행위와 심리적 고통

자위행위는 심리적 고통에서 유발되지 않는다. 여기에 반박해 자신의 자위행위 습관의 뿌리가 정욕이 아닌 뭔가 그보다 훨씬 경한 것에 있다고 주장하는 남자들도 있다. 대개 그 '뭔가'는 유년기의 외상(外傷)이나 지난날 부모의 부적절한 양육에서 비롯된 삶의 상처와 거부와 애정 결핍의 집합일 때가 많다. 이런 상처가 자위행위를 유발할까?

간단한 OX 시험을 치러 보자. 다음 중 맞는 것은 무엇인가?

1. 남자들은 먼저 상처가 해결돼야만 자위행위에서 벗어날 수 있다.
2. 거부가 자위행위를 유발하므로 거부와 자위행위는 반드시 항상 공존해야 한다.
3. 자위행위는 눈과 생각의 부도덕이 없는 남자에게도 존재할 수 있다.

셋 다 틀렸다. 맞는 것은 다음이다.

1. 먼저 상처가 해결돼야만 한다는 것은 맞지 않다. 상처가 해결되지 않고도 당신은 자위행위에서 벗어날 수 있다.
2. 한 인간의 삶에 거부와 자위행위는 각기 따로 존재할 수 있다.

3. 자위행위가 존재하려면 부도덕한 눈과 생각의 전희가 필요하다.

"하지만 자위행위와 심리적 고통이 그렇게 자주 공존하는 까닭은 무엇인가?" 당신은 이렇게 물을 것이다.

거부와 애정 결핍을 겪은 남자들이 그 결핍된 사랑을 온갖 엉뚱한 곳에서 찾기 때문이다. 그렇게 찾을 때 저항이 가장 약한 길은 어디인가? 가상의 애인, 늘 웃어 주는 포르노 속의 애인, 싫다는 법이 없고 거부할 줄 모르는 애인, 절대 남자를 버리지 않고 늘 예의 바른 여자, 자기 회의에 빠진 남자의 자존심을 세워 주는 여자, 아무리 삶이 힘들어도 언제나 "다 잘될 거예요"라고 말하는 여자다. 이 길은 남자가 선택하는 길이요 성적 열병을 지펴 부도덕한 눈으로 얻을 수 있는 길이다. 넘쳐나는 애인들 중 아무나 고르면 된다.

거부와 자위행위가 그토록 자주 공존하는 이유는 남자의 천성적 성향 때문이요 시각을 통해 성적 만족을 얻을 수 있는 우리의 간편한 능력 때문이다. 남자의 눈은 얼마든지 마음대로 죄지을 방편이 된다. 남자들은 성관계 직전과 성관계 중의 행위에서 친밀함을 얻기 때문에 자위행위는 친밀함과 수용을 실감나게 해준다. 이 친밀함이 상처와 거부를 달래 준다. 이 친밀함은 위험 없이 쉽게 얻어진다. 술집이나 매음굴에서보다 훨씬 쉽다. 사실 그것은 아내에게서보다 더 얻기 쉽다. 아내는 당신에게 친밀함이 가장 필요할 때 거부할 수도 있다. 남자들이 걸핏하면 자위행위를 택하는 이유가 거기 있다.

눈의 훈련을 통해 죄의 수단이 제거되면 어떻게 될까? 자위행위는 더 이상 저항이 가장 약한 길이 아니다. 남자는 다른 데서 사랑을 찾는다. 바라기는 거부 문제 자체도 결국 해결될 것이다. 하지만 자위행위는? 사라진다. 상처는 다른 방식으로 표출된다. 남자들은 정서적 외상의 희생자라는 이유만으로 자위행위의 희생자가 아니다. 자위행위는 그들이 선택한 것이다.

속지 말라. 당신은 과거의 고통과 무관하게 자위행위에서 벗어날 수 있다.

감시 파트너와 당신의 아내

이 장을 마치고 제4부로 넘어가 우리의 3대 방어망 중 첫 번째 것을 집중적으로 살펴보기 전에 특별히 짚어둘 문제가 두 가지 있다.

첫째는 감시 장치다. 성적 순결을 위해 기꺼이 싸우려는 많은 남자들에게 있어 한 가지 중요한 조치는 감시 후원자를 찾는 것이다. 남자 성경공부 모임이나 2-3명의 남자 소그룹이나 상담 관계 등에서 감시 파트너를 찾을 수 있다.

감시 파트너는 당신을 위해 기도해 주고 힘든 질문을 던지며, 싸움이 치열할 때 당신을 격려해 줄 사람이다. 동성 친구를 찾으라. 당신보다 나이가 많고 교회에서 널리 존경받는 사람이면 더 좋다. 당신 교회 남전도회를 통해 주선 받을 수도 있다.

예컨대 이런 식이다. 네이턴이 감시 파트너를 찾는다고 하자. 이 부분에 유경험자인 오랜 경륜의 그리스도인 론이 네이턴을 도와 달라는 부탁을 받았다. 론은 네이턴에게 안부 전화를 걸어 묻는다.

"네이턴, 요즘 어떤가요?" (둘 다 자위행위 얘기임을 안다.)

네이턴은 대답한다. "할 말이 없습니다."

"저런, 어찌된 일입니까?"

"지난 두 주간 하루 걸러 그 일이 있었습니다."

"성경은 읽고 있습니까?" 론이 묻는다.

"예."

"기도하고 있습니까?"

"예."

"그럼 뭐가 문제지요?"

"TV를 너무 많이 봅니다." 네이턴이 대답한다. "야한 프로에 케이블까지요."

이 대화 후 론은 네이턴에게 매일 연락한다. 문제가 더 심해져 잦은 접촉이 필요하기 때문이다. 네이턴은 격려가 필요할 때도 있고 제대로 하도록 도전이 필요할 때도 있다. 그러나 결국 문제는 네이턴이 정말 승리와 순결을 결단했는지 여부로 귀결된다. 감시 장치는 이기려는 확고한 헌신과 맞물릴 때에만 효력을 발한다.

그러나 자기 아내를 감시 파트너로 삼는 것은 좋지 않다. 대다수 남자들은 사고 생활과 자위행위 습관처럼 첨예한 개인적 문제에서 절대 아내에게 속을 다 드러내지 못한다.

프레드: 아내에게 알리는 문제

거기서 당신의 싸움을 아내에게 얼마나 알려야 하는가의 문제가 나온다. 성적 순결에 대한 당신의 이해가 깊어지면 승리의 서광이 보일 것이다. 희망이 커지면서 당신은 부도덕과의 싸움을 아내에게 알리고 싶을 수 있다. 당신의 소중하고 인자한 아내가 당신의 승리를 거들 수 있도록 말이다. 그러나 너무 서두르지 말라. 우리의 습관들이 남자의 천성적 성향에 뿌리를 두고 있음을 잊지 말라. 우리는 그것을 이해하지만 여자들은 이해하지 못한다. 남편의 성적 부도덕을 듣는 여자들은 거의 예외 없이 남편을 변태로 생각한다.

언젠가 브렌다는 외도하다 추락한 한 유명 TV 설교자에 대해 나와 얘기하던 중 이렇게 말했다. "내 남편이 저랬다면 나는 속이 메스꺼워 옆에 가지도 못할 거예요!"

적나라한 말 아닌가? 그런데 아내는 이튿날 다시 그 얘기를 꺼내며 말투를 싹 바꿨다. 은밀한 죄로 혼자 애타게 싸워온 그 망신살 뻗친 설교자가 딱하다는 것이었다. 브렌다는 그의 아내가 알기만 했어도 기도로 도와 줄 수 있었을 것이라고 했다.

"프레드." 아내가 말했다. "당신이 혹 저런 문제가 있다면 저한테 와서 말하지 않겠어요? 난 당신을 위해 기도하며 도와 주고 싶어요!"

나는 대뜸 웃으며 되받았다. "나는 당신한테 저런 얘기 못해요. 어제만 해도 당신은 잔뜩 혐오감이 든다고 그랬잖아요. 당신이 행여 저런 일을 알게 된다면 나를 나환자 격리 구역으로 쫓아낼 것 같은 걸!"

이 점에 대해 나와 생각이 다른 남자들도 있을 줄 안다. 좋다. 당신이 당신 아내를 나보다 더 잘 안다. 그러나 대부분의 아내들은 자비와 기도보다 충격과 혐오로 반응한다.

게다가 당신이 중간에 싸움을 포기하기라도 하면 — 특히 처음 몇 주간 포기하고 싶은 유혹이 들게 마련이다 — 당신 아내가 어떤 반응을 보이겠는가? 아내에게 알리기 전에 당신은 맹렬한 싸움 중에도 이기려는 의지가 있는지 자신을 점검하는 것이 좋다. 정말로, 정말로 승리를 원하는데 꽤 시간이 걸릴 거라면 그때까지 기다렸다 아내에게 말하는 것이 좋다. 그렇지 않으면 그동안 아내가 쭉 지켜볼 것이다.

브렌다가 최근에 내게 한 말이 있다. 세월이 흐른 지금도 광고판 앞을 지나갈 때면 단순히 점검 차원에서 가끔씩 내 눈을 지켜본다는 것이다. 좋은 습관들이 자리잡은 덕에 나는 아내를 실망시킨 일이 없지만, 준비되지도 않은 상태에서 그런 압박감이 필요한 사람이 있겠는가?

당신 쪽에서 자기 죄를 미워하고 변화될 준비가 됐다는 절대적 확신이 들거든 그때 가서 아내에게 알리라. 그때쯤이면 아내도 이미 뭔가 눈치챘을 것이다. 당신의 성욕이 전적으로 아내에게만 향하고 있기 때문이다.

나도 싸워 봐서 알지만 아내가 도울 수 있는 실제적인 방안들이 있다. 첫째, 당신의 욕구가 상승할 때 아내가 진정제 역할을 할 수 있다. 둘째, 아내를 통해 새로운 성적 평형을 찾을 때, 아내가 내막을 알고 있다면 당연히 도움이 된다. 셋째, 일단 당신의 눈을 이해한 아내는 부도덕을 단칼에 끊는 중인 당신에게 함께 여자 비치발리볼 시합을 보자고 하지 않는다.

독신자들의 해소법

끝으로, 전투 계획이 특히 독신자들에게 어떻게 통하는지 살펴보자. 독신자들이 순결 추구에 실패할 수 있는 한 가지 이유는 자신이 열세라고 생각하는 것이다. 그래서 그들은 "당신이야 결혼했으니 성적 순결에 대해 쉽게 말할 수 있다!"고 성급히 말한다. 앞에서 우리는 결혼이 순결 문제의 해답이라는 개념을 일축했지만 그래도 독신자들의 의문은 남아 있다. 수시로 느끼는 성적 압박을 어찌할 것인가?

무엇보다 당신은 일단 눈과 생각을 통제하면 성적 압박이 격감함을 믿음으로 받아들여야 한다. 대부분의 성적 압박은 음란한 시각적 자극과 머릿속의 공상을 통해 당신이 불러들이는 것이다.

그렇더라도 남자의 정액이 생성되는 72시간 주기는 그대로 남아 있다. 눈의 부도덕이 없으면 정욕으로 인한 압박은 사라진다. 그러나 비록 한결 약해졌다 해도 성욕을 해소하려는 육체의 자연적 압박은 그대로 있다. "그건 어찌할 것인가? 어떻게 해소할 것인가?" 당신은 물을 수 있다.

하나님은 해소책을 마련해 놓으셨다. 당신도 잘 아는 것이다. 임상적으로 '야간 사정'이라 하지만 축축하고 냄새나는 풋볼 라커룸 구석에서 일부 아이들이 '몽정'이라 부르기로 하면서 그 이름으로 굳어졌다. 독신자들을 위한 기쁜 소식이 있다. 몽정은 당신의 순결 추구에 통할 수 있다(마음만큼 성생활이 왕성하지 못한 기혼 남자들에게도 통할 수 있다).

그런 꿈이 어떻게 순결에 기여하는지 의아할 수 있다. 그런 꿈 중에는 꽤 야하고 진한 것들도 있지 않은가! 그러나 야하고 진한 면들은 당신이 날마다 생각 속에 입력하는 내용에서 나온다. 낮 동안 당신의 적극적 해소를 막아 주는 순결한 눈과 생각이 한밤의 꿈에 등장하는 부도덕한 생각까지 제한하도록 돼 있다. 꿈까지도 범위와 내용 면에서 몰라보게 순결해지는 것이다.

당신의 목표

성적 순결을 결단했으니 이제 당신은 당신 삶에서 성적 부도덕을 조금도 남김없이 제하지 않는 것이 왜 위험한지 어느 때보다 잘 안다. 야한 옷차림과 영화와 광고와 기타 등등의 시각적 정욕은 당신 눈을 자극해 성적 불을 지핀다. 당신 두뇌의 쾌락 중추에 나타나는 화학적 반응의 중독성이 굴레의 끈을 꽉 조여 온다.

그 끈을 끊으려면 눈과 생각을 통한 음란한 이미지들을 잘라내야 한다. 그것이 당신의 목표다. 이 책의 남은 제4-6부에서 집중적으로 그 방법을 밝힐 것이다.

형제여, 시선을 적게 돌리라. 때가 왔다.

 여자의 마음

성적 순결의 싸움에 들어선 남편을 위해 당신이 기도해 줄 수 있는 것이 몇 가지 있다.

1. 남편이 흔들리거나 넘어지지 않게 해 달라고 하나님께 기도하라. 그의 길에 빛을 더해 주시고 그의 걸음에 용기를 더해 달라고 하나님께 구하라.

2. 거짓말로 찾아오는 영적 방해에 대해 기도하라. 알다시피 사탄은 남편에게 거짓말해 그의 승리의 의지를 꺾으려 할 것이다. 남편을 혼돈에 빠뜨리려는 사탄의 노력이 수포로 돌아가도록 기도하라.

3. 있을 수 있는 영적 짓눌림에 대해 기도하라. 당신의 삶과 가정에 남편의 성적 죄에서 비롯된 영적 짓눌림이 있다면 하나님의 능력으로 깨뜨려 달라고 구하라.

기도와 더불어 당신이 남편의 싸움을 거들 수 있는 길들이 또 있다. 남편이 부도덕을 단칼에 끊겠다고 말하거든 남편에게 자비로이 진정제 역할을 해 주라. 남편한테서 혐오스런 얘기를 들었을 수 있으므로 어렵긴 하겠지만 그래도 성적으로 남편에게 더 잘 응해 주기 바란다. 여자의 성욕은 관계와 연관돼 있으므로 당신은 마치 남편이 정말 외도한 것 같은 배신감을 느낄 수 있다.

남자의 관점에서 보면 도움이 된다. 남자에게 '관계'와 '섹스'는 그렇게 밀접하게 얽혀 있지 않다. 부디 오해는 말라. 남편의 호색은 분명 도덕적 배신이었다. 그러나 반드시 마음으로부터의 배신은 아니었다. 당신은 여전히 그의 하나뿐인 참 사랑, 평생 절대 버릴 수 없는 사랑이다. 남편은 화학적 쾌감에 '부분 중독' 상태지만 그렇다고 당신을 향한 그의 마음이 진실하지 않다고는 생각지 말라. 자비가 당신의 최선의 정책일 것이다. 물론 감시와 함께 말이다.

이번엔 다른 이슈다. 하나님은 남편 앞에 경건함과 거룩함의 역할 모델이 될 책임을 아내인 당신에게 주셨다. 당신은 그렇게 믿는가? 이 질문에 흥미로운 반응들이 나왔다.

남편에게 경건의 본보기가 되는 것이 아내의 역할이 아니라고 생각하는 여자들도 있다. 캐시는 말했다. "내 책임은 남편을 사랑하는 거예요. 그것이 경건함으로 나타나겠지요. 하지만 역할 모델의 책임은 주로 남편한테 있다고 봐요. 남편이 가장이니까요."

캐시의 마지막 말을 우리도 부인하지 않는다. 그러나 당신과 남편은 한몸이므로 당신도 그 역할을 맡을 권리와 심지어 의무가 있음을 우리는 지적하고 싶다.

아내가 역할 모델로 행동한다면 그것은 일상 생활에 어떤 모습으로 나타나야 할까?

헤더는 "역할 모델로서 나의 일차적 책임은 내가 남편한테 기대하는 만큼 나도 남편에게 성적으로 순결하고 진실해지는 것입니다"라고 말했다.

웬디는 말했다. "나는 마크에게 우리 둘 다 잘못인 줄 아는 그런 일들은 하자고 하지 않아요. 야한 영화를 보는 일 따위지요. 란제리 화보를 펼쳐 두는 등 남편에게 걸림돌이 될 만한 일도 하지 않아요."

많은 여자들이 경건에 대해 남편보다 신경을 많이 쓴다고 답했다(남자들로서는 부끄러운 일이다). 안드리아는 말했다. "최근 몇몇 남자들의 설교와 작년 예배 학교를 통해 저는 새로운 방식으로 하나님을 만났고 어느 때보다 지난 한해 동안 크게 변화됐어요. 하나님은 내 삶과 우리 가정을 정결케 해야겠다는 깊은 열망을 제게 주셨습니다. 하지만 좌절감이 들 때도 있었어요. 바꾸고 싶은 것이 많이 있는데 남편의 저항에 부딪쳤기 때문이지요. 남편은 훌륭한 그리스도인이지만 저는 최근 언니와 대화하면서 이런 결론을 내렸어요. 아내가 가정을 정결케 하려 할 때 남자들은 반발하는 경향이 있다고 말입니다. 예를 들어 저는 일부 영화들이 더 이상 편하지 않아요. 보고 싶지도 않고 우리 아이들에게 보여 줄 마음도 없어요. 하지만 괜히 혼자 거룩한 척하기보다는 일단 내 뜻을 알린 뒤에는 입을 꾹 다물고 그 상황을 위해, 남편을 위해 기도해요. 하나님이 주신 지혜예요."

캐시는 이렇게 덧붙였다. "거룩함에 대해 내가 남편보다 더 신경 쓴다고 느껴본 적은 없지만 내가 에너지를 더 많이 쏟는 것 같긴 해요. 잘은 몰라도 여자가 그런 면에서 좀더 쉬운가 봅니다. 남편이 특정 문제로 고심하는 듯 보일 때 제가 지적하거나 주도하려 하면 남편을 위해 금식 기도하는 것보다 효과가 훨씬 덜해요."

제 4 부

눈의 승리

Victory With Your Eyes

 # 눈길 돌리기

첫 번째인 시각의 방어망을 구축하려면, 눈길 돌리기와 눈 굶기기 전략은 물론 '검과 방패'를 드는 전술을 혼용해야 한다.

먼저 눈길 돌리기부터 보자. 이 싸움에 이기려면 예쁜 여자나 선정적인 이미지를 볼 때마다 눈길을 돌리도록 훈련해야 한다. 6주간 눈길을 돌리면 이 전투에 승리할 수 있다.

문제는 당신 눈이 늘 선정적인 장면 쪽으로 돌아갔고 당신이 그 습관을 끊으려 전혀 손쓰지 않았다는 것이다. 이에 맞서 싸우려면 손이 뜨거운 불을 움찔 피하듯 선정적인 장면에서 즉시 눈길을 돌리도록, 즉 반사 작용이 일어나도록 훈련해야 한다.

다시 한번 강조한다. 여자 쪽으로 당신 눈이 돌아갈 때 즉시 눈길을 돌려야 한다.

하지만 왜 즉시 돌려야 하는가? 당신은 눈길과 음욕은 다르다고 항변할 수 있다.

'음욕'을 발 밑에 침이 고일 때까지 입 벌리고 쳐다보는 것으로 정의한다면 눈길과 음욕은 다르다. 그러나 음욕을 순간의 화학적 쾌감, 순간의 흥분을 자아내는 모든 시선으로 정의한다면 약간 더 따지기 힘들어진다. 화학적 쾌감은 생각보다 순식간에 온다.

우리 경험으로 보아 '즉시'로 선을 그어두는 것이 명료하며, 생각과 눈이 이해하기 쉽다. 모래밭에 금 긋기 같지만 효과는 좋다.

그렇다면 눈길 돌리기라는 새로운 반사 작용을 어떻게 훈련할 수 있을까?

우선 우리 시선의 습관은 다른 어떤 습관과 다르지 않다. 무슨 일이든 꾸준히 21일간 행하면 새로운 습관이 된다는 전문가들의 말처럼, 당신은 무슨 수를 써서든 장기간 꾸준히 눈길을 돌려야 한다.

당신의 전략

눈길 돌리기에 착수하면 당신 몸은 뜻밖의 희한한 방법들로 당신을 걸고넘어질 것이다. 성적 죄는 중독성이 있다. 당신 몸은 그 쾌락을 포기할 뜻이 없다. 순결을 추구하는 당신은 창의적으로 반응해야 한다. 두 가지 논리적 단계로 그것이 가능하다.

1. 자신을 연구한다. 당신은 어디서 어떻게 가장 자주 공격받는가?

2. 찾아낸 각각의 최강의 적에 대해 당신의 방어책을 수립한다.

첫 단계는 당신의 '최강의 적들'을 찾아내는 것이다. 당신의 아내 외에 가장 확실하고 풍부한 선정적 이미지의 출처는 무엇인가? 당신이 가장 자주 보는 곳은 어디인가? 당신이 가장 약한 부분은 어디인가?

프레드: 내 최강의 적들

나는 내 6가지 최대 약점 분야를 어렵지 않게 떠올릴 수 있었다.

1. 여자 란제리 광고
2. 꽉 끼는 짧은 반바지를 입고 조깅하는 여자
3. 거의 다 벗은 여자들이 등장하는 거리의 광고판
4. 반라의 여인이 빠지지 않는 술 광고
5. 중고생 관람가 이상 등급의 영화
6. 노출이 심하거나 꽉 끼는 상의를 입은 안내원

당신의 주요 약점 분야는 무엇인가? 그것을 정할 때, 당신이 시각적으로 성적 만족을 얻는 분야이어야 함을 잊지 말라. 이 목록에 시각적이 아닌 약점을 꼽는 우를 범하는 이들도 있다. 예컨대 저스틴은 첫 목록에 다음 셋을 넣었다.

1. 샤워

2. 혼자 집에 있는 것

3. 야근

이것들이 왜 문제가 되는지 누구나 이해한다. 샤워할 때 당신은 쏟아지는 온수 아래 알몸으로 서 있다. 집에 혼자 있으면 아무에게도 발각될 염려가 없다. 야근할 때면 자신이 딱하게 느껴져 '위안'이 필요하다. 그러나 눈길 돌리기를 훈련해 시각적인 자극을 제거하면 이런 약점들은 굳이 목표로 삼을 필요도 없다. 공상의 소재가 없어지면, 그런 상황에서 당신 생각을 죄로 이끌던 성적 열병이 사라진다. 상황이 저절로 힘을 잃는다.

방어책 수립

나는 당신의 약점에 최선의 방어책을 세울 수 없다. 다만 당신이 이 과정을 감 잡을 수 있도록 내 경우를 소개한다.

란제리 광고

여자 란제리 광고는 내 최악의 적이었고 꽤 오랫동안 통제가 어려웠다. 다른 모든 분야에서 눈길 돌리기에 성공하고도 한참 지나서야 나는 여기서 완전히 승리할 수 있었다. 왜일까? 이런 광고의 이미지야말로 모든 것 가운데 성적 만족이 가장 컸기 때문이다. 게다가 나는 수시로 거물급을 만났다. 엉덩이에 스판덱스가 딱 달라붙은 수영복 광고나 운동복 광고였다.

나는 이런 광고 전단에서 눈길을 돌리도록 훈련했을 뿐 아니라 애당초 그것을 손에 집지 않도록 훈련했다. 눈으로 볼 기회조차 없도록 아예 그런 이미지에 손대지 않기 위해 나는 다수의 규칙을 방어책으로 정했다.

규칙 1: 내 손이 잡지나 광고 뭉치로 나갈 때 내 배후 동기에 털끝만큼이라도 음흉한 구석이 감지되거든 나는 그 잡지나 광고지에 손댈 권리를 포기했다. 영영.

솔직히 이것은 처음엔 잘 통하지 않았다. 내 동기를 감지하기는 쉬웠지만 손댈 권리마저 포기하기는 쉽지 않았다. 내 육신은 간단히 내 심령을 무시하며 "닥쳐! 난 이걸 원해. 가질 거야!"라고 소리쳤다. 수없이 육신이 이겼지만 다른 다섯 분야에 차차 성공하면서 죄를 미워하는 마음이 커졌고, 그런 마음이 커지면서 내 의지와 훈련도 강해졌다. 나는 절대 포기하지 않았고 란제리 광고는 마침내 나를 유혹하지 못했다.

규칙 2: 잡지 표지에 명백히 선정적 여자가 있는 경우 나는 표지를 뜯어서 버렸다.

표지에 선정적인 그림이 있는 통신판매 의복 카탈로그나 수영복 잡지가 한달 내내 당신의 눈길을 끌며 당신 집 커피 탁자에 놓여 있을 수 있다. 하나 묻겠다. 아슬아슬한 비키니를 입은 풍만한 가슴의 여자가 당신 집에 와 커피 탁자에 앉아 "잠시 여기 앉았다가 월말에는 꼭 떠날

게요"라고 말한다면 어쩔 셈인가? 방에 들어갈 때마다 당신 눈길을 끌도록 그냥 둘 셈인가? 아닐 것이다. 그렇다면 그녀를 사진으로 거기 놓아둘 까닭은 무엇인가?

한번은 브렌다가 내게 "우리 집 잡지는 왜 다 표지가 없죠?"라고 묻던 일이 기억난다. 어쨌거나 그게 내 문제 처리 방식이었다. 지금 브렌다는 검열 권한을 흔쾌히 나한테 일임한다!

규칙 3: 백화점 광고지에서 순수하게 캠핑 장비나 연장의 판매가를 알아볼 때면 나는 삽입 광고지를 집어들되 일부러 뒤쪽부터 보기 시작했다.

어떻게 아느냐고 묻지는 말라. 란제리 광고는 대개 2-3페이지에 나온다. 캠핑, 자동차, 연장 광고는 맨 뒤쪽에 나온다. 광고지를 뒤부터 봄으로써 나는 젊은 모델들을 볼 기회를 완전히 차단했다.

잡지를 훑어 보는 내 동기가 순수함에도 불구하고 선정적인 이미지가 슬쩍 눈에 띌 때면 나는 평소의 언약을 지켜 즉시 눈길을 돌렸다.

조깅하는 여자

운전 중 길가에 조깅하는 여자가 나타날 때마다 내 눈은 그 여자에 고정돼 미모를 감상했다. 1장에 소개된 대로 스티브가 말리부에서 그랬던 것처럼 말이다. 그러나 조깅하는 여자한테서 눈길을 돌리려면 문제가 발생한다. 나는 여자를 안 보려면 도로에서 완전히 눈길을 떼야 했다. 이곳 아이오와에서도 그것은 위험한 운전이다! 나는 사람을 칠 생각은 없었다.

상황을 연구하다 해답을 찾았다. 눈길을 완전히 뗄 게 아니라 길 반대쪽을 보기로 한 것이다. 제한된 시야만으로는 음욕을 품을 수 없다는 것을 나는 깨달았다. 그래서 그것을 잘 활용했다.

내 몸이 아주 흥미로운 방식들로 항거하기 시작했다. 첫째, '계속 이러다가 교통사고 난다'고 내 뇌가 핏대를 올렸다. 나는 그 주장을 생각해 본 뒤 '그럴 소지가 거의 없다는 것을 너도 알고 나도 안다'고 되받았다.

나를 막으려는 내 몸의 둘째 시도는 아주 희한했다. 조깅하는 여자가 보여 반사적으로 눈길을 획 돌릴 때마다 내 생각이 나를 속여, 꼭 아는 사람을 만난 것처럼 믿게 만들었다. 다시 보게 하려는 수작이었다. 내 생각이 그 방면에 어찌나 능했던지 조깅하는 여자를 볼 때마다 거의 매번 아는 사람이 연상될 정도였다. 그렇게 짜증날 수 없었다! 꽤 시간이 걸려서야 나는 그 속임수에 넘어가지 않게 됐다.

내 뇌는 다른 수법을 시도했다. 조깅하는 여자를 똑바로 보지 않고 무사히 지나치면 나는 잠시 긴장이 풀렸다. 그 순간 내 뇌는 내가 방심한 틈을 타 백미러를 보라고 부추겼는데, 그러면 더 똑바로 보였다. 정말 약올랐다! 나는 무사히 지나친 후에도 방심하지 않는 법을 익혀야 했다. 시간이 지나자 이 수법도 시들해졌다.

이런 수법에 속을 때마다 나는 자신을 된통 꾸짖으며 소리쳤다. "넌 네 눈과 언약을 맺었다! 다시는 그러면 안 돼." 첫 두 주간은 그 말을 무수히 반복해야 했지만 진실을 거듭 고백하는 사이 결국 내 안에 변화가 나타났다.

광고판

거리의 광고판은 늘씬하게 쭉 빠진 섹시한 여자를 내세우기로 악명 높다. 여자는 "사내들이여, 이 물건을 사면 나까지 덤으로 준다!"고 속삭이는 것 같다. 록 음악 라디오 방송국을 선전하는 한 거대한 광고판에는 크게 클로즈업된 비키니 차림의 가슴에 '멋진 한 쌍!'이라는 문구가 적혀 있었다.

내 방어책은 물론 눈길 돌리기였지만 나는 한 걸음 더 나아가 내 출근길 노선에 선정적인 광고판들이 서 있는 위치를 기억해 두었다. 날마다 무심코 지나다 기습당하지 않으려는 안전 장치였다.

광고판에 대한 방어책을 구상하면서 나는 고등학교 때 호텔 밴을 운전하던 경험을 떠올렸다. 조종사들과 승무원들을 공항에서 호텔로 운송하기로 호텔과 항공사들 사이에 계약이 돼 있었다. 계약상 편도 운전에 10분 이상 걸리면 안 됐다. 공항에서 호텔까지 시간 내에 갈 수 있는 길은 울퉁불퉁한 비포장도로 하나뿐이었다. 나는 덜커덩거리는 횟수와 팁의 액수가 반비례함을 어렵게 터득했다. 그래서 나는 노상의 움푹 패인 곳들과 그것을 최대한 피하는 데 필요한 운전 각도를 치밀하게 외웠다. 결국 나는 거의 덜컹거림 없이 사실상 눈감고도 그 길을 다닐 수 있게 됐다.

광고판의 경우도 위치를 기억해 두면 언제나 더 쉽다. 본 다음 눈길을 돌리기보다 아예 시각적 접촉을 피하는 것이다.

반라의 여자가 나오는 술 광고

기운찬 미국 남자치고 반라의 여자가 떼거리로 등장하는 광고에 공격당하지 않고 주요 스포츠 경기를 시청하기란 불가능하다. 여자들은 술에 젖은 얼뜨기 남자들과 함께 해변에서 까불며 떠들고 있다. 남자는 어찌할 것인가?

답은 리모콘을 장악하고 있다 채널을 바꾸는 것이다. 방어책은 간단하다. 모든 섹시한 여자는 버튼 하나로 없어진다. 화면을 조준해 쏴라. 그것이 상책이다. 다른 방송으로 갔다가 60초 후에 돌아오면 된다(리모콘을 아내나 자녀들에게 넘겨 주지 말아야 할 또다른 이유가 여기 있다).

채널을 바꿔 저속한 장면을 피하는 당신을 자녀들이 볼 때 당신은 가정에서 경건함의 살아 있는 모델이 된다. 그것이 아이들에게 주는 의미는 어마어마하다.

영화

우리 집에는 아주 좋은 규칙이 있다. 아이들에게 적합치 못한 비디오는 무엇이든 어른에게도 적합치 않다고 보는 것이다. 이 규칙이 버티고 있어, 야한 영화는 우리 집에서 전혀 문제가 되지 못했다.

난잡한 영화를 보지 않는 것은 출장중 혼자 호텔 방에 있을 때 훨씬 어렵다. 그래도 그리스도인은 주변에 아무도 없을 때도 그리스도인답게 산다. 출장중 호텔 방에 있을 때도 예외가 아니다.

'언제 들이닥쳐도 좋다!'는 말을 유행시킨, 영화 '스타트렉'의 수송 장치가 기억나는가? 당신도 정직하게 그렇게 말할 수 있다. 출장중인 당신의 호텔 방에 아내가 불시에 들이닥쳐도 허튼 것을 시청하는 당신 모습은 절대 볼 수 없다고 말이다.

그 기준으로 보건대 이전의 나는 수도 없이 적발됐을 것이다. 5시가 되어 업무가 끝나면 나는 시간은 많고 할 일은 없었다. 케이블 TV를 볼 수 있는 절호의 조건이었고, 언제나 나는 그 생각이 간절했다.

방어책으로 몇 가지 규칙을 정했다. 나는 잡지에 적용하던 '동기 규칙'을 응용 시도했다. 손이 리모콘으로 갈 때마다 내 동기를 점검한 것이다. 동기가 깨끗하면 자신에게 TV 시청을 허용했다. 대개 뉴스나 스포츠 채널로 국한했다. 문제는, 곧 지루해져 무심코 채널을 여기저기 돌리게 된다는 점이었다.

'동기 규칙'은 잡지 쪽에 더 효과가 좋았다. 잡지의 경우 일단 볼 권리를 잃고 나면, 일어나 딴 곳으로 가 그 일을 잊어버릴 수 있었다. 호텔 방의 TV는 달랐다. 나는 여전히 그 방에서 몇 시간을 보내야 했고 꺼진 TV 화면은 나를 노려보며 유혹하고 있었다.

그래서 나는 호텔 TV 시청권을 자진 반납했다. 특권 상실로 한동안 TV를 켤 수 없다고 스스로 정한 것이다. 좀 심해 보일지 모른다. 하지만 눈에 안 보이도록 TV를 이불로 덮어 둔다고 말한 남자들도 있다. 프론

트에 전화해 세미포르노 유료 영화를 차단해 달라고 부탁하는 이들도 있다. 뭐가 됐든 당신이 취할 조치를 취하라.

안내원

간혹 사무실 건물에 들어서면 마침 안내원이 서서 맞이할 때가 있다. 내 이름을 밝히면 안내원은 내 도착을 알리려고 전화기 쪽으로 몸을 숙인다. 그러면 그녀의 헐렁헐렁한 실크 블라우스가 밑으로 처지면서 속이 훤히 보일 때가 많다. 나는 고개를 돌릴 생각이 한 번도 들지 않았었다. 오히려 운이 좋은 날이라고 생각했을 뿐이다.

내 순결의 추구가 시작되면서 그것도 끝나야 했다. 방어책은 간단했다. 전에는 건물에 들어가 안내원이 서 있는 것이 보이면 다음에 벌어질 일을 알았고 짐짓 고대했다. 지금은 그 지식을 내게 유리하게 사용한다. 서 있는 여자가 보이면 나는 그녀가 몸을 숙이기 전에 미리 눈길을 돌린다. 혹 여자가 파일 캐비닛 쪽으로 가면 나는 그녀가 파일을 찾으려 몸을 굽혀 엉덩이를 정면으로 보이기 전에 미리 눈길을 돌린다. 모든 약점 중 이 부분이 가장 쉽게 처리됐다. 지금은 자연스레 눈길이 딴 데로 돌아간다.

 12 눈을 굶기기

시각의 방어망을 구축하는 또 하나의 전략은 눈을 굶기는 것이다.

성적 순결에 대한 우리의 정의를 다시 기억해 보자. 당신 아내 이외의 어떤 사람이나 어떤 것에서도 전혀 성적 만족을 얻지 않을 때 당신은 성적으로 순결하다. 우리 전투의 핵심은 성적 만족이다.

성적 만족을 다른 식으로 표현해 보자. 당신이 인간으로서 살아가려면 일정량의 음식과 물이 필요하다. 필요한 양은 유전인자, 신진대사, 운동량 등에 따라 각기 다르다. 음식과 물의 공급을 일시 막는 것도 가능하다. 금식이나 살을 빼기 위한 다이어트가 그런 경우다.

비슷한 이치로 당신은 일정량의 성적 만족이 필요하다. 당신의 성욕은 금욕의 은사로 하나님에 의해 막힐 수도 있다. 당신은 필요한 성적 만족의 양을 어느 정도 조절할 수도 있다. 눈과 생각으로 들어오는 성적 이미지를 통제하면 당신의 시스템이 적은 양으로 사는 데 익숙해질 수 있다. 그렇더라도 결국 당신이 채워야 할 일정량의 성적 만족은 여전히 남는다.

만족의 사발

안타깝게도 리터나 미터처럼 성적 만족을 재는 단위는 없다. 그래서 우리가 하나 만들려고 한다. 그 측정 단위를 '사발'이라 하자. 현재 당신의 성욕 수준이 매주 열 사발의 성적 만족을 요한다고 하자. 이 만족의 사발은 반드시 당신의 하나뿐인 정당한 그릇인 하나님이 주신 아내를 통해 채워져야 한다. 그러나 남자는 눈으로 성적 만족을 빨아들이기 때문에 힘들이지 않고 다른 출처에서 사발을 채울 수 있다.

선정적 문화는 우리의 사발을 영원히 계속 채워 줄 기세로 성적 이미지를 대량으로 쏟아낸다. 우리 눈은 포식할 수 있다! 당신의 성적 필요가 매주 열 사발이라면 당신은 다섯 사발만 아내에게서 취하고(아내에게서 성적 만족을 얻는 길은 다양하기 때문에 성관계가 주 5회라는 말과는 다르다) 나머지 다섯 사발은 쉽게 문화에서 취할 수 있다.

'사발' 이미지가 세부적인 면들을 너무 단순화하는 면은 있지만, 그래도 우리 성적 만족에 따르는 과정을 명확히 보여준다.

눈을 굶긴다

앞에 정의한 성적 순결에 이르려면 우리는 결혼 밖에서 오는 성적 만족의 사발에 눈을 굶겨야 한다. 눈을 굶기고 당신 삶에서 '불량 섹스'를 제하면 '성찬' — 당신 아내 — 을 깊이 탐하게 된다. 그럴 수밖에 없다. 냉장고에 있는 거라곤 아내뿐이고 당신은 허기진 상태다!

이 새삼스런 허기에 당신 아내는 깜짝 놀란다. 여태 그녀는 주로 육체적 전희와 성교를 통해 당신에게 매주 다섯 사발씩 주는 데 익숙해 있었다. 평형 상태였다. 그런데 느닷없이 당신은 아내에게 다섯 사발을 더 찾는다. 뚜렷한 이유 없이 성관계를 원하는 횟수가 두 배로 늘어난 것이다.

그게 전부라면 별 신비랄 것도 없다. 여자들이 보기에 남자들은 항상 현재보다 섹스를 더 많이 원하는 존재가 아니던가! 그러나 그게 전부가 아니다. 당신의 시각적 만족이 아내한테서만 오기 때문에 이제 아내가 아주 예뻐 보인다. 신혼 이후 당신은 아내를 그런 눈으로 본 적이 없을지도 모른다. 아내는 그런 느낌을 막연히 좋아하지만 동시에 약간 당황할 수도 있다. '이이가 최음제라도 먹은 건가?' 의아해진다. 아내는 화장실에서 옷 벗을 때 당신을 밖으로 내보내 아이들과 놀게 하는 것 외에 달리 어찌할 바를 모른다.

보는 것만이 아니다. 전투에 이기기 시작하면 당신은 "여보, 어서 밤이 됐으면 좋겠소" 따위의 평소 안 하던 말을 하게 된다. 당신의 모든 상상력과 창의력은 이제 공상의 세계가 아닌 부부의 침소에서 피어난다. 당신은 아내에게 홀딱 빠진다!

역시 아내는 이것을 막연히 좋아하지만 동시에 걱정도 된다. '이런 기발한 착상들은 어디서 나오는 걸까? 저이가 그간 바람이라도 피운 걸까? 이게 웬 조환가?' 아내는 의아해진다.

아내는 필시 당신에게 어찌된 일이냐고 물을 것이다. 일단 아내가 내막을 알고 나면 둘 다 성적 평형을 새로 조정해야 한다. 결혼 밖에서 오던 나머지 다섯 사발이 이제 결혼 안에서 채워져야 한다.

프레드: 나를 참아준 아내

내가 부도덕한 성적 이미지들을 단칼에 끊은 뒤 3주쯤 됐을 때의 일이 기억에 선하다. 브렌다는 자신을 향한 내 욕구가 기하 급수적으로 느는 것을 눈치챘다. 아내가 아름답다는 말이 내 입에서 끊이지 않았다. 나는 아내를 토닥이고 안아 주고 만져 주는 등 아내밖에 몰랐다. 성관계 욕구도 훨씬 잦아졌다. 그런 잦은 횟수가 계속되자 브렌다의 생각은 이것이 단순히 일시적 현상이 아닐 수도 있다는 데 미쳤다.

아내는 당황해서 불쑥 내뱉었다. "내가 뭘 어쨌기에 이렇게 매력 있어졌지요? 그걸 알아내 절제해야겠어요!"

그 순간 우리는 배꼽을 잡고 웃었다. 나는 아내에게 진상을 털어놓으며, 아내에 대한 강한 욕구를 정말 어찌할 수 없다고 말했다. "내 모든 욕구가 당신한테 직행하니 나도 어찌해야 될지 모르겠소. 당신과 내가 공히 감당할 수 있는 평형으로 돌아갈 수 있도록 내 최선을 다하리다." 브렌다는 안도해야 할지 경악해야 할지 몰랐으나 기꺼이 내게 그 평형을 찾을 시간을 허용하며 그때까지 나를 참아 주겠다고 말했다.

선정적인 영화를 보고 란제리 카탈로그를 살피느라 그간 내가 아내에게서 얼마나 많은 것을 도둑질했는지 밝혀지던 시간들이었다. 그런 것들이 주는 성적 만족은 생각보다 훨씬 크다. 물론 사탄은 당신에게 딴소리를 하겠지만 말이다.

톰이라는 사람은 우리 삶에서 성적 죄를 조금도 남김없이 제해야 한다는 내 강연을 듣고 이렇게 말했다. "영화에 광고 전단에 조깅하는 여자까지 죄다 포함시키는 걸 보니 당신이 정의하는 성적 죄는 너무 넓은 것 같군요. 아무것도 아닌 걸 가지고!"

내 생각은 달랐다. 분명 나는 그런 '악의 없는' 출처에서 엄청난 성적 만족을 얻고 있었다. 일단 그것이 제거되고 성적 무게가 모두 아내에게 옮겨가자 아내가 절로 느꼈을 정도다. 결국 내 성욕은 하나님이 정해 주신 경계선 안에 살도록 개조됐다. 그러나 그것은 부도덕한 성적 이미지들을 나 자신에게서 단칼에 박탈하고 나서야 가능했다.

순결에 따른 조정

부도덕을 단칼에 끊은 후 나는 필요한 만족의 사발이 전적으로, 잦아진 성관계 횟수에서 오지는 않음을 알았다. 일부 사발은 시각적으로 왔다. 단 시각의 대상은 오직 브렌다였다. 성욕의 자연스런 하향 조정을 통해 균형이 찾아왔다. 새로운 성적 순결에 적응하면서 내 사발은 매주 열에서 여덟 정도로 줄었다.

"잠깐만." 당신은 말할 수 있다. "사발이 열에서 여덟으로 주는 것은 불공평해 보인다. 하나님께 순종하다 손해보는 꼴이다!"

내가 보장하건대 당신은 손해본다는 기분이 안 든다. 이제 당신의 성적 존재가 송두리째 아내에게 집중되기 때문에 아내와의 성생활이 확 달라지되 당신의 만족도가 기존의 척도를 무색케 할 정도로 달라진다. 맞다, 들이키는 사발 수가 줄었는데도 그렇다. 내 경험이 보장하고 하나님 말씀의 완전한 신의와 신용과 권위가 뒷받침하는 바다.

여전히 아름다운 아내
랜디의 사연을 들으면 이 역설을 보다 깊이 이해하는 데 도움이 될 것이다. 랜디는 자기 아내 레지나에 대해 우리에게 이렇게 말했다.

나는 아내에게 더 이상 흥분을 못 느끼는 지경까지 갔었습니다. 긴 세월 정신없이 애들 키우고 뒤치다꺼리하는 사이 레지나는 그저 든든한 좋은 친구가 됐습니다. 아내는 언제나 위기를 잘 헤쳐 나갔지만 좋은 친구가 다 그렇듯 나는 아내가 별로 섹시한 줄은 몰랐습니다.
그러던 어느날 시내 한 건물에 배달을 나가 모퉁이를 도는 순간 미모의 여인과 정면으로 마주쳤습니다. 진한 검은머리를 길게 늘어뜨린 아가씨였지요. 긴 다리에 하이힐을 신었는데, 비단처럼 얇은 여름 미니스커트 위로는 가슴이 풍만했습니다. 정말 숨이 막혔습니다. 어쩌지도 못하고 멍하니 있었지요. 가슴이 울렁거리고 입안이 바싹바싹 타 들어갔습니다. 내 걸음이 비틀거렸는지는 잘 기억이 안나지만 정말 졸도하는 줄 알았습니다.

그후 며칠간 업무차 시내를 돌면서 자꾸만 아내 생각이 났습니다. 아내는 젊었을 때도 그렇게 정신이 팔릴 만큼 아름다웠던 적이 없었습니다. 하지만 아내를 처음 보던 순간 아내가 너무 예뻐 홀딱 반했던 일이 떠올랐습니다! '아내가 내게 여전히 아름다울까?' 하는 의문이 들더군요.

어느날 저녁을 준비하고 있는 아내를 보며 나는 아내가 여전히 꽤 예쁘다는 것을 알았습니다. 약간 살이 쪘고 눈가의 피부와 목살처럼 엉덩이도 처지긴 했지만 나한테는 예뻤습니다. 나는 왜 더 이상 아내의 아름다움을 보지 못했던 것일까요?

그즈음 눈을 굶기는 것에 대한 프레드의 강연을 들었습니다. 나는 중대한 성적 죄에 빠진 일은 없지만 내 눈을 제대로 간수하지 못했습니다. 영화도 마음대로 봤고 직장에서 젊은 여자들을 오래다 싶게 쳐다보곤 했지요. 하지만 그런 일들이 내 삶에 영향을 미친다는 생각은 전혀 못했습니다. 그러나 강연을 들은 후 의문이 생겼습니다. 눈에 좀더 신경을 쓰면서 나는 눈을 통해 얻는 성적 만족이 생각보다 훨씬 많음을 알게 됐습니다.

레지나에 대한 욕구를 잃은 것이 그 때문일지도 모른다는 생각에 나는 내 눈을 굶기기 시작했습니다. 믿어지지 않는 일이 벌어졌습니다! 레지나는 더 이상 친구만이 아닙니다. 적어도 나한테만은 아내는 미모의 여인이 됐습니다. 아내에게서만 만족을 얻을수록 내 취향도 더 변하니 참 재미있습니다. 전에는 아내의 등과 허리의 작은 살덩이들이 거슬렸는데 이제 그 부위를 손가락으로 더듬으면 오히려 흥분됩니다. 이상하지 않습니까? 속옷 밑으로 약간 처진 엉덩이도 전에는 아내가 뚱뚱해진 표시로만 보였었는데 이제 그

작은 살점이 아내에 대한 욕구를 불지른다. 레지나는 슈퍼모델은 아닐지 모르나 나는 바닷가에 나갈 일이 없어졌습니다. 이제 아내가 내게 미스 아메리카처럼 보입니다.

성적 보상

수퍼마켓 진열대의 잡지들은 공상으로 성생활을 즐기라고 말할지 모른다. 각종 토크쇼에서는 한번쯤 외도로 다양한 성생활을 맛보라고 말할지 모른다. 그러나 하나님나라에서 순종은 언제나 기쁨과 평안 그리고 이 경우 스릴로 끝난다.

순종의 성적 보상은 얼마든지 믿어도 좋다. 당신 아내가 평퍼짐하든 날씬하든 울퉁불퉁하든 매끄럽든 당신의 관심을 전적으로 '당신의 샘'에 집중할 때 아내는 유례없이 아름다워진다. 오직 당신만의 것이기에 아내의 약점마저 섹시해진다. 그것이 당신이 가진 전부다. 당신은 그것을 아끼고 거기서 만족을 얻을 수 있다.

이것은 별로 놀랄 일이 아닌지도 모른다. 어디까지나 미의 기준은 고정된 것이 아니다. 지난날 미술계의 거장들은 통통하고 평퍼짐한 여자들을 미의 극치로 그려냈다. 1920년대에는 가냘프고 가슴이 판판한 여자들이 군림했다. 1960년대에는 가슴이 풍만하고 도발적인 여자들이 미의 여왕이었다. 1980년대와 1990년대에는 번들번들하고 탄탄한 근육질의 운동 여성들이 우리를 흥분시켰다. 그래도 남자들은 매 시기에 적응한다. 남자들의 취향은 눈에 보이는 것대로 형성된다. 이 새 천년에도 똑같을 것이다.

  당신의 눈을 아내에게만 국한시키면 당신의 취향은 눈에 보이는 것에 적응된다. 당신 아내의 장점은 물론 약점까지 당신의 취향이 된다. 결국 당신 눈에 아내는 무엇과도 비할 수 없는 존재가 된다.

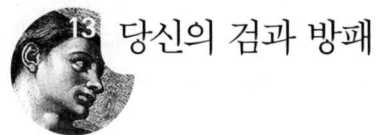 당신의 검과 방패

눈길을 돌리고 눈을 굶기는 전략은 의외로 간단해 보일 수 있다. 쉬워 보일 수도 있다. 그러나 그렇지 않다. 사탄은 거짓말로 당신과 싸운다. 당신 몸은 굳을 대로 굳어진 악습의 욕망과 힘으로 당신과 싸운다. 이기려면 검과 방패가 필요하다. 당신의 전투 계획을 통틀어 이 부분이 가장 어려울 수 있다.

당신의 검

검으로, 즉 힘의 원천으로 삼을 좋은 성경 구절이 하나 필요하다.

하나면 될까? 순결에 대한 성경 구절을 여럿 암송하면 궁극적으로 생각을 바꾸고 씻어 내는 데 유익할 수 있다. 그러나 부도덕을 단칼에 끊고 하루하루 싸울 때 암송 구절이 여럿이면 마치 50킬로그램 군장을 지고 육박전에 나서는 것처럼 거추장스러울 수 있다. 민첩성이 떨어진다. 그래서 우리는 '공격 구절'을 하나만 권한다. 신속할수록 좋다. 욥기 31장 첫 소절이 좋다.

내가 내 눈과 약속하였나니.

당신이 실패해 조깅하는 여자를 쳐다보거든 재빨리 말하라. "안 돼. 난 내 눈과 언약을 맺었다. 이럴 수 없다!" 광고판의 풍만한 가슴으로 눈길이 갈 때도 말하라. "안 돼. 난 내 눈과 언약을 맺었다. 이럴 수 없다!" 이 행위가 원수의 심장에 날렵한 비수로 꽂힌다.

당신의 방패
방패란 치열한 전투의 순간이 아닐 때도 묵상하며 힘을 얻을 수 있는 '방어 구절'이다. 방패는 유혹이 아예 들리지 않게 차단한다는 점에서 검보다 더 중요할 수 있다.
다음 구절을 당신의 방패로 택하면 어떨까.

음행[성적 부도덕]을 피하라 … 너희는 너희 자신의 것이 아니라 값으로 산 것이 되었으니 그런즉 너희 몸으로 하나님께 영광을 돌리라(고전 6:18-20).

우리는 이 방패 구절을 다음과 같이 알맹이로 농축시켜, 선정적 이미

지나 생각이 닥쳐올 때 많은 유혹의 상황에서 되풀이해 말했다.

"너는 저것을 보거나 이것을 생각할 권리가 없다. 권한이 없다."

순결을 위해 싸우다 유혹에 부딪칠 때 당신은 이런 방패에 힘입어 문제의 본질을 바로 볼 수 있다. 사탄의 유혹의 위력은 '내 행동을 결정할 권리가 나한테 있다'는 당신의 생각에 둥지를 튼다. 당신에게 그런 권리가 있다고 믿지 않으면 어떤 유혹의 위력도 당신을 건드릴 수 없다.

프레드: 〈플레이보이〉 지 앞에서

언젠가 하룻밤 호텔에 묵던 나는 복도를 지나 제빙기 앞으로 갔다. 제빙기 위에 〈플레이보이〉 지가 놓여 있었다. 나는 내 행동의 선택이 내 권리인 줄 알고 이렇게 자문했다. '이 〈플레이보이〉 지를 볼 것인가 말 것인가?'

그렇게 묻는 순간 나는 이견에 문을 열었다. 나는 장단점을 따지기 시작했다. 더 큰 문제는 내가 사탄의 이견에 문을 열었다는 것이다. 사탄은 제 생각을 피력하려 들었다.

사탄은 거짓말로 부추기며 내 생각을 자기와의 대화에 묶어뒀고, 그 바람에 나는 내 몸이 정욕의 비탈로 미끄러지는 것조차 몰랐다. 사탄의 수작이 끝나자 내가 듣고 싶은 유일한 답은 "그럼, 당연히 봐야지"였다.

여기 유혹의 위력이 있다. 당신은 싸움의 유혹이 너무 강해 두려울지 모르지만 당신의 교만한 질문이 없는 한 유혹은 솔직히 전혀 무력하다.

그날 밤 당신이 내 상황에 있었다고 하자. 타지로 출장 나온 당신이 얼음을 가지러 갔는데 〈플레이보이〉지가 눈에 띄었다. 그러나 당신은 방패 구절인 고린도전서 6장 말씀을 마음속에 줄곧 생각하고 있었다.

이제 당신 내면의 반응은 무엇인가?

"나는 이것을 볼지 말지 생각할 권리조차 없다. 권한이 없다."

그 확신은 당신 머릿속에 장단점이 새어들어 속일 여지를 남기지 않는다. 대화가 있어야 사탄도 당신 생각을 돌려 놓으려 할 수 있을 텐데 당신 쪽에서 묻지 않으니 사탄과의 대화도 발생할 일이 없다.

눈만 아니라 생각까지

당신의 검과 방패는 눈을 통제할 때만 아니라 생각에 방어망을 세울 때도(제5부에서 자세히 살펴볼 것이다) 힘이 된다.

예를 들어 보자. 당신은 약속 장소를 향해 도로를 달리고 있다. 당신 부부 사이에 몇 주간 약간 거리감이 있었다. 갑자기 당신 생각 속에 옛날 애인이 튀어나온다. 다음 두 반응 사이의 극명한 시각 차이를 잘 보라.

1. 나는 지금 옛날 애인에 대해 공상에 빠질 것인가?
2. 나는 그것을 물을 권리조차 없다. 내게 그런 결정을 내릴 권한이 없기 때문이다.

첫째 반응은 그런 결정의 권리와 권한이 당신한테 있음을 전제로 한다. 둘째 반응은 질문 자체에 어패가 있음을 암시한다.

이 둘째 반응을 자기 권한 내의 삶이라 할 수 있다. 우리가 자기 권한 내에 살 때, 심은 대로 거둔다는 하나님의 법칙은 우리를 보호한다. 그러나 우리가 월권하는 순간 자업 자득의 법칙은 우리에게 불리하게 작용한다. 대장 되신 분의 권한을 훔쳤으니 그것은 반역이다. 우리는 사탄의 거짓말 앞으로 돌아간다.

최근 자신의 권리가 헷갈렸던 레이는 이렇게 말했다. "아내 젠과 저는 저번 날 대판 싸웠습니다. 내가 예쁜 여자들을 보며 휘파람을 보냈거든요. 아내는 화내며 내가 딴 여자들을 보면 안 된다고 하더군요. 하지만 나는 딴 여자를 봐도 괜찮다고 생각합니다. 주문할 수 없다고 해서 메뉴조차 볼 수 없는 건 아니지요."

우리는 이렇게 말하고 싶다. 우선 유부남들은 다른 여자들을 쳐다볼 성경적 권리가 없다. 게다가 일단 자기 아내가 그것을 싫다고 하면 모든 권리는 깨끗이 사라진다. 미식가가 좋은 식당의 메뉴를 보듯 딴 여자들을 봐도 좋다는 레이의 생각은 월권이다. 그는 사탄의 혼미한 이견에 자신을 열어 주었다. 사탄은 이렇게 속삭였을 것이다.

1. "하나님이 여자를 아름답게 만든 데는 뜻이 있다. 물론 넌 봐야 한다. 너 보라고 하나님이 그렇게 한 것이다!"
2. "아무 피해도 없다. 그냥 보기만 한다는데. 넌 아직 음욕을 품은 게 아니다."

3. "그런 깐깐한 기준대로 사는 건 너무하다. 너한테 그게 하나님의 뜻일 리 만무하다. 어서 봐라. 하나님은 널 사랑하며 네가 더 풍성한 삶을 살기 원한다."

4. "네가 딴 여자들을 볼 때 네 아내가 싫어하는 줄 나도 알지만 그건 네 아내가 어리기 때문이다. 문제는 네가 아니라 네 아내다! 네 아내는 지식과 자유 면에서 더 자라야 한다. 질투도 죄이므로 네 아내는 분명 죄 문제가 있다."

제 권리 밖을 넘본 레이는 방패를 내려 놓은 채 네 가지 말에 모두 고개를 끄덕였다.

하지만 그럴 필요 없는 일이었다.

당신의 권리에 대한 하나님의 정의에 순복하라. 그리하여 유혹의 위력에서 자신을 지켜라.

프레드: 장단기 결과

좋다. 당신은 자신의 눈과 언약을 세워 눈길을 돌리고 눈을 굶겨왔다. 자신의 약점 부위들을 파악해 일일이 맞춤식 방어책도 만들어 냈다. 그리고 검과 방패도 집어들었다. 이제 이후 몇 주 혹은 몇 년간 당신이 기대할 수 있는 결과는 무엇일까?

내 방어망들이 세워지면서 내게 전개된 진도는 대략 이렇다.

단기 결과: 내게 첫 두 주는 대체로 실패 연속이었다. 눈이 좀처럼 협

조하지 않아 성적인 것들에서 눈길이 돌아가지 않았다. 사탄의 거짓말을 막아내는 내 방패도 약했다. 그래도 나는 하나님이 이 일에 나와 함께 계심을 알고 믿음으로 계속 씨름했다.

3-4주째 되자 실패와 승리의 비중이 엇비슷해지며 서광이 비쳤다. 이 변화가 내게 얼마나 극적이고 예기치 못한 것이었는지 아무리 강조해도 지나치지 않다. 하나님의 복과 선물은 진정 우리가 구하거나 생각하는 차원을 넘어선다. 우리가 의를 뿌릴 때 거둘 축복은 오직 하나님의 마음만이 생각하실 수 있다. 벌써부터 브렌다를 기쁘게 하는 내 삶이 믿어지지 않았다.

5-6주째 되면서 선정적인 것들에서 눈길이 일관성 있게 돌아갔다. 6주가 끝나고 나는 앞서 말했던 강렬한 꿈을 꾸었다. 영적 짓눌림이 걷히고 하나님과 거리감이 들게 하던 휘장이 사라졌다. 나는 아직 완전하진 않았으나 그 뒤는 쉬운 내리막길이었다.

당신의 경우 눈의 방어망을 세우는 데 오래 걸릴 필요가 없다. 당신이 정말 원한다면 금방 가능하다. 나는 남자들한테서 이런 말을 수없이 들었다. "프레드. 놀랍게도 당신이 말한 대로 됐습니다! 정말 6주쯤 되니까 다 정리되더군요!" 물론 6주는 불변의 법칙이 아니다. 문제의 강도와 당면 과제에 대한 당신의 헌신에 따라 그보다 덜 걸릴 수도 있고 더 걸릴 수도 있다.

장기 결과: 순결한 삶이 지속되면 당신 둘레에 유혹을 막는 울타리가 더 두꺼워진다. 당신이 부지런해질수록 사탄이 당신 삶의 현장에 유

혹의 수류탄을 던져야 하는 거리가 훨씬 멀어진다.

장기적으로 당신은 여전히 눈을 감시해야 할까? 물론이다. 당신 눈은 천성적으로 죄짓는 성향이 있어, 자칫 방심하면 당신이 구습으로 돌아가기 때문이다. 그러나 최소한의 노력만으로도 좋은 습관은 영구히 남는다.

실제적인 차원에서, 당신이 4계절이 있는 지역에 살 경우 늦봄과 초여름에 특히 더 조심해야 한다. 기온이 풀리면서 여자들의 노출이 많아지기 때문이다. 그 시기에 계획적으로 방어를 증강하라.

1-2년이 지나면 — 더 걸릴 수도 있지만 — 주요 접전이 거의 모두 종식된다. 눈길 돌리기가 몸에 깊숙이 밴다. 생각도 자체 단속이 엄해 여간해서 더는 실족하지 않는다. 포르노의 쾌락에 취하던 옛날로 돌아갈 기회들을 일찌감치 포기한 탓이다.

약간 정신나간 일?

우리 계획의 세목들을 돌아보면 모두 약간 정신나간 일 같음을 우리도 인정한다. 방어책, 뇌의 수법, 눈길 돌리기, 특권 상실. 이 정도면 욥도 약간 놀라지 않을까 싶다.

하지만 견실한 계획이라면 그렇게 보이는 것이 당연할지도 모른다. 생각해 보라. 모든 남자가 순결로 부름 받았으나 방법을 아는 듯한 이들은 너무 적지 않은가.

기본은 무엇인가? 우리는 자원과 창의력을 모두 동원하고서야 옛 습성들을 꺾을 수 있었다. 조금씩이라도 그리스도 안의 자유를 맛보고서야 죄에서 벗어나 살 수 있었다. 긴긴 세월 그 습성들이 우리를 소유했었고 우리는 눈이 원하는 대로 아무 여자나 취했었다.

예수님에 따르면 죄에서의 자유란 죽음을 치를 가치가 있다. 우리는 고백한다. 그것은 삶을 바칠 가치도 있다!

 여자의 마음

시각의 싸움에서 남편을 도우려 할 때, 여자인 당신의 눈으로 보면 안 된다. 여자의 성은 관계적이며 따라서 당신은 당신한테도 일부 문제가 있다고 생각하기 쉽다. 그러나 남편의 눈 문제는 당신과 무관할 소지가 높다.

테리와 코트니 부부의 경우가 좋은 예다. 둘은 함께 성경학교에 다닐 때 만났다. 코트니는 아주 미모의 여자다(코트니가 청혼을 받은 횟수가 평균 일주일에 한 건이라는 농담이 캠퍼스에 돌 정도였다). 그렇다면 결혼 후 테리는 한 번도 곁눈질을 하지 말았어야 하는 것 아닐까?

아니다. 그도 곁눈질을 했다. 둘의 관계에 문제가 있었을까? 아니다. 코트니가 미모를 잃었을까? 아니다. 그럼 뭐가 문제였을까? 테리의 눈과 생각이 훈련돼 있지 않았다. 그의 문제는 코트니와 무관했다.

남편에게 눈 문제가 있는 경우 아내는 자기 외모를 고치거나 남편에게 갑절로 잘해 주면 문제가 해결될 것 같아 쓸데없는 부담감을 느낄 때가 많다. 헤더는 말했다. "나는 남편한테 더 예뻐 보여야 되는 줄 알았어요. 남편에게 안마도 해 주고 앉아서 얘기도 나누고 또 남편이 퇴근할 때 잘 들어줘야 되는 줄 알았어요." 그러나 남편에게 눈 문제가 있는 경우 그런다고 문제가 달라지지 않는다.

외모를 최선으로 가꾸는 당신의 노력을 남편은 분명 고마워한다. 안드리아는 말했다. "남편이 눈길을 돌릴 이유가 없도록 저는 제 몫을 다 해요. 외출이 없이 하루 종일 집에 있는 날도 머리를 매만지고 화장하고 좋은 옷을 입고 있지요."

그러나 남자에게 눈 문제가 있다면 그 이유는 아내가 더 매력 있게 보여야 하기 때문이 아니다. 브렌다는 말했다. "순결해지는 것은 대부분 남편의 일인 것 같아요. 제가 보기에 이 장에 여자들과 관계된 부분은 많지 않아요. 조깅하는 여자나 안내원이나 광고판은 우리 여자들이 어쩔 수 있는 것들이 아니잖아요. 이것은 다분히 남자들이 알아서 해결할 문제입니다. 우리의 싸움이기보다 그들의 싸움인 셈이지요."

매력 있어 보이려는 당신에게 남편은 군말하지 않을 것이다. 도우려는 당신에게 유용한 개념을 몇 가지 더 소개한다.

1. 남편이 보는 것을 본다. 조용한 토요일 밤, 당신과 아이들이 가족의 밤의 손색없는 활동으로 프로 피겨스케이팅을 보기로 했다고 하자.

당신은 팝콘을 튀겨 자리를 잡았고 딸의 눈은 기대감에 빛난다.

이때 당신 남편에게는 거의 알몸 차림의 여자 스케이팅 선수를 연달아 보는 것이 너무 힘들게 느껴질 수 있다. 남편이 괜히 사양하며 차고 주변을 배회하고 싶어하거든 그렇게 하게 해 주라.

2. 남편이 새로 평형을 찾게 해 준다. 남편이 부도덕을 단칼에 끊어 당신을 향한 욕구가 상승되거든 불평 없이 응해 주라. '나도 술집 여자처럼 춤이라도 춰야 한단 말인가?' 아니다. 당신은 가죽끈과 사슬을 걸칠 필요도 없고 남편과 함께 요구르트 목욕을 할 필요도 없다. 당신을 향한 남편의 욕구가 높아졌을 뿐이다. 남편이 새로 평형을 찾을 때까지 관심과 존중으로 기꺼이 부드럽게 응해 주기만 하면 된다.

3. 남편의 72시간 사이클을 해소해 준다. 앞서 말한 것처럼 꾸준한 성적 해소가 없으면 남자들은 눈을 더 억제하기 어렵다. 남편의 싸움을 거들어 주라. 해소의 기회를 주라.

그렇다고 남편은 자기가 원할 때마다 성관계를 가져야 할까? 물론 아니다. 성경에 당신이 장기간 동침을 거부해서는 안 된다는 말이 있긴 하지만 남자들은 자기네가 원할 때마다 성관계를 가질 권리가 있다는 뜻으로 그 말씀을 곡해하곤 한다. 하루에 한 번, 두 번, 때로 세 번까지 아내에게 성관계를 강요하는 남편들이 있다는 얘기도 우리는 간혹 들었다!

72분 사이클이 아니라 72시간 사이클임을 당신 남편에게 지적해 줘야 할지도 모른다! 당신 남편이 하루 한 번보다 자주 섹스를 요구한다면, 다뤄야 할 정욕의 문제가 있거나 치료가 필요한 성 중독자 초기 증세일 소지가 높다.

4. 당신에게 약간 추파를 던지게 해 준다. 샤워하고 알몸으로 나오는 당신 몸을 남편이 보게 해 주라. 더 이상 시각적으로 다른 데서 얻을 수 없으니 당신에게서 얻게 해 주라. 당신은 몸 관리에 크게 신경쓰지 않는 사람일 수도 있고 추파의 대상이 되고 싶지 않을 수도 있으나 남편에게는 당신이 갈수록 더 멋있어 보일 것이다.

5. 남편을 꾸준히 점검한다. 앞서 말했듯이 당신이 남편의 감시 파트너는 아니나 그래도 곁에서 자주 점검해 주면 — 유머와 은혜로 — 남편에게도 도움되고 당신 자신도 힘을 얻고 더 안심할 수 있다. 캐시는 말했다. "함께 차 타고 가다가 까만 타이즈를 입고 조깅하는 여자가 보이면 저는 남편의 반응이 어땠나 보려고 약간 캐물어요." 엘렌은 이렇게 덧붙였다. "수퍼마켓 계산대 앞에서 남편이 잡지들에 눈길을 주는지 유심히 봤어요. 남편은 잘하고 있어요."

아내가 수시로 보고 있음을 알면 남자에게 좋다. 계속 힘을 잃지 않는 데 도움이 된다.

제 5부

생각의 승리

Victory With Your Mind

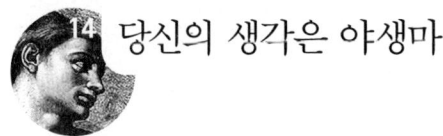# 14 당신의 생각은 야생마

외곽의 두 방어망을 쌓다 보면 눈의 방어망이 생각의 방어망보다 훨씬 빨리 세워짐을 알게 된다. 왜 그럴까?

첫째, 생각은 눈보다 훨씬 교활해 울타리에 가두기가 더 어렵다. 둘째, 눈의 방어망이 구축되지 않는 한 생각을 제대로 다스리기란 불가능하다. 이것을 안다면, 당신 생각의 반응이 눈보다 훨씬 느려도 낙심해서는 안 된다.

희소식이 있다. 눈의 방어망이 당신과 협력해 생각의 방어망을 쌓는다는 것이다. 생각이 음욕을 품으려면 대상이 필요하다. 따라서 눈이 성적 이미지를 바라보면 생각은 춤출 상대가 많아진다. 그런 이미지가 없으면 생각은 춤 상대를 잃는다. 눈을 굶김으로 마음도 굶기는 셈이다. 그것 하나로는 충분치 않지만 — 생각은 수년 전에 보았던 영화나 그림의 기억으로 또는 옛 애인이나 같은 직장 여자들에 대한 공상으로 여전히 음욕의 대상을 만들어 낼 수 있다 — 그래도 눈이 통제되면 계속 새롭게 밀려드는 음욕의 대상들에 압도당하지 않은 채 점차 생각 통제법을 익혀갈 수 있다.

당신 생각의 실상

현재 당신의 두뇌는 음욕과 그것이 가져다주는 소소한 쾌감 쪽으로 민첩하게 움직인다. 당신 머리의 '세계관'에는 언제나 정욕의 생각이 포함돼 있다. 성적인 이중 의미 부여, 백일몽, 기타 창의적 형태의 성적 공상이 주 도로가 돼, 당신 생각은 그 쾌락의 길을 마음 놓고 다닌다.

그러나 생각에는 질서가 있는 법이다. 생각을 통해 입력되는 것들은 당신의 세계관을 통해 채색된다. 즉 부도덕한 생각들 중에도 당신의 세계관에 '들어맞는' 것들만 두뇌에 허용된다. 생각의 방어망을 세우면 허용되는 '무난한' 생각들의 틀이 달라져 결국 당신 두뇌의 세계관이 바뀐다.

음욕은 기존의 사고 틀에 완벽히 들어 맞았고 그런 의미에서 '질서'가 있었다. 그러나 보다 순결한 새로운 틀이 확실히 자리잡으면 정욕의 생각은 오히려 무질서를 부른다. 책임감 있는 경찰관 역할을 하는 당신 두뇌는 정욕의 생각이 의식에 떠오르기도 전에 그것을 체포한다. 요컨대 두뇌에 자정(自淨) 작용이 시작된다. 그래서 성적인 이중 의미 부여와 백일몽 같은 약삭빠른 적들 — 의식 차원에서 통제하기 힘든 — 이 저절로 사라진다.

이런 사고 변화에는 시간이 걸린다. 즉 이전의 성적 오염이 씻기기를 기다려야 한다. 그것은 마치 상류에서 하수 본관이 터져 근처 개울이 오염되는 것과 흡사하다. 수리공이 금간 하수도관을 교체해도 하류의 물이 깨끗해지려면 꽤 시간이 걸린다.

생각의 변화에 있어 당신은 잡다한 생각을 사로잡는 등 적극적, 의식적 역할을 맡는다. 그러나 장기적으로 보면 생각이 자체 정화를 통해 그런 생각을 사로잡아 당신의 순결에 자연스레 협조하기 시작한다. 성적 이미지를 피하는 눈길 돌리기와 생각의 자체 단속에 힘입어 당신의 방어는 몰라보게 강해진다.

문을 엿보아 기다림

당신은 그 확신을 품고 최선을 다해 사고 변화에 매진할 수 있다.

경계 대상에 관한 유익한 개념을 하나 소개한다. '문을 엿보아 기다린다'는 표현은 성경의 은유로 욥이 한 말이다. 앞에서 눈과의 언약에 대한 말씀을 읽었는데 거기서 몇 구절 뒤로 가면 욥의 이런 고백이 나온다.

만일 내 마음이 여인에게 유혹되어 이웃의 문을 엿보아 문에서 숨어 기다렸다면 내 아내가 타인의 맷돌을 돌리며 타인과 더불어 동침하기를 바라노라. 그것은 참으로 음란한 일이니 재판에 회부할 죄악이요(욥 31:9-11).

당신은 '이웃의 문을 엿보아 기다린' 적이 있는가? 느지막한 오후에 친구 아내와 커피를 마시러 잠시 들렀다가 그녀의 지혜와 관심과 자상함에 매료되는 것도 거기 해당된다. 그녀의 둔감하고 우둔한 남편을 함께 동정하는 사이 당신은 그녀가 딱해 보였고 그래서 우는 그녀를 살짝 안아 준다. 당신은 이웃의 문을 엿보아 기다리고 있다.

결혼하여 세 자녀를 둔 케빈을 생각해 보라. 교회 중고등부에서 섬기던 중 그는 열다섯 살의 예쁜 여학생을 만났다. "정말 예쁘더군요. 나이도 스물로 보이고요." 그는 말했다. "간혹 저는 걔가 데이트하며 알고 지내던 사내들에 대해 물었습니다. 우린 농담을 주고받으며 많이 웃었지만 너무 깊이 들어갈 때도 있었습니다. 우린 약간 지저분한 얘기도 하게 됐습니다. 걔가 어떤 키스를 좋아하는가 따위였지요. 물론 걔는 남자랑 키스할 애는 아니었습니다. 아이한테 그렇게 말해서는 안 되는 줄 알면서도 재미있었습니다. 지난주 제 아내가 아이들을 데리고 외출했을 때 저는 걔를 집에 태워다 줬습니다. 다시 지저분한 얘기가 나왔습니다. 걔가 내 앞에서 팬티를 벗지는 않을 거라고 제가 공연히 떠본 겁니다. 아이는 팬티를 벗었고 저는 이성을 잃은 채 공원으로 데리고 가 섹스를 했습니다. 문제가 커졌습니다! 아이가 자기 부모한테 알린 겁니다. 강간죄로 고소 당할지도 모릅니다!"

케빈은 이웃의 문을 엿보아 기다린 정도가 아니라 아예 이웃집 안으로 들어갔다.

생각으로 엿보아 기다림

당신은 케빈처럼 한 적은 없을지 몰라도 똑같이 이웃집 문을 엿보아 기다린 적이 있다. 예수님 말씀에 따르면 생각으로 하는 일도 몸으로 하는 일과 똑같다.

당신이 엿보아 기다렸음을 당신도 안다. 아내보다 친구 아내가 더 당신 타입에 맞아 보인다. '왜 이 여자를 좀더 일찍 만나지 못했던가? 그랬다면 삶이 얼마나 달라졌을까?' 당신은 생각한다.

혹 당신은 이미 결혼한 옛 애인의 문을 생각 속에서 엿보고 있을 수 있다. 나를 보고싶어 하지 않을까 궁금해하며 행여 백화점에서 마주치기를 은근히 바랄 수 있다.

또는 당신과 함께 점심을 먹는 직장 사람들 중에 그 미모의 젊은 영업부 동료가 있을 수 있다. 당신은 그녀가 병가를 낼 때마다 우울할 정도로 그녀에게 애착을 느낀다. 지난번 당신은 그녀에게 이런 이메일을 보냈다. "오늘 당신 생각을 했어요. 어서 나으시길 바랍니다."

혹 당신은 채팅 방에서 여자를 만나는 중일 수도 있다. 당신은 그녀의 외모와 그녀와 함께 하는 삶을 상상한다. 당신은 지금 이웃의 문을 엿보아 기다리고 있다.

잡다한 생각

앞서 말했듯이 대부분의 성적 부도덕은 당신이 모르는 여자들에게서 비롯된다. 사실상 당신은 그들을 스치듯 보는 정도다. 모델, 여배우, 안내원, 포스터는 어디에나 있다. 하지만 그들은 모르는 이들이다. 당신은 그들과 함께 살지 않는다. 따라서 그들은 눈 훈련으로 방어된다.

그러나 실생활의 매혹 즉 여자들과의 실제 접촉에서 오는 매혹은 눈길 돌리기로 차단될 수 없다. 이 여자들은 낯선 이들이 아니다. 당신은 그들 가까이서 함께 살며 일한다. 주일날 그들과 함께 예배하기도 한다. 부도덕한 생각과 매혹이 찾아올 수 있다. 눈의 방어망으로는 그것을 막을 수 없기에 당신은 또다른 방어망이 필요하다.

"어찌할 것인가? 그런 생각은 저절로 오는데. 나도 어쩔 수 없는데." 당신은 말한다. 정말 그렇게 보인다. 생각의 통제란 괴상해 보일 수 있기 때문이다. 심지어 교회에서도 어떤 섬기는 여자에 대해 불현듯 공상이 싹틀 수 있다. 이런 생각은 어디서 오는 것일까? 생각은 거친 야생마와 같이 두서없이 꼬리를 물며 멋대로 내달린다. 그래도 성경은 우리가 눈만 아니라 몸 전체를 통제해야 한다고 말한다.

> 너희는 너희 자신의 것이 아니라. 값으로 산 것이 되었으니 그런즉 너희 몸으로 하나님께 영광을 돌리라 (고전 6:19-20).

몸뿐 아니라 마음도 그리해야 한다. 성령님께서 바울을 통해 분명히 이르신다.

> 모든 이론을 무너뜨리며 하나님 아는 것을 대적하여 높아진 것을 다 무

너뜨리고 모든 생각을 사로잡아 그리스도에게 복종하게 하니(고후 10:4-5).

부담스런 말씀이다. 읽으면서 이런 의문이 절로 든다. '모든 생각을 사로잡아? 그게 정말 가능한 일일까?'

당신의 정신적 세관

모든 부도덕한 생각은 시각적 매혹과 오감을 통한 실생활의 매혹을 처리하는 과정에서 생겨난다. 해변의 여자 구경. 새 여직원에게 집적거리는 것. 옛 애인 생각. 부적절한 처리 과정 중에 우리 생각은 부도덕에 휩쓸릴 수 있다. 그러나 이런 매혹을 적절히 처리하면 우리는 부도덕한 생각을 사로잡거나 제할 수 있다.

적절한 처리의 한 형태를 우리는 이미 살펴봤다. 바로 눈길 돌리기다. 그것은 눈길을 돌리도록 훈련한 뒤 눈을 굶김으로 시각적 매혹을 처리한다. 당신의 시각 방어망이 제대로 구축되면 옛 베를린 장벽의 속성을 띤다. 이유 여하를 막론하고 시각적 입국 비자가 전혀 발급되지 않는다.

그러나 생각의 방어망은 벽보다는 오히려 국제공항의 세관 같다. 세관 업무란 위험 물질의 입국을 막는 일종의 여과 장치다. 미국 관세청은 마약, 지중해의 과일 파리, 테러 분자, 기타 유해 사범을 가려내려 한다. 이와 비슷하게 생각의 방어망은 당신 '나라'에 들어오는 매력 있는 여자들을 적절히 처리해, 부도덕한 생각이 싹트기도 전에 매혹의 이질적 씨앗을 가려낸다. 이 방어망은 '엿보아 기다림'을 막아 준다.

앞에 말했던 두 남자의 상황을 생각해 보라. 혼자 호텔 방에 들기가 겁났던 사업가 윌리는 TV를 끈 뒤에도 여전히 정욕의 이미지들이 겹겹이 에워싸며 생각 속에 날뛰어 잠을 이룰 수 없었다. 처음부터 TV 시청으로 시각적 입국 비자를 내주지 않았더라면 정욕의 생각이 싹트지 않았을 것이다.

실생활의 매혹은 상황이 다르다. 케빈은 중고등부 담당자였고 15세의 여학생은 중고등부 멤버였다. 그녀는 그의 삶에 들어올 정당한 입국 비자를 갖고 있었다. 케빈은 그녀와 접촉해야만 했다(물론 부적절한 접촉은 필요 없었다). 매력 있는 여자들도 이 방어망을 통과하게 돼 있다. 그러나 적절한 목표로만 입국이 허용돼야 한다.

빈칸 채우기

우리의 정신적 세관에서 벌어지는 일은 무엇인가?

당신 회사에 레이첼이라는 신입 사원이 들어온다고 하자. 출근 첫날 레이첼이 복도를 돌며 말문을 떼는 순간 당신은 반해 버린다! 그때부터 그녀는 당신 생각 속에서 적절히 처리돼 부도덕한 생각을 유발하지 않을 수 있다. 반면 당신은 상황을 잘못 처리할 수도 있다.

그 다음 조치가 생각의 순결을 좌우한다.

당신은 직장에서 계속 레이첼을 접한다. 초기의 접촉이 매력을 더한다. 예컨대 당신의 호감 표시에 레이첼도 맞장구를 칠 수 있고, 그녀의 유머 감각이 당신과 통할 수도 있다. 그녀는 당신이 즐겨먹는 피자를 좋아하고 풋볼이라면 사족을 못쓴다. 레이첼은 참신하고 매혹적이다. 그래서 당신은 그녀 생각을 자주 한다.

이 시점에서 부적절한 처리는 당신을 음란한 생각이나 기타 찝다든지 집적거리는 식의 부도덕한 행동으로 몰아간다. 최악의 경우 당신은 잠언 7장의 미련한 청년처럼 휩쓸릴 수도 있다.

> 여러 가지 고운 말로 유혹하며 입술의 호리는 말로 꾀므로 젊은이가 곧 그를 따랐으니 소가 도수장으로 가는 것 같고 미련한 자가 벌을 받으려고 쇠사슬에 매이러 가는 것과 같도다. 필경은 화살이 그 간을 뚫게 되리라. 새가 빨리 그물로 들어가되 그의 생명을 잃어버릴 줄을 알지 못함과 같으니라 (잠 7:21-23).

당신 생각은 매혹 앞에 길을 잃는다. 당신이 레이첼을 잘 모른다는 사실은 별로 중요하지 않다. 관계 초기에 생각은 창의적 상상력으로 빈칸을 채우는 데 민첩하다. 빼놓을 수 없는 재미다. 그녀를 잘 모를수록 채워야 할 빈칸도 많고 당신 생각은 더 공상의 날개를 펼 수 있다. 그러나 접촉이 잦아지면 점점 사실이 드러난다. 채워야 할 빈칸이 적어지면 생각은 금세 지루해진다. 사실이란 매혹을 죽이는 바이러스다.

어떤 사실인가? 그녀가 자신의 귀여운 아기와 자상한 남편에 대해 말하는 소리가 당신 귀에 들린다. 이제 레이첼을 '나를 기다리는 매혹적인 여자'로 생각하기가 더 힘들어진다. 그녀는 당신의 매혹 화면에서 떨어져나가 그저 친구나 직장 동료가 된다.

프레드: 생각의 바른 처리를 배우다

누구나 학창 시절에 한번쯤 풋사랑에 몸살을 앓던 일이 있을 것이다. 나도 고등학교 때 한 번 있었는데 상대 이름은 주디였다.

내가 주디를 본 것은 3학년 초였다. 주디는 2학년이었다. 나는 빠져도 단단히 빠졌다! 주디만 생각하면 아련한 꿈의 나라로 실려갔다. 뭐라고 말할까, 어디를 갈까, 어떻게 서로 사랑할까 등 상념에 젖었다. 이름과 학년 외에는 주디에 대해 전혀 아는 바가 없었으므로 내 생각은 빈칸을 채우느라 바빴다.

1년 내내 나는 꿈꾸듯 그녀를 사모했다. 쾌활하게 뛰어가는 그녀를 지켜보며 언젠가 대화의 날이 오기를 바랐다. 데이트를 신청하고 싶은 마음이 굴뚝 같았지만 용기가 없었다. 올해의 운동 선수로 뽑힌 나였지만 여자들 앞에만 서면 숙맥이 되었다.

한해가 점점 다 가면서 한 번의 기회가 남아 있었다. 졸업 파티였다. 나는 어렵사리 그녀에게 전화를 걸었다. 잠시 이런저런 얘기를 나누다 더듬더듬 부탁했다. 주디는 정말 수락했다! 그 명랑한 목소리가 내 존재를 확인해 주었다. 내가 무슨 생각을 했을지 상상해 보라.

파티 댄스가 끝난 후 나는 주디를 데려갈 완벽한 식당을 알아냈다. 파티 후 저녁 식사를 하러 가는 전통적인 장소는 따로 있었지만 내 새 애인에게 그런 진부하고 고리타분한 것을 줄 수는 없었다. 그보다 내가 고른 식당의 커튼이 드리워진 부스에 가면 외부의 방해 없이 언제까지나 눌러앉아 둘이 함께할 남은 여생의 첫 밤을 영광스레 보낼 수 있었다. 부스로 안내된 우리는 가벼운 농담을 주고받았다. 속에서 심장이 마구 쿵쾅거렸다. 시간이 흐를수록 나는 더욱 주디에게 끌렸다.

조용히 외진 우리 자리에 웨이트리스가 로맨틱하게 커튼을 쳐주었다. 주디의 매혹적 얼굴은 빛을 발했다. 주디는 귀엽고 도톰한 입술을 떼며 말했다. 나는 황홀해서 꿈꾸듯 들었으나 내용은 이랬다. "어떻게 말해야 될지 모르겠지만 난 정말로, 정말로 저쪽 식당으로 가고 싶어. 가도 괜찮아?"

철렁.

끌리던 마음이 크게 주춤했으나 기사도와 예의를 저버릴 수 없었다. 우리 데이트에 좋은 신호가 아님은 알았지만 나는 애써 아무렇지 않다는 듯 대답했다. "그럼, 괜찮지."

식당을 옮겨 좌석 안내를 기다리고 있는데 주디가 뻔뻔스레 물었다. "잠깐 조엘의 테이블에 가도 괜찮겠어?" 그녀는 나를 두고 가서는 남은 밤을 그와 함께 보냈다.

'이러니 내가 여자보다 풋볼을 좋아하지.' 나는 그런 생각이나 하며 혼자 먹었다.

나중에 주디는 내게 약간 선심을 베풀어, 자기를 집에 데려다주는 영광을 허락했다. 그러면서 자기는 그날 밤 조엘과 함께 있을 궁리만 했노라고 털어 놓았다. 기대와 달리 조엘이 자기를 졸업 파티에 청하지 않았기 때문이라고 했다.

주디에게 느꼈던 매혹은 그날 밤 사실상 끝장났다! 처음에 나는 그 매혹을 적절히 처리하지 못했다. 그러나 매혹을 잘 처리한 사람의 예를 소개한다.

커크는 자기네 기술부에 새로 온 패트리시아라는 여자에 대해 내게 말했다. 처음 보던 날 그녀는 전체 그룹 앞에서 뭔가를 발표하고 있었다. 커크는 강한 인상을 받았다. "또 지루한 발표 시간이려니 하며 앉아 있는데 패트리시아가 사뿐 올라섰습니다. 그녀는 예쁘고 지적이면서도 성격이 활달했습니다. 대학 시절에 내가 알고 지냈던 여자들과 아주 비슷했지요. '이 여자를 알아야 한다, 이 여자를 알아야 한다'는 생각이 자꾸만 들었습니다. 하지만 유부남 처지에 그래선 안 된다는 걸 알고 있었지요.

마음속에서 그녀 생각을 떨칠 수 없었습니다. 너무 매력 있어 보였지요. 하지만 생각해선 안 된다는 걸 잘 알았습니다. 이후 몇 주간 나는 그녀와 거의 함께 있지 않았고, 꼭 필요할 때가 아니면 대화도 안 했습니다. 눈도 굶겨 그녀를 보지 않았습니다.

그러다 나는 그녀가 최근에 아기를 낳았다는 사실을 알게 됐습니다. 그녀는 온통 딸 애기뿐이었고 남편을 끔찍이 사랑했습니다. 이쯤 되자 제 끌리는 마음은 많이 가라앉았지만 아직 완전히 가시지는 않았습니다.

나중에, 그녀가 새로 시행한 일부 기술 공법이 강한 비판을 불러일으켰습니다. 알고 보니 성격도 전혀 밝고 활달하지 않더군요. 대놓고 앙앙거리는 모습도 봤습니다! 지금 그녀는 그저 친구입니다. 더 이상 매력을 못 느낍니다."

매혹 굶기기

그것은 적절한 처리였다. 패트리시아는 입국 비자를 받았으나 매혹이 적절히 처리돼 부도덕한 생각을 거의 유발하지 않았다. 이렇듯 우리 삶에서 매력 있는 여자들을 제거할 수는 없지만 매혹 초기에 자신을 지켜 '그저 친구'로 남을 수는 있다. 이 적절한 처리 과정을 매혹 굶기기로 표현할 수 있다.

이와 같은 개념을 생각하면 스탠포드 대학 시절의 옛 응원 구호가 떠오른다.

이길 수 없거든 속임수를 써라!
속일 수 없거든 시간을 끌어라!
그것도 안 되겠거든 그만둬라!

썩 좋은 내용은 아니지만 나름대로 재미있고 여기에도 약간 적용이 된다. 매혹 굶기기는 시간 끌기 작전이다. 나중에 더 자세히 보겠지만 적극적 시간 끌기는 사실을 기다린다. 사실을 알면 관계가 위험 지대 밖으로 신속 처리되고 따라서 부도덕이 전혀 싹트지 않는다.

매혹을 굶기지 않으면 어떻게 될까? 매혹을 약간 가지고 놀면 어떻게 될까? 매혹이란 어차피 시간이 지나면 시들해지는 것 아닐까?

대부분의 경우 그렇다. 하지만 모험할 일은 아니다. 부적절한 관계는 아무리 '악의 없어' 보여도 하나님이 기뻐하시지 않는다.

요컨대 당신의 생각은 멋대로 날뛴다. 길들일 필요가 있다. 최선의 전략은 매혹을 굶겨 부도덕한 생각의 발생과 그것이 부부 관계에 가져올 피해를 줄이는 것이다.

생각의 야생마를 가둘 울타리

앞서 말한 것처럼 우리 생각은 멋대로 날뛰는 야생마와 같다. 야생마와 남자의 두뇌는 두 가지 비슷한 특성이 있다. 첫째, 야생마는 멋대로 날뛴다. 둘째, 야생마는 멋대로 아무하고나 짝짓기를 한다. 암말은 지천에 널려 있다! 근처에 하나도 안 보이면 야생마는 바람 냄새를 맡아 지평 너머의 암말을 감지하고는 쭈르르 달려가 짝짓기를 한다.

이 특성은 하나님이 선지자 예레미야를 통해 말씀하신 들나귀와 흡사하다.

> 너는 광야에 익숙한 들암나귀들이 그들의 성욕이 일어나므로 헐떡거림 같았도다. 그 발정기에 누가 그것을 막으리요 그것을 찾는 것들이 수고하지 아니하고 그 발정기에 만나리라(렘 2:24).

야생마를 부릴 수 있는가? 소처럼 몰고 다니거나 손가락만 까딱여 타이를 수 있는가? 물론 안 된다. 그렇다면 야생마가 멋대로 날뛰며 짝짓기를 하지 못하게 막으려면 어떻게 해야 할까?

울타리가 있으면 된다.

현재 당신의 생각은 야생마처럼 날뛴다. 나아가 당신의 생각은 매력 있고 섹시한 여자들을 보면 멋대로 '짝짓기'를 한다. 그들은 지천에 널려 있다. 야생마 같은 당신 생각이 멋대로 날뛰며 짝짓기를 하지 못하게 막으려면 어떻게 해야 할까? 생각의 둘레에 울타리가 있으면 된다.

이 비유를 좀더 확대해 보면, 이리저리 날뛰는 생각에 고삐를 맨다는 우리 목표를 좀더 이해할 수 있다.

한때 당신은 도도한 야생마였다. 사납고 자유로웠다. 물결처럼 유유히 언덕과 계곡을 누볐다. 멋대로 날뛰며 짝짓기를 했다. 자기 운명의 주인이었다. 거대한 울타리 목장의 주인이신 하나님이 떼를 먹이시다 멀리서 당신을 보셨다. 당신은 그분을 거들떠보지 않았지만 그분은 당신을 사랑하사 그분 것으로 삼고자 하셨다. 그분은 여러 방법으로 당신을 찾으셨지만 당신은 매번 그분에게서 달아났다.

어느날 그분은 빠져나갈 길도 없이 캄캄한 심곡에 갇혀 있는 당신을 보셨다. 구원의 올가미로 그분은 부드럽게 당신을 곁으로 끌어당기셨다. 당신은 그분 것이 됐다. 그분은 당신이 그분께 유용해지고 더 큰 기쁨을 드릴 수 있도록 당신을 길들이려 하셨다. 그러나 당신의 천성과 걸핏하면 멋대로 암말들과 달아나는 습성을 아셨기에 당신 둘레에 담을 치셨다. 이 울타리는 눈의 방어망이었다. 그것 때문에 당신은 달릴 수 없었고 바람 냄새를 맡아 지평 너머로 쏜살같이 쫓아갈 수 없었다.

울타리 덕에 달릴 수는 없었지만 짝짓기는 아직 멎지 않았다. 당신은 매혹과 생각과 공상을 통해 머릿속에서 짝짓기를 하고, 음탕한 울음소리를 내며 울타리 안과 근처의 암말들에게 집적거린다. 당신은 길들여져야 한다.

가까이 더 가까이

이 그림에 비추어 당신에게 닥쳐왔거나 장차 닥쳐올 네 가지 매혹의 범주를 살펴보자. 첫째 범주는 앞서 말했던 모르는 이들 — 조깅하는 여자, 접수원, 포스터 사진 등 — 에 대한 시각적 매혹이다. 이미 우리는 눈의 방어망 즉 울타리를 둘렀으므로 이제 이들은 지평 너머에 있다. 우리는 더 이상 거기로 뛰어갈 수 없다. 그들은 더 이상 매혹을 자아내지 못한다.

그러나 울타리 반경 내에 아직도 매혹은 수없이 많다. 둘째부터 넷째까지 범주에는 모르는 여자들이 아닌 삶 속에서 접하는 여자들이 있다. 실생활의 매혹이다.

둘째 범주에는 당신에게 매력을 풍기지 않고 부도덕한 생각을 일으키지 않는 여자들이 있다. 친구들, 지인들, 직장 동료들, 교인들이 해당될 수 있다. 당신 친구 조가 어떤 여자를 보며 "와, 저것 보게! 멋있는데!" 하고 말할 수 있다. 당신은 별로 놀라지 않고 이렇게 답한다. "딴은 그렇군. 나는 저 여자와 아주 오랫동안 함께 일해서 그런 생각은 전혀 없네. 그냥 친구지." 이 범주의 여자들에 대한 당신의 방어는 단순히 잘 살피는 것이다. 그 중 하나가 당신의 울타리 쪽으로 다가오는지 초기에 확실히 감지하는 것이다.

셋째 범주는 가장 위험할 수 있다. 신입 사원 레이첼처럼 당신이 알고 접촉하며 강한 매력을 느끼는 여자들이다. 키보드 연주와 충심의 예배로 당신 영혼을 감격케 하는 새 예배 인도자일 수도 있다. 생각 속에서일망정 당신은 울음소리를 내 그들을 울타리 곁으로 끌어들인다.

그중 하나가 당신과 뜻이 맞을 수도 있다. 당신에게 끌린 그녀는 일부러 당신의 울타리 쪽으로 종종걸음쳐 온다. 당신은 으쓱해져 당당히 콧김을 내뿜고 발을 구르며 고개를 젖힌다. 그녀를 보면 진한 쾌감이 밀려든다. 좀더 밀어붙여 당신은 담장 너머로 고개를 내밀어 둘만의 점심과 친한 대화로 약간 코를 비벼댄다. 최악의 경우 당신의 야생마 같은 생각은 진짜 야생마들이 절대 하지 않을 일까지 할 수 있다. 울타리 문을 열어젖히는 것이다. 그것도 생각만이 아닌 몸으로 말이다.

듀언은 딴 여자에게 홀딱 빠져 결혼한 지 26년 된 아내를 버린 자기 사촌의 얘기를 우리에게 들려줬다. "사촌에게 뭐라고 말해야 할지 막막하더군요. 완전히 콩깍지가 씌였는지 그는 관계를 정리할 마음이 없었습니다. 무슨 말을 해도 소귀에 경 읽기였습니다."

당신은 절대 듀언의 사촌처럼 누군가에게 울타리 문을 열어 줄 수 없다고 말할지 모른다. 그러나 친구여, 교회의 통계를 보라. 우리의 이혼

율은 세상과 다르지 않다. 생각의 울타리를 연 남자들 때문에 별거 중이거나 외도 관계에서 회복 중인 그리스도인들을 어디서나 볼 수 있다.

마지막 범주는 이미 당신 생각의 울타리 안에 들어와 있는 여자들이다. 얼른 생각하면 이 범주에 드는 사람이 당신 아내뿐일지 모르나 하나님이 당신 주변에 두신 다른 여자들도 있다. 당신의 친한 친구의 아내도 이 범주에 포함된다. 당신은 그들과 함께 식당에 앉고 그들과 함께 즐거운 추억을 만들며 그들과 함께 간절히 기도한다. 정서적으로 당신은 그들과 가깝다. 그러나 문을 엿보아서는 안 된다.

여태 깊은 애착을 떨치지 못한 옛 애인도 당신 울타리 안에 있을 수 있다. 당신 아내보다 훨씬 전에 울 안에 있었던 그녀를 당신은 지평 밖으로 내보낸 적이 없다. 함께 했던 숱한 밀회 때문에 당신은 마음속으로 그녀와 쉽게 짝짓기를 한다. 정신적으로 그녀는 아직도 당신 바로 곁에 있다. 그러나 그녀를 울타리 밖으로 인도해 안전 지대로 보내야 한다.

생각의 방어망은 지평 너머에서 천천히 우리 울타리로 다가오는 실생활의 매혹들을 처리한다. 매혹을 굶기면 여자들은 더 이상 우리의 순결을 위협하지 않는 '친구'나 '지인'의 안전 지대로 물러난다. 커크가 패트리시아에 대해 했던 말을 잊지 말라. 매혹을 굶기자 그녀는 '그저 친구'가 됐고 그는 더 이상 매력을 느끼지 못했다.

물론 대부분의 여자들은 우리를 전혀 매혹하지 않는다. 그들은 당신 삶에 들어와도 그저 당신 울타리를 총총 지나 지평 쪽으로 사라진다. 당신도 그들 눈에 띄지 않고 그들도 당신 눈에 띄지 않는다. 저만치 지평에 선 그들은 그저 친구, 지인, 직장 동료다. 그러나 당신에게 매력을 풍기며 당신 울타리로 접근하는 여자들에게는 가까이 오거나 문에 다가설 구실을 일체 줘서는 안 된다. 그러다가 자칫 한순간 마음이 약해져 안으로 들여놓을 수 있다.

서글픈 사연이 없도록

생각의 방어망을 치는 것은 아내를 향한 당신의 의무가 아닌가? 당신은 울타리 밖의 매혹에서 아내와 자녀를 보호해야만 한다. 그렇지 않으면 당신에게도 서글픈 사연이 생긴다. 우리는 잭에게서 그런 사연을 들었다. 잭은 전임 사역자로 견실한 삶을 살고 있었지만 생각의 방어망이 없었다. 자기한테는 그런 게 필요할 줄 차마 몰랐던 것이다. 그 결과 메리가 자기 울타리에 너무 접근하도록 허용했다. 잭이 고백한 내용이다.

메리는 우리 교회에 나오며 음악 사역을 하고 있었습니다. 교회에서 내 능력과 직책 때문에 나는 그녀와 많은 활동을 함께 했습니다. 우리는 작은 예배 밴드에 속했는데 연습 때면 그녀가 특유의 미소를 보내곤 했습니다. 그녀가 예뻐서 내 마음이 끌리긴 했지만 그녀가 계속 날 보고 웃기 전까지만 해도 별다른 생각은 없었습니다. 나는 미소의 의미를 생각했습니다. 매혹은 커 갔고 나는 은근히 조금씩 흥분되고 설레었습니다.

어느날 사무실에 혼자 있는데 그녀가 들렀습니다. 그녀는 남편과의 어려움을 쏟아 놓기 시작했습니다. 목사로서 상담할 일이 종종 있었기에 나는 들어 줘야 할 것 같았습니다. 그녀가 울음을 터뜨리자 측은한 마음에 팔로 감싸 주었습니다. 그녀가 약간 파고들더군요. 기분이 좋았습니다. 그녀는 떠났고 아무 일도 없었지만 그 후로 그녀 생각을 한시도 떨칠 수 없었습니다.

메리와 나는 우연히 출근길이 같았습니다. 그녀는 아침마다 나를 지켜보다가 손을 흔들며 웃어 주었습니다. 연습 때 그녀는 내 음악적 재능을 점점 더 추켜세웠습니다. 내가 설교할 때도 그녀는 살짝 웃으며 특유의 눈으로 나를 봤습니다. 자기 남편 바로 옆에 앉아서 말입니다. 이게 아니다 싶으면서도 스릴이 있더군요.

나는 정말 이상한 짓들을 하기 시작했습니다. 가는 길도 아닌데 일부러 몇 킬로씩 차를 몰아 그녀의 사무실에 가 보는 식이었지요. 그냥 그녀의 차를 보려고 말입니다. 차를 본다고 도대체 얻는 게 뭡니까? 하지만 왠지 로맨틱했습니다. 결국 몇 주 후 단둘이 있는 자리에서 저는 그녀에게 키스했습니다. 이 키스 하나로 내 교회 사역이 끝장날 줄 알면서도 어쩔 수가 없었습니다. 매혹이 너무 강해졌습니다.

그날 잭의 사역과 결혼, 자녀들과의 관계는 심각한 타격을 입었다. 잭은 자기에게 그런 일이 있을 수 없다고 말했지만 보란 듯이 터졌다. 방어망이 없었기 때문이다.

친구여, 당신의 아내와 자녀는 마땅히 보호받을 가치가 있다. 당신의 울타리 곁으로 누가 질주해 올지 아무도 모른다.

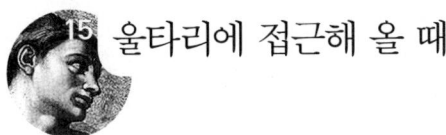 **15 울타리에 접근해 올 때**

실생활의 매혹과 그것이 당신 생각의 방어망에 주는 의미를 분석하는 유익한 길이 또 하나 있다.

당신의 울타리에 접근해 올 두 부류의 여자들을 생각해 보자.

_당신이 매력을 느끼는 여자들
_당신에게 매력을 느끼는 여자들

방어책은 두 부류 다 비슷하다. 각 방어책마다 상대가 지평 너머로 총총 사라질 때까지 매혹을 굶기면 된다. 더 자세히 살펴보자.

당신이 매력을 느끼는 여자들

누군가에게 매력을 느낄 때 당신의 첫 방어선은 다음과 같은 바른 마음가짐이다. 이 매혹은 내 소중한 모든 것을 위협한다.

모든 것이 순수해 보이는 매혹 초기에는 위협으로 느껴지지 않을 수 있다. 그러나 잊지 말라. 매혹은 순식간에 커져 당신의 결혼 생활을 파괴할 수 있다. 설령 부부 관계가 가까스로 살아남는다 해도, 이웃의 문을 엿보면 최소한 결혼 생활의 기초가 약해지며 아내에게 온전히 줘야 할 마음을 빼앗는 꼴이다.

둘째 방어선은 이렇게 선포하는 것이다. 나는 이런 일을 생각할 권리가 없다. 이 말을 명확하고 단호하게 자주 자신에게 말하라. 당신은 이 여자를 알지도 못한다. 당신이 누구기에 그녀에게 끌린단 말인가? 당신의 주인께서 당신에게 아내를 주시지 않았던가?

셋째 방어선은 경계를 강화하는 것이다. 평소 위협을 느낄 때 우리는 어떻게 하는가? 재킷을 벗고 심호흡을 한다. 임박한 사태에 자신을 준비한다.

당신이 댄스클럽 경비원이라 하자. 당신은 고객들과 농담을 주고받으며 신분증과 입장권을 검사하고 있다. 어느날 밤 사납고 거만해 보이는 검은 가죽옷 차림의 남자 다섯이 오토바이를 타고 와 고함을 질러댄다. 당신은 느긋하게 문을 열어 줄까? 어림도 없다. 주저 없이 당신은 위협에 맞설 태세로 문간에 떡 버티고 설 것이다.

전에 TV에 방영된 '스타트렉' 시리즈를 생각해 보라. 위협이 닥쳐올 때 대장 커크는 어떻게 했던가? 그는 '공습 경보! 철통 방어!'를 외쳤다. 비슷한 맥락에서, 매력 있는 여자가 당신 울타리에 접근해 올 때 당신의 방어망이 즉각 보일 반응도 그것이다. 공습 경보! 철통 방어!

마음가짐이 달라진 당신은 절대 그녀가 울타리에 접근하도록 그냥 두지 않는다. 매혹은 굶주리기 시작하고 그녀는 지평으로 표표히 사라진다.

그렇게 되게 하는 확실한 길은 무엇일까?

눈길을 돌려라. 당신은 그녀가 울타리로 다가오는 것을 보았고 그래서 육체적으로 그녀에게 끌렸다. 눈길을 돌려 그 매혹을 굶겨라. 흘긋거리며 그녀의 아름다움에 연연해하지 말라. 이 일에 열심을 내라.

그녀를 피하라. 가능하지 않을 때도 있지만 가능한 한 피하라. 직장 동료인 당신과 그녀에게 같은 프로젝트가 배정된 경우, 그녀에게 함께 점심을 먹자고 하거나 집에 태워 주겠다고 제의하지 말라. 매혹 단계가 끝날 때까지 둘 사이에 긍정적 경험이 생길 기회를 피하라. 그녀가 뭘 같이 하자고 하거든 사양하라.

함께 있어야 할 경우 바보가 돼라. 우리의 영웅인 바보는 근처 화장실에 들어가 모든 유희나 시시덕거림 따위와는 상극인 모습을 하고 나온다. 매너 없고 둔한 바보는 약간 뻗친 머리칼을 하고는 심장을 보호하듯 가슴을 감싸쥔 채 정떨어지는 고리타분한 대화로 조용히 전쟁에 돌입한다. 이쯤 되면 위협적이던 여전사도 무방비 구역으로 물러날 수밖에 없다. 자신의 제국에서 '멋'과 부도덕을 쫓아내려는 부단한 선한 싸움에 바보는 또 한번 승리한다.

물론 바보 노릇에 무슨 대단한 영광은 없다. 책을 펴내자는 제의도 없고 팬클럽도 생기지 않고 토크쇼 출연 섭외도 들어오지 않는다. 그러나 당신은 아내와 자녀들에게 영웅이 된다.

바보는 선수의 반대다. 선수는 사람을 대할 때 사교적 신호를 원활히 보내고 받는다. 바보는 아니다. 선수가 매혹의 신호를 보내려 할 때는 대개 정해진 길이 있다. 그는 꼬리를 친다. 집적거린다. 눈웃음을 친다. 근사한 얘기를 한다. 한마디로 그는 멋있게 군다. 당신도 한때 선수였다. 당신은 환심을 사는 법을 알았다. 그것을 배우며 사춘기 시절을 다 보냈다.

그러나 유부남의 경우 약간의 사교적 자살은 극히 요긴하다. 항상 바보가 돼라. 선수는 여자와 시시덕거린다. 당신은 그러지 말라. 선수는 집적거린다. 당신은 그러지 말라. 여자가 눈웃음을 쳐도 같이 웃지 말고 뭘 모르겠다는 표정을 지어라. 여자가 멋있는 얘기를 하거든 멋없는 얘기로 받아라. 당신의 처자식 얘기를 하면 된다. 여자는 당신을, 불쾌하지 않으면서도 어딘지 싱겁고 재미없는 사람으로 볼 것이다. 그러면 대성공이다.

여자에게 느끼는 매력이 육체적이기보다 정신적일 때가 있다. 공통 관심의 프로젝트로 여자들과 함께 일하는 직장 환경에 그런 경우가 많다. 아내보다 동료 여직원들과 보내는 시간이 더 많은 것은 사업 세계에 흔한 일이다. 당신은 그들과 함께 공동 목표와 성과 달성에 대해 얘기한다. 반면 아내와 나누는 얘기는 자녀들 훈육 문제와 냄새나는 기저귀를 누가 갈 것인가와 돈, 돈, 돈 얘기뿐이다.

    육체적으로 매력 있는 여자들 경우와 마찬가지로 당신은 꼭 알아야 할 것이 있다. 결혼 생활에 대한 위협을 인식하고 방패를 들지 않는 한 당신은 위험과 시시덕거리는 것이다.

    요약한다. 당신이 한 여자에게 매력을 느낀다고 해서 다시는 그녀와 어떤 관계나 우정도 가질 수 없다는 뜻은 아니다. 방어망을 가동해야 한다는 뜻일 뿐이다. 일단 매혹을 굶겨 그녀가 안전 거리로 물러나면 당신은 그녀와 적절한 관계, 즉 주님과 아내에게 부끄럽지 않은 관계를 가질 수 있다.

당신에게 매력을 느끼는 여자들

나이나 허리 사이즈를 불문하고 우리 남자들은 아직도 이런 터무니없는 말을 하곤 한다. "뛰어난 안목으로 '미남'을 알아보는 여자를 드디어 만났군. 그런 여자를 내 어찌 사귀지 않을 수 있으랴."

    돈에 쪼들리던 에드는 생계를 위해 부업으로 새벽에 택배 일을 하기로 했다. 경제적 위기가 심각할 때 어떤 남자라도 가족을 위해 마땅히 할 일을 그도 한 것뿐이었다. 저돌적이고 매력 있는 발송계원 크리스티는 에드의 울타리 곁을 활보하며 말했다. "당신 참 귀엽고 섹시한 남자예요! 나는 당신 같은 남자들하고 같이 노는 게 좋더라!" 그녀는 틈만 나면 유혹하고 꼬리치며 복선이 깔린 말로 집적대고 부추겼다. 대화 때마다 그녀는 다리를 약간 벌렸고 에드 앞에서 셔츠를 홱 열어제 칠 적도 많았다.

어느날 그녀는 말했다. "남편이 주말에 타지로 사냥하러 가요. 난 너무 외로울 거예요." 공습 경보! 철통 방어! 한 시간 후 에드의 책상 위에 그녀의 집 열쇠와 함께 이런 쪽지가 놓여 있었다. "혹시나 해서 열쇠를 두니까 이번 주말에 우리 집에 오려면 오세요!"

훌륭하게도 에드는 열쇠를 돌려주며, 갈 뜻이 없음을 확실히 밝혔다. 그리고 그런 접근을 중단해 달라고 요구했다. 에드는 울타리 문을 굳게 닫아 두었다. 자신의 모든 소중한 것을 크리스티가 위협했기 때문이다.

사나운 십대 갱단이 도끼와 몽둥이를 들고 당신 집에 접근해 온다면 당신은 분명 위협을 느낄 것이다. 공습 경보! 철통 방어! 당신에게 매력을 느끼는 여자도 똑같은 위험 요소다. 당신은 매혹의 신호에 절대 맞장구치지 않아 그녀를 막아야 한다. 그녀가 불신자라면 당신과 동침하지 않을 도덕적 근거가 전혀 없기 때문에 더 위험하다.

당신의 둘째 방어선은 권리의 방패를 사용하는 것이다. 나는 이런 일을 생각할 권리도 없고 신호에 맞장구칠 권리도 없다! 예수님은 십자가에서 피 흘려 죽어 당신을 사셨다. 모든 권리는 그분 것이다. 당신의 권리는 전무하다. 이것을 큰 소리로 자신에게 계속 반복해서 말하라. 야생마 같은 당신의 생각을 길들이고 억제할 것이다.

방패를 드는 일에 빈둥거리지 말라. 영화 '스타트렉'의 한 에피소드에 보면 적이 연방 우주선을 포획해 엔터프라이즈 우주선과 커크(착한 쪽)

에게 접근해 온다. 적장은 커크의 호출에 시종 무반응이다. 커크가 계속 불러도 적장은 이렇게 코웃음칠 뿐이다. "조용히 둬라!"

커크는 무반응이 이상해 보였다. 접근하는 우주선의 의도가 혼미하고 불확실해 그는 빈둥거린다. 그는 방패를 들지 않았다. 결국 적은 근거리 포격으로 엔터프라이즈에 막대한 피해를 입힌다. 커크는 빈둥거린 대가를 톡톡히 치렀다. 이어진 교전에서 자신의 가장 절친한 친구를 잃은 것이다.

여자가 당신 울타리에 접근해 올 때 당신은 그녀의 의도를 모른다. 그녀는 당신에게 전혀 마음이 없는데 당신이 그녀의 밝은 외향적 성격을 오해할 수도 있다. 혹 그녀는 누구에게나 그렇게 인사할 수도 있다. 아닐 수도 있다. 그 동체에 적이 있을 수 있다. 방패를 들라. 질문은 나중에 하라. 대가를 톡톡히 치르지 말라.

누군가 당신에게 매력을 느낄 때 당신은 어찌할 것인가? 그 매혹을 어떻게 굶길 것인가? 몇 가지 지침을 소개한다.

절대 그 여자와 단둘이 있지 말라. 공공 장소도 예외가 아니다. 이유는 간단하다. 당신은 당신에게 매력을 느끼는 그녀의 마음을 부추길 생각이 없다. 그녀의 관심에 대꾸할 뜻이 없음을 명백히 밝혀라.

그녀를 피하라. 아는 체하며 웃지 말라. 그녀의 기도 모임에 가담하지 말라. 그녀의 예배 팀에 가담하지 말라. 한 부서에서 그녀와 함께 일하는 것을 피하라. 그녀의 호감을 부추길 만한 곳에는 어디든 있지 말라. 치밀하게 의식적으로 그렇게 하라.

가상 '전쟁 놀이'로 준비하라. 당신 직장으로 그녀의 전화가 걸려오면 어찌할 것인가? 그녀에게 점심 초대를 받으면 어찌할 것인가? 조시 맥도웰은 십대 아이들에게 차 뒷좌석에 들어갈 일이 있기 전에 차 뒷좌석에서 뭘 할 건지 미리 정해 두라고 말한다. 그렇지 않으면 감정이 군림하고 이성은 흐려진다. 우리 어른들은 십대들에게 주는 그의 충고에 박수를 보낸다. 그러면서 왜 우리 자신들은 조시의 말에 따르지 않는가?

매혹의 신호에 절대 맞장구치지 말라. 전화를 받지 말라. 조용히 둬라!

바보가 돼라. 여자를 구해 줘라. 당신에게 끌린 그녀의 첫 감정이 터무니없는 실수임을 그녀에게 알려 줘라. 일부러 정떨어지는 사람이 돼라. 세심하게 그렇게 하라. 나중에 그녀가 더 이상 당신에게 매력을 느끼지 못할 때, 평소의 재미있는 모습으로 돌아오면 된다.

 # 울타리 내부

이미 당신의 울타리 안에 들어와 있는 여자들의 경우 상황은 좀더 복잡해진다. 이 여자들은 지평으로 표표히 사라지지 않는다. 그들은 오늘도 당신의 울타리 안에 있고 십중 팔구 내일도 모레도 그럴 것이다. 매혹을 제거하는 방식이 달라야 한다는 말이다.

당신의 울타리 안에 있는 여자들은 크게 두 부류로 나뉜다.

_옛 애인과 전 아내
_당신 친구의 아내

다시 말하지만 이 부류의 여자들이 모두 당신에게 매력 있는 것은 아니다. 그러나 그 중 하나가 당신의 공상을 점하거나 여전히 마음 한 구석을 차지하고 있다면 뭔가 조치가 필요하다. 부류마다 위험이 다르며 필요한 방어책도 다르다. 내용을 살펴보자.

프레드: 지난날의 불꽃
옛 애인이나 전 아내는 생각의 순결에 치명적일 수 있다. 이런 매혹은 두 가지 방식으로 당신을 무너뜨린다.

_아내와 한몸을 이루어 가는 당신의 능력을 약화시킨다.
_사탄으로 하여금 별 경고도 없이 당신의 결혼 생활에 크루즈 미사일을 발사하게 만든다.

대학 첫해를 마치던 여름 나는 폴리와 정말 애틋한 로맨스를 나눴다. 여름이 끝나면서 나는 그녀를 두고 캘리포니아의 학교로 돌아갔다. 외로움과 허전함에 나는 목적 없이 하루하루 보냈다. 자신이 딱했다. 우리는 날마다 편지를 썼고 자주 전화를 걸었다. 그렇게 가을 학기가 거의 지나고 있었다.

어느날 교내 풋볼 시합 도중에 한 여자 심판이 내 시선을 끌었다. 그녀는 내 어린 시절의 애인인 멜로디 나이트의 성인 판 같았다. 우리가 초등학교 3학년 때 멜로디는 캐나다로 이사갔다.

시합 후 나는 그녀에게 다가가 이름을 물었다(그것이 당시 내 '대사'의 정도였다). '멜로디'라는 답이 나왔다면 나는 대번 그녀에게 홀딱 빠졌을 것이다. 대신 그녀가 베시라고 이름을 댔지만 어쨌든 나는 즉각 그녀에게 **빠졌다**(확실한 방어책이 필요한 사람이 있었다면 보다시피 나였다!).

베시와의 일은 금방 술술 풀렸다. 한편 폴리는 편지와 전화가 끊긴 이유를 알고 싶어했다. 마침내 내가 뻔뻔스레 딴 여자가 생겼다고 말하자 폴리는 깊은 상처를 받았다. 베시와의 관계가 시시하게 끝나 나는 폴리에게 자비와 재기의 기회를 구했으나 그녀는 아무것도 주지 않았다. 그녀에게 충절은 모든 것이었다. 내가 충절을 저버리자 내게 매력을 느꼈던 그녀의 마음도 깨끗이 사라졌다.

그러나 나는 포기할 수 없었다. 나는 수년간 그녀를 그리워하며 계속 싸웠다. 새 애인을 사귀다가 일이 틀어질 때마다 나는 폴리가 내 여자이기를 바라며 폴리를 꿈꿨다. "폴리와 함께라면 모든 것이 다르련만." 나는 그렇게 끙끙거리곤 했다.

폴리는 결국 결혼해 두 자녀를 두었다. 그러나 그때까지도 헤어나지 못하던 나는 폴리가 남편과 별거하게 되자 다시 그녀의 사랑을 구했다(물론 브렌다를 만나기 전의 일이다). 나는 "다시 내게 와 주기만 한다면 아이들도 빚도 짐가방도 내가 다 지겠다"고 애원했다. 폴리를 향한 내 풋사랑으로 신파조 영화를 만들어도 될 것이다.

폴리를 향해 그런 '불멸의 사랑' 이미지를 갖고 있었으니 내가 마침내 브렌다와 사랑에 빠져 결혼했을 때 앞날을 예측치 못했던 것도 당연하다. 평온한 사랑의 터널이었을까? 아니, 롤러코스터에 더 가까웠다.

브렌다와 나는 신혼여행을 다녀온 며칠 후부터 뻔질나게 싸웠다. 사실 결혼 초 2년 동안은 차라리 결혼이란 걸 몰랐더라면 하는 생각도 자주 들었다. 싸움은 대부분 시집 식구들에 대한 것이었다. 시가에서 새 며느리를 전쟁에 끌어들인 후 특히 더했다. 나는 중간에 낀 신세가 됐다. 격렬한 싸움은 우리를 지치게 했다. 아직 젊었던 우리는 둘만이든 가족들과든 공정하게 싸우는 법을 몰랐다. 그래서 부수적인 피해가 컸다. 우리는 둘 다 큰 손실을 겪었다.

내 사고 생활에 누가 튀어나왔을까? 결혼 생활이 하향 곡선을 그리자 폴리가 내 생각 속에 상향 곡선을 그렸다. '폴리는 우리 식구들과 늘 잘 어울렸는데. 식구들도 폴리를 좋아했고.' 명절 때마다 나는 폴리와 함께라면 삶이 얼마나 평온할지 곱씹곤했다. '왜 브렌다는 우리 식구들과 잘 어울리지 못할까? 폴리도 할 수 있는 일을!'

권리가 없다

그날 밤 나는 아이오와의 한 도로를 지나고 있었다. 휘영청 보름달 아래 공기가 맑고 상큼했다. 머릿속에 폴리가 떠오르면서 한 가지 깨달음도 같이 떠올랐다. 나는 혼잣말했다. '너는 더 이상 폴리와 어떤 모양의 어떤 관계도 가질 권리가 없다. 생각할 권리조차 없다.'

뭐라고? 생각할 권리조차 없다고?

'그렇다. 생각할 권리조차 없다.'

너무하지 않은가! 내 생각은 격렬히 저항했고 싸움은 계속됐다. 내 생각은 폴리를 좋아했다. 나는 폴리를 잃지 않으려 싸웠다. 그러나 결국 진실이 이겼다. 나는 결혼식 날 다른 여자들을 모두 버렸음을 알았다. 그 약속은 말만이 아니라 행동으로 지켜져야 했다.

폴리는 오랫동안 애인으로 내 울타리 안에 있었지만 이제 나는 문을 열고 그녀를 내보낼 때를 맞았다. 폴리는 그녀에게 꿈과 희망을 두고 사는 남편이 있었고 그녀를 사랑하는 자녀들이 있었다. 설사 폴리가 아무것도 모를지라도(정말 몰랐다) 나는 그녀를 생각할 권리가 없었다. 게다가 브렌다는 내게서 더 좋은 것을 받아 마땅했다.

나는 폴리에 대한 생각을 사로잡고, 폴리에게 끌리는 마음을 버려야 했다. 그 과정은 생각보다 훨씬 간단했다. 나는 '기억의 닻'을 모두 없앴다. 즉 폴리의 옛 카드며 편지며 사진을 전부 버렸다. 하나님의 백성이 약속의 땅에 들어가 가나안 사람들에게 해야 했던 것처럼 나는 폴리의 흔적을 모두 제했다.

그런 조치로 상황은 호전됐지만 문제는 폴리의 닻만이 아니었다. 나는 그녀에 대한 기억까지 지워야 했다. 우리 결혼 생활을 향한 하나님의 소원과 희망을 그 기억이 방해했기 때문이다.

기억을 어떻게 지울까? 뾰족한 수는 없었지만 그래도 해 봐야 했다.

첫째, 나는 이해와 통찰을 달라고 기도했다. 나의 하는 일을 나도 몰랐기 때문이다. 나는 아는 만큼 최선을 다해 비틀거리며 앞으로 나갔다. 머릿속에 폴리가 들어올 때마다 나는 권리의 방패를 사용하기 시작했다. 나는 냉정히 말했다. '나는 폴리를 생각할 권리도 없고 그럴 마음도 없다.'

그렇게 말한 뒤 나는 찬송을 부르거나 성경을 외웠다. 이유는? 싸움 초기에 깨달은 바지만 생각을 쫓아내면 빈 자리가 남는다. 빈 자리를 채우지 않으면 '폴리 생각'이 다시 밀려온다. 그래서 나는 나직이 찬송을 불러 빈 자리를 채웠다. 처음에는 힘든 싸움이었다. 찬송이 끝나면 즉시 폴리가 되돌아올 수 있었다. 그래서 여러 절을 불러야 할 때도 있었다. 시간이 흐르자 나는 작은 싸움에는 항상 이겼으나 몇 시간 내지 며칠 안에 생각이 되살아났다. 나는 다시 싸웠다.

그 시절에 하던 생각이 기억난다. '포로로 잡은 생각을 수용소에 가둬 두기만 하는 건 위험하다. 생각을 핵무기로 궤멸해야 한다!' 약간 진부한 생각이긴 하지만 이 싸움만 끝나면 승리는 문제없다는 것을 나는 알았다.

시간이 흐르면서 차차 승세가 굳어졌다. 연습을 통해 나는 침입하는 부도덕한 생각을 정말 움켜잡아 내던질 수 있었다. 찬송하지 않고도, 빈 자리를 채우지 않고도 말이다. 마음만 먹으면 내보낼 수 있었다. 시간이 더 흘러 폴리 생각은 완전히 없어졌다. 드디어 내 두뇌는 폴리 생각이 용납되지 않음을 알아차렸다.

사탄의 크루즈 미사일

그러나 앞서 말한 것처럼 울타리 안의 매혹을 처리하지 않으면 둘째 위험이 따른다. 당신이 방심하면 사탄은 당신의 결혼 생활에 크루즈 미사일을 날려 당신의 세계를 한순간에 쑥대밭으로 만들 수 있다.

수년 전 나는 결혼한 친구 켄의 문제를 보았다. 켄은 내게 말하지 않았지만, 몇 번 그의 집에 갔을 때 나는 TV 영화 채널에 섹스 신이 나올 때마다 켄의 손가락이 리모콘 위에서 머뭇거리는 것을 보았다. 머뭇거림은 거의 지각할 수 없는 정도였지만 내게는 쉽게 보였다. 그는 눈에 방어망이 없었다. 그래서 나는 그가 평소에 뭘 보는지 알 수 있었다. 그러나 그의 평상시 생각은 몰랐다. 알았을 때는 이미 너무 늦었다.

켄 부부는 여러 문제가 있었다. 켄에게 최악의 문제는 성적 좌절이었다. "조앤은 나를 채워 주지 못하네." 그는 내게 말했다. "내가 요구하는 게 많지 않으니까 큰 수고가 드는 것도 아니지. 난 그저 프렌치키스를 원할 뿐일세. 아내는 절대 안 하지. 함께 노닥거리다 열기가 올라 내가 프렌치키스를 시도하면 아내는 언제나 화내며 뒤로 뺀다네. 더럽고 욕지기가 난다는 거야. 어째서 프렌치키스가 다른 키스보다 더 더러운지 난 이해가 안 되네. 똑같은 침 아닌가! 게다가 성경은 아내의 몸이 아내 것이 아니라 사실상 내 거라고 말하네. 성경은 내게 성적 만족의 권리를 주지. 조앤은 내 아내로서 나를 성적으로 채워 줄 의무가 있네. 난 억울했네. 참 막막하더군."

사실 켄은 어찌할 바를 이미 정해둔 터였다. 옛 애인에게 생각을 돌려 그녀와의 프렌치키스와 그 이상을 공상했던 것이다. 그녀는 프렌치키스를 유난히 좋아했었다. 켄은 제대로 걸려들었다.

켄은 몇 년째 옛 애인 소식을 듣지 못했었다. 켄은 자신의 생각이 해로울 게 없어 보였다. 다칠 게 뭐 있는가? 그는 그녀가 어디 있는지도 몰랐다. 그러나 사탄은 알았다. 난데없이 그녀가 켄에게 전화를 걸어 근처에 와 있다고 말했다. 방심하고 있던 켄의 생각은 방어망이 쳐 있지 않을 때 일어날 수 있는 일들로 내달렸다.

둘은 호텔 방으로 갔다. 한순간이었다! 자기에게 그런 일이 벌어질 줄 몰랐지만 매서운 주먹 한방에 그의 결혼 생활은 폭파되어 산산조각이 났다. 그는 거부할 수 없었다.

기본은 이것이다. 옛 애인이나 전 아내에게 아직도 매력을 품고 있다 해도 당신은 그녀와 어떤 관계도 맺을 권리가 없다.

친구의 아내

당신 생각에 켄 같은 외도는 너무 드문 일이라 '나는 절대 그런 짓 안 한다!'고 장담할지 모른다. 그러나 당신이 조금이라도 지각이 있을진대 그런 말은 전혀 무의미하다. 당부한다. 부디 당신 자신을 보호하라. 무방비로 있지 말라. 당신도 속을 수 있다.

누구에게든 당신의 방어를 늦추기에는 너무 많은 것이 달려 있다. 당신 친구들의 아내도 거기 포함된다. 절친한 친구가 당신에게 자기 재산을 다 주며 관리를 맡긴다면 당신은 분명 현명한 투자로 위험을 피할 것이다. 더 중요하게 당신은 친구의 가장 소중한 사랑인 그의 아내에 대해 절대 위험을 피해야 한다.

당신은 한 번이라도 친구 아내에게 마음이 끌려본 적이 있는가? 방어망이 없었다면 필시 그런 매혹을 많이 느꼈을 것이다. 당신은 남자다.

끌리는 건 인지상정이다. 그럴 때 어찌할 것인가?

역시 진실로 시작한다. 나는 친구와의 관계를 떠나서는 친구 아내와 어떤 관계도 맺을 권리가 없다. 특히 잊지 말아야 할 것이 있다. 당신 쪽이든 친구 쪽이든 부부 사이가 좋지 않을 때 친구 아내와 대화하는 것보다 더 위험한 일은 없다.

친구 아내를 못 믿어서가 아니다. 불상사의 소지를 막기 위해서다. 친구 아내는 당신에게 친동생과 같아야 한다. 둘 사이에 조금도 매혹이 없어야 한다.

당신은 언제나 친구 아내와 얼마간의 관계를 맺게 된다. 그러나 친구가 동석해 있을 때로 제한하라. 언제나 가능하지는 않겠지만 다음 간단한 규칙들이 당신을 울타리 내의 기습 공격에서 막아줄 것이다.

1. 당신 아내나 당신 친구가 함께 있지 않는 한 당신과 친구 아내 사이의 대화를 일체 제한하라. 가볍고 짧게 하라.
2. 친구에게 전화했는데 친구는 없고 아내가 받거든 바로 끊어라. 무례하지는 말아야겠지만 짤막한 대화 이상은 계획하지 말라.
3. 친구 집에 들렀더니 친구는 없는데 아내가 들어오라고 할 수 있다. 그럴 때는 어찌할 것인가? 정중히 사양하라. 들어가서 좋을 일이 무엇이 겠는가?
4. 친구 아내에 대한 매혹을 일체 사로잡아 완전히 처치하라. 눈을 굶기고 생각을 사로잡는 규칙으로 돌아가라. 꿈에라도 "난 감당할 수 있다. 문제

없다"고 절대 혼잣말하지 말라. 그녀가 매혹의 신호를 보고 반응을 보여야겠다고 마음먹을 일이 없도록 당신은 생각을 의지적으로 뿌리쳐야 한다. 맞장구칠 여지를 상대에게 조금도 주지 말라.

이런 주의 사항이 너무 엄하고 빡빡해 보일 수 있지만 우리는 지금 안전 대책을 권하고 있다. 사실 이 접근이 관계를 억압하지는 않는다. 친구 아내는 대부분 친구와 함께 있고 따라서 이 규칙들이 적용될 일은 많지 않다. 당신이 친구 아내와 단둘이 있는 경우는 거의 없다.

하나님이 하나 되게 하신 것을 인간이 나누지 못하게 하라. 당신 자신의 꿈과 희망을 보호하듯 당신 친구의 꿈과 희망을 힘써 보호하라. 당신은 그의 친구다. 교회 내 이혼율을 감안할 때 간단한 방어망 하나는 당신에게 무리한 요구가 아니다.

특수 상황에 조언하고자 한다. 당신이 독신자인데 친한 이성 친구가 결혼한다면 신속하고 은혜롭게 기꺼이 우정을 마감하라. 결혼하면 모든 것이 달라진다. 그녀는 더 이상 전과 같지 않다. 신비롭게도 그녀는 이제 다른 남자와 한몸이다. 그녀는 부부 관계를 세우고 자기 남편과 함께 '부부 친구들'을 찾는 데 힘쓸 필요가 있다.

프레드: 교훈을 배우다
브렌다를 알기 전 내 가장 친한 친구는 같은 아파트 위층에 살던 메리라는 여자였다. 메리는 애인이 있었고 애인에게 철저히 충절을 지켰으

며 나도 당시 애인을 찾던 중이 아니었으므로 우리는 친하게 지냈다. 나는 몇 시간이고 그녀와 함께 앉아 메리의 불안, 두려움, 좌절에 관한 얘기를 듣곤 했다. 나는 캘리포니아에서 아이오와로 막 이사온 터라서 가까운 친구는 메리뿐이었다.

그러다 나는 브렌다를 만났고 7개월간의 연애는 주로 전화를 통해 이루어졌다. 브렌다는 3시간 거리의 다른 도시에 살고 있었기 때문에 메리와 마주칠 일이 없었다. 결혼 직후 나는 브렌다에게 다음 수요일 메리와 함께 점심을 먹을 계획이라고 말했다.

"왜요?" 브렌다가 물었다.

"서로 근황이나 나누려고."

"나는 끼워 주지 않는다 이거죠?"

"메리가 사적인 문제로 나와 얘기하고 싶대요. 잘 모르는 당신 앞에서 얘기하려면 아무래도 마음이 불편하겠지."

"좋은 일인지 잘 모르겠군요."

"왜요?" 나는 물었다. "우린 그냥 친구일 뿐인데."

"글쎄요." 브렌다는 설명했다. "우선 나는 우리가 각자 따로 이성 친구를 갖는다는 것이 편치 않아요. 게다가 당신이 독신 여성과 단둘이 점심을 먹는 것도 안 좋아 보여요. 교회 사람이 보기라도 하면 어쩌겠어요? 왠지 느낌이 좋지 않아요."

"당신 나를 믿지요?"

"믿어요. 그리고 그쪽도 애인이 있다니까 여자의 동기도 이제 믿어요. 하지만 여자의 동기가 중간에 변하면 어쩌지요? 내가 곁에서 보고 있는 것도 아닌데."

나는 브렌다의 논리를 생각해 본 후 결국 점심 약속을 취소했다. 일리가 있었다. 나는 메리와 둘이 점심을 먹는 것이 적절치 못함을 깨달았다.

브렌다의 조언을 듣기를 잘했다. 결혼 생활이 힘들던 첫 2년간, 폴리의 기억만 해결하면 됐으니 얼마나 다행인가. 메리까지 얽혔다면 어떻게 됐을지 누가 알겠는가? 메리와 나는 전혀 로맨틱한 사이가 아니었지만 가까움과 친밀함이 로맨스로 바뀔 수도 있었다. 그녀에게 빠지기라도 할 경우 갓 그리스도인이 된 내가 그것을 물리칠 수 있었을까? 내 이력을 보건대 브렌다가 초반에 그 우정을 정리해 주어 다행이다.

결혼하는 순간 이성과의 우정을 무조건 다 끝내야 한다고 말하는 이들도 있다. 나는 거기까지는 아니지만 그런 우정을 잘 감시해야 한다는 말은 하고 싶다. 조심하는 것이 지혜로운 일이다.

희생과 축복

『마지막 추구』(The Final Quest)에서 릭 조이너는 "영적 성숙이란 언제나 남의 소원이나 하나님 나라의 유익을 위해 내 소원을 기꺼이 희생하려는 마음으로 나타난다"고 말했다.

당신의 눈과 생각을 순결하게 하는 것은 명령 이상이다. 그것은 희생이기도 하다. 그렇게 희생하여 당신의 소원을 내려놓을 때 축복이 넘친다. 당신의 영적 삶은 새로운 기쁨과 능력을 경험하며, 부부 금실이 새록새록 좋아지면서 결혼 생활도 활짝 피어난다.

전심으로 그 관계를 경험하는 것이 이 책 마지막 부의 주제다.

 여자의 마음

브렌다는 이번 제5부가 싫다며 이렇게 말했다. "남자들은 마음과 생각이 제멋대로 돌아가는 믿지 못할 늑대들 같아요. 그들에게는 성스러운 것이 하나도 없단 말입니까? 우리 여자들은 이 부분을 읽고도 남자들을 믿을까요? 목사조차 순결한 사람이라고 믿을 수 없잖아요. 혹시라도 프레드가 어떻게 된다면 나는 절대 재혼하지 않을 것 같아요. 남자들한테 거의 신뢰가 없기 때문이지요."

브렌다는 또 프레드가 이 장에서, 특히 폴리와 메리 얘기를 하는 대목에서, 자신을 신뢰성 없는 남자로 그렸다고 보았다. 남자들은 그렇게 읽지 않을지 몰라도 여자들은 그렇게 본다고 브렌다는 말했다.

우리는 브렌다의 말을 부정하지 않는다. 프레드는 정말 신뢰성 없이 살았다. 그때로선 그도 어쩔 수 없었다. 남자들에게 매혹은 그냥 생기는 것 같다. 남자의 본성의 일부다. 물론 여자들도 딴 남자에게 끌릴 수 있지만 남자들이 딴 여자에게 끌리는 것만큼 빈번하지 않다.

브렌다는 말했다. "나는 딴 남자들에게 관심을 두는 일이 거의 없어요. 잘생긴 남자가 눈에 띨 수도 있지만 지나가는 생각 이상은 절대 아니지요. 결혼 전 저는 혹 내가 딴 남자에게 끌리지 않을까 걱정했었지만, 웬일인지 그 근처에 갈 만한 일도 한 번도 없었어요. 바람을 피우거나 게을러 터졌거나 혼자밖에 모르는 둔감한 남편을 둔 여자들한테 있을 수 있는 일이겠지요."

디나도 공감했다. "나는 정말 이 부분이 잘 이해가 안돼요. 여자로서 나한테는 그런 문제가 없어요."

반면 캐시는 약간 유보적 입장이다. "육체적으로 매력 있는 남자가 보이면 나는 잠시 보며 감상할 수는 있지만 마음에 두지는 않아요. 나는 심취 단계를 넘어서서, 저 남자도 필시 입 냄새가 고약하고 코를 후비고 아내 몰래 바람도 피우겠거니 생각하는 법을 배웠어요. 설령 그런 남자가 아니라 해도 나는 그 사람에 대해 공상할 권리가 없어요."

이 부분에 별 문제가 없어 보이는 남자들도 있다. 안드리아와 헤더는 둘 다 남편이 눈의 문제는 있으나 생각의 문제는 없다고 자신 있게 말했다.

물론 남자들에게 닥쳐오는 대부분의 매혹은 급작스런 것이 아니다. 천천히 형성되는 매혹이 가장 위험하다. 남자만큼 잘 매혹되지 않는 여자들도 천천히 형성되는 매혹에 빠질 수 있다. 여자들도 대비해야 한다. 외도의 통계는 기막힐 정도다. 남자고 여자고 매혹이 얼마나 위험할 수 있는지 알아야 한다.

제 6부

마음의 승리

Victory In Your Heart

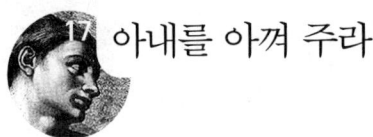 17 아내를 아껴 주라

눈과 생각을 보호하는 외곽 방어망은 당신의 성적 부도덕을 막아 주며, 그리하여 틀림없이 아내는 당신 눈에 누구와도 비할 수 없는 존재로 남는다.

이제 가장 내부 방어망인 셋째 방어망에 대해 얘기해 보자. 바로 하나님의 목적에 사로잡혀 당신 아내를 아껴 주는 것이다.

하나님께 대한 당신의 헌신이 제일 먼저 보이는 곳
그리스도인들이 하나님의 목적에 사로잡힌다면 그것이 처음 나타나는 곳은 부부 관계다. 그러나 교회 내의 이혼율, 외도, 결혼 생활의 불만이 우리 마음을 잘 대변해 준다.

우리는 부부 관계에 취한 남자를 거의 보지 못했고, 순결에 취한 남자는 더 보지 못했다. 그러나 둘 다 당신을 향한 하나님의 소원이다. 당신의 부부 관계를 향한 하나님의 목적은 그것이 그리스도와 그분의 교회 간의 관계를 닮는 것, 즉 당신과 아내가 하나 되는 것이다.

하지만 그리스도와 교회의 관계라는 기준은 우리의 성적 순결과 어떤 상관이 있는가? 우리 마음속에는 종종 아내에 대한 이기적 태도와 기대가 있다. 그 기대가 채워지지 않으면 우리는 불평하고 좌절한다. 두 외곽 방어망을 유지하려는 우리 의지가 시들해진다. '아내가 이 모양인데 나라고 노심 초사 순결에 힘쓸 이유가 뭔가? 아내는 그걸 받을 자격이 없다.' 우리는 책임을 다하지 않음으로 복수한다. 하지만 아내를 아껴주는 데는 성적 순결도 포함된다. 이 내부 방어망이 실패하면 눈과 생각의 외곽 방어망도 실패할 수 있다. 그것도 아주 신속히 말이다.

당신은 하나뿐인 아내를 아껴주기가 어렵게 느껴질 수 있다. 그 기분 우리도 이해한다. 아껴준다는 것은 부드럽게 대하며 소중히 여긴다는 뜻이다. 그러기 위해 당신은 낭만적인 충동을 느끼기 원한다. 기분이 안 나는데 어쩔 것인가? 그러나 당신의 성적 순결과 결혼 생활의 힘 자체에 이토록 파장을 미치는 일을 달랑 감정에만 맡겨 둘 수는 없다.

아껴 줄 때의 감정

아껴 준다는 것은 어떤 감정일까? 당신 아내는 당신이 아껴 준다고 느끼고 있는가? 예로부터 솔로몬의 아가는 신부를 향한 그리스도의 감정과 그에 응한 신부의 감정을 비유적으로 표현한 것으로 풀이되곤 했다. 그 해석을 염두에 두고서 다음 말씀을 읽어 보라. 아가서 4-7장을 압축한 것이다.

먼저 신부를 향한 예수님의 감정을 보자.

내 사랑 너는 어여쁘고도 어여쁘다.
너울 속에 있는 네 눈이 비둘기 같고 …
네 입술은 홍색 실 같고 네 입은 어여쁘고 …
나의 사랑 너는 어여쁘고 아무 흠이 없구나 …
내 누이, 내 신부야. 네가 내 마음을 빼앗았구나.
네 눈으로 한 번 보는 것[으로] …
내 마음을 빼앗았구나 …
내 누이, 내 신부야. 네 사랑이 어찌 그리 아름다운지 …
머리는 갈멜 산 같고 드리운 머리털은 자줏빛이 있으니
왕이 그 머리카락에 매이었구나.
사랑아 네가 어찌 그리 아름다운지,
어찌 그리 화창한지 즐겁게 하는구나
(아 4:1, 3, 7, 9-10, 7:5-6).

이번에는 예수님을 향한 교회의 감정을 보자.

내 사랑하는 자[남편]는 희고도 붉어 많은 사람 가운데에 뛰어나구나.

머리는 순금 같고 머리털은 고불고불하고 까마귀같이 검구나 …

입은 심히 달콤하니 그 전체가 사랑스럽구나 …

이는 내 사랑하는 자요 나의 친구로다 …

나는 내 사랑하는 자에게 속하였도다.

그가 나를 사모하는구나 …

우리가 일찍이 일어나서 포도원으로 가서 …

거기에서 내가 내 사랑을 네게 주리라.

합환채가 향기를 뿜어내고 우리의 문 앞에는

여러가지 귀한 열매가 새 것, 묵은 것으로 마련되었구나.

내가 내 사랑하는 자 너를 위하여 쌓아 둔 것이로다

(아 5:10-11, 16, 7:10, 12-13).

그분의 신부의 일부인 당신을 향한 예수님의 연모가 느껴지는가? 그 반응으로 당신 마음도 그분을 그처럼 갈망하는가?

우리의 부부 관계는 그리스도와 교회의 관계를 닮아야 하기에 아내를 향한 우리의 감정도 이 말씀과 닮아야 한다.

사랑이 얼마나 가슴 설레는 것일 수 있는지 잘 일깨워 주는 말씀이다. 우리 사랑이 하나님께서 뜻하셔서 허락하신 하나뿐인 아내에게로 향할 때 특히 그렇다.

프레드: 조건에 얽매인 사랑

당신은 아내에게 그런 감정이 있는가? 나는 늘 그렇지는 않았다.

학교 다닐 때 불시에 치르던 시험이 기억날 것이다. 나쁜 교사들이 당신의 지식을(혹은 무지를) 만천하에 알리려고 써먹는 일종의 잔인한 진실 게임이다. 하나님도 불시의 시험을 좋아하신다. 단 그분이 측정하시는 것은 우리의 지식이 아니라 성품이다.

나는 결혼 생활 첫 2년을 생각하면 시험이 떠오른다. 그때 브렌다와 나는 내 본가 식구들과의 문제로 휘청거렸다. 부부 관계가 급속도로 나빠지고 있었다.

그 즈음 발렌타인데이에 나는 카드를 사러 갔다. 알고 보니 예고도 없이 던져진 하나님의 시험이었다. 카드를 쭉 넘기며 인쇄된 글귀를 읽었다. 그러나 너무 '감상적'이거나 너무 '인위적'이거나 너무 '낭만적'이라서 하나하나 도로 제자리에 꽂았다. 피할 수 없는 진실 앞에 부딪치면서 내 안에 조금씩 두려움이 찾아들었다. 가게 안의 발렌타인 카드들 가운데 내가 조금이라도 진심으로 보낼 수 있는 것은 단 한 장도 없었던 것이다.

나는 우리 부부 관계의 현실을 절감하며 고개를 숙인 채 가게를 허둥지둥 빠져나왔다. 내 시험 점수는? 기가 막혔다!

당신은 어떤가? 당신은 아내를 아껴 주고 있는가? 아내의 사랑을 느끼고 있는가?

그렇지 않다면 당신도 나랑 똑같이 하다가 그렇게 됐을 것이다. 즉 하나님의 기준을 무시한 것이다. 하나님의 기준은 이유 여하를 막론하고 아내를 무조건 아껴 주는 것이다. 조건이 없다. 그러나 우리는 얄팍한 말장난으로 '조건부 계약'을 만들어 냈다.

내가 하나님 목적에 맞게 살고 있었다면 나는 아무 조건도 더하지 않았을 것이다. 그러나 나는 부부 관계에 조건을 달았다. 아내가 우리 식구들과 화해하고 좋아지면, 그러면 아내를 아껴 주겠다는 것이었다.

조건을 달 때 우리는 결혼 생활에 대한 자신의 기대에 시선을 고정한다. 물론 뭔가를 기대하는 것은 전혀 잘못이 아니다. 결혼 예비학교에서 나는 늘 이렇게 묻는다. '독신으로 남아 있을 수 없을 만큼 당신이 결혼 생활에 기대하는 바가 무엇입니까?' 우리는 필요가 채워지고 꿈이 실현되는 에덴을 희망한다.

우리는 계약 조건 하에 아내가 그런 것들을 채워 주기를 기대한다. 거기서 문제가 생긴다. 나는 브렌다가 계약의 자기 몫을 수행하지 않는다고 느껴지자 분노와 원한이 치밀었다. 더 이상 아내를 아껴 줄 마음이 들지 않았다.

초점이 그래가지고는 부부 연합이 자랄 수 없다. 예컨대 빌은 자기 아내에 대해 이렇게 말했다. "아내는 통 의욕이 없어요. 결혼할 때 내가 기대한 것은 계속 맞벌이로 일해서 일찍 재정적 기반을 확실히 다지는 것이었습니다. 그런데 아내는 자기 몫을 하지 않아요. 정말 이기적이고 게을러 보입니다. 그러다 아내는 아기를 가졌습니다. 몇 달 후 저한테 그러더군요. '내 외모가 마음에 안 들어서 아기가 태어날 때까지는 성관계를 하고 싶지 않아요.' 얼마나 불공평합니까? 성관계가 없다니 정말 생각할수록 답답했습니다. 아내가 자기 맘대로 살 거라면 나도 내 맘대로 살면 된다는 생각이 들더군요. 나는 성적 만족을 누릴 성경적 권리가 있습니다. 어떤 식으로든 채우면 됩니다. 그러다 외도에 빠졌습니다." 외도의 구실치고는 속이 뻔히 보이지만 근본 원인은 빌이 결혼 생활에 대한 자신의 기대에 초점을 둔 데 있었다.

이런 식의 조건부 계약은 실패하게 돼 있다. 살아가면서 조항이 계속 늘어나기 때문이다. 연애 기간이 아무리 길어도 우리는 마음과 생각의 숨은 조건, 늘 변하는 조건을 다 꿰뚫을 만큼 서로를 잘 알지 못한다.

예컨대 나는 본가와의 커다란 문제를 어떻게 예상할 수 있었겠으며, 브렌다는 내 불 같은 성질을 어떻게 예상할 수 있었겠는가? 나는 맨손으로 벽에 구멍을 여럿 냈고 스프가 담긴 냄비를 주방 바닥에 팽개쳤다. 아내가 이런 걸 어떻게 예상할 수 있었겠는가?

조건적 결혼 계약은 본래 우리가 결혼 생활에서 얻고 싶어하는 바를 규정한다. 시간이 지나고 지식이 늘면서 우리는 더 많은 기대와 요구를 부가한다. 결국 계약서는 더 이상 알아 보기조차 어렵게 된다. '잠깐! 내 기대와 다르군. 난 손떼겠어!'

스프가 바닥에 쏟아지고 얼마 지나서 브렌다와 나는 진실의 순간에 이르렀다. 아내는 간단히 말했다. "다르게 말할 길을 모르겠어요. 당신을 향한 내 감정은 죽었어요." 아내는 우리가 이혼을 생각해야 할지도 모르겠다고 했다.

그 말을 듣는 순간 나는 눈앞이 아찔했다. 이혼한 부모 밑에서 자라던 옛날의 공포감이 다시 나를 덮쳐왔다.

아무리 자갈만 먹어도
며칠이 지났다. 어느날 브렌다가 출근한 후 나는 냉장고 앞에 서서 손을 뻗어 우유를 꺼냈다. 아내의 말이 내 가슴을 무겁게 짓눌렀다. 우유를 따르고 냉장고 문을 닫은 뒤 나는 가만히 있었다.

뭔가를 해야 했다.

오른손을 들어 손가락으로 하늘을 가리키면서 나는 선언했다. "하나님, 아무리 자갈만 먹어야 한대도 좋습니다. 이혼만은 절대 안 하겠습니다."

마침내 나는 결혼식 날 내가 했던 약속을 이해했다. 내 약속은 조건부가 아니었다. 아내가 내게 고기와 감자를 먹이면 난 먹을 것이다. 아내가 내게 자갈을 먹여도 난 먹을 것이다. 나는 필요에 따라 어떻게든 바뀌거나 참거나 사랑하겠지만, 아내를 사랑하고 아껴주기로 한 약속만은 어떤 대가를 치르고라도 지키기로 했다.

당신은 물을 수 있다. "자갈을 먹는 것이 아껴 주는 것과 무슨 상관인가? 평화를 지키자고 모든 것을 포기해야 하나? 내 권리는 어쩌고?"

과연 당신은 소정의 권리가 있다. 당신 아내에게 그에 따른 책임이 없다는 말이 아니다. 그러나 결혼이라는 공유 공간에서 숱한 방식으로 피차 찌르는 것이 우리일진대 우리의 초점은 아내의 모난 면이 아니라 내 모난 면에 있어야 한다.

조건적 계약에 뿌리를 둔 결혼은 시든다는 것을 하나님은 언제나 아셨다. 그래서 그분은 무조건적 언약을 세우셨다. 조건은 변한다는 것을 그분은 아셨다.

우리는 에덴의 저주가 고역스런 저주임을 자주 잊지만 하나님은 잊으신 적이 없다. 삶이란 마치 조건의 빵을 빚는 홍두깨와 같아서, 우리가 맺는 철없는 계약을 잘도 으깨 놓는다. 결혼의 환상에 젖어 우리는, 여전히 장시간 이마에 땀흘려 일해야 먹을 수 있고 부부가 항상 마음만큼 자주 볼 수 없음을 잊을 수 있다. 직장 상사에게 터지고 당해 멍한 머리로 집에 와 말할 기운조차 없을 때가 있음을 우리는 잊을 수 있다. 출산의 고통과 함께 몸이 다시는 이전 체형을 되찾을 수 없음을 우리는 잊을 수 있다.

조건 이행을 불가능하게 만들 시련과 환난이 무수히 많건만 우리는 어쨌든 보장을 요구하며 결혼 생활에서 모종의 에덴을 요구한다. 아내를 무조건 아껴 주는 것이 변함없는 우리의 본분임에도 말이다.

그것은 우리에게 에덴과는 멀어 보인다. 우리는 본분이 싫다. 그래서 우리의 내부 방어망이 허물어지고, 우리는 하나님의 목적에 대한 관심을 상실한다.

온전한 충절의 남자

이제 우리는 자신의 본분을 좋아했고 하나님의 목적을 사랑했던 성경

속의 한 남자에게로 시선을 돌리려 한다. 모든 남자는 그처럼 충실해야 하며, 자신의 왕과 아내 모두를 그처럼 아껴야 한다.

그 남자의 이름은 우리아다.

역대상 11장에 우리아는 다윗의 '용사' — "여호와께서 이스라엘에 대하여 이르신 말씀대로" "다윗을 힘껏 도와 나라를 얻게 하고 그를 세워 왕으로 삼[은]"(10절) 남자들 — 중 하나로 열거된다.

우리아는 정녕 자기 왕 다윗의 목적에 사로잡힌 자였고 하나님의 목적에도 사로잡힌 자였다. 우리아는 사울이 바짝 뒤쫓을 때 동굴에서 다윗 편에 있었다. 시글락의 집들이 불탔을 때 그는 다윗과 함께 울었다. 그는 다윗이 왕위에 오를 때 목이 터져라 환호했고, 다윗 왕국을 온 땅에 넓히고자 용감히 싸웠다. 하나님의 목적에 삶을 바치기로 서약한 우리아는 다윗의 왕위를 위해 위험도 불사했다.

어디서 들어본 말 같지 않은가? 당신도 누군가에게 삶을 서약하지 않았던가? 일가 친지 앞에서 당신은 다른 여자들을 다 등지고 아내만 받들고 아껴 주기로 서약했다. 아내를 독신 때보다 더 행복하게 해 주겠다고 약속했다. 당신은 그 헌신에 사로잡혀 있는가? 충절을 다하며 아내를 온전히 아껴줄 만큼 사로잡혀 있는가? 하나님의 목적과 당신의 약속이 마침내 당신 삶에 굳게 설 때까지 위험도 불사하고 자갈도 먹을 만큼 사로잡혀 있는가?

우리아는 그렇게 사로잡혀 있었다. 그의 충절은 온전했다. 하지만 다윗의 충절은 그렇지 못했다. 다윗은 우리아의 아내 밧세바와 동침했다.

여자가 임신하자 그는 문제를 수습해야 했다. 언제나 그렇듯 우리아는 다윗의 전쟁을 싸우고 있었다. 밧세바의 임신이 의미하는 것은 하나뿐이었으니 곧 아기의 아버지가 우리아가 아니라 다윗이라는 사실이었다.

다윗은 책략을 꾸미며 사태에 대처했다. 그는 우리아를 전선에서 소환했다. 밧세바를 끌어안고 따뜻한 밤을 보내도록 우리아를 귀가 조치하는 것이 다윗의 계획이었다. 다윗의 동작만 빠르면 사람들은 자연히 뱃속의 아기를 우리아의 아기로 생각할 것이었다.

안타깝게도 왕에 대한 우리아의 충절이 하도 온전해 다윗의 계획은 수포로 돌아갔다.

> 그[다윗]가 또 우리아에게 이르되 "네 집으로 내려가서 발을 씻으라" 하니 우리아가 왕궁에서 나가매 왕의 음식물이 뒤따라가니라. 그러나 우리아는 집으로 내려가지 아니하고 왕궁 문에서 그의 주의 모든 부하들로 더불어 잔지라. 어떤 사람이 다윗에게 아뢰되 "우리아가 그의 집으로 내려가지 아니하였나이다." 다윗이 우리아에게 이르되 "네가 길 갔다가 돌아온 것이 아니냐. 어찌하여 네 집으로 내려가지 아니하였느냐" 하니 우리아가 다윗에게 아뢰되 "언약궤와 이스라엘과 유다가 야영 중에 있고 내 주 요압과 내 왕의 부하들이 바깥 들에 진 치고 있거늘 내가 어찌 내 집으로 가서 먹고 마시고 내 처와 같이 자리이까. 내가 이 일을 행치 아니하기로 왕의 살아 계심과 왕의 혼의 살아 계심을 가리켜 맹세하나이다." 다윗이 우리아에게 이르되 "오늘도 여기 있으라. 내일은 내가 너를 보내리라." 우리아가 그날에 예루살

렘에 머무니라. 이튿날 다윗이 그를 불러서 그로 그 앞에서 먹고 마시고 취하게 하니 저녁 때에 그가 나가서 그의 주의 부하들과 더불어 침상에 눕고 그의 집으로 내려가지 아니하니라(삼하 11:8-13).

우리아를 보라! 집에 가서 하다못해 발도 씻지 않을 만큼 그는 하나님의 목적에 철저히 사로잡혀 있었다. 술에 취해서도 헌신과 열정이 흔들리지 않을 만큼 그의 충절은 깊었다. 그를 넘어뜨리려는 어떤 간교한 계략도 통하지 않을 만큼 그의 영혼은 한없이 순결했다. 하나님은 다윗이 교활한 속임수로 하나님께 대한 그리고 하나님의 일등 신하 우리아에 대한 자신의 중죄를 덮도록 그냥 두지 않으셨다. 하나님은 우리아를 사랑하셨고 밧세바를 향한 우리아의 사랑을 사랑하셨다.

우리아는 자기 본분을 알았다. 그는 하나님의 목적의 일부가 되어 제 역할을 다하는 것으로 만족했다.

우리아처럼 되려면 우리도 자기 본분을 알고 거기에 만족해야 한다.

당신의 새끼 암양

아껴 준다는 것은 무슨 뜻인가? 우리아의 예를 두고 다른 데서 찾을 필요가 없다. 밧세바를 아끼는 그의 마음은 사람을 변화시키는 힘이 있었다.

다윗의 지시로 우리아가 전쟁터에서 죽은 후 하나님은 선지자 나단을 보내 다윗의 죄를 지적하셨다. 밧세바를 아끼고 사랑하는 우리아의 마음을 그분은 그림처럼 생생한 이야기로 풀어내셨다.

> 여호와께서 나단을 다윗에게 보내시니 그가 다윗에게 가서 그에게 이르되 "한 성읍에 두 사람이 있는데 한 사람은 부하고 한 사람은 가난하니 그 부한 사람은 양과 소가 심히 많으나 가난한 사람은 아무것도 없고 자기가 사서 기르는 작은 암양 새끼 한 마리뿐이라. 그 암양 새끼는 그와 그의 자식과 함께 자라며 그가 먹는 것을 먹으며 그의 잔으로 마시며 그의 품에 누우므로 그에게는 딸처럼 되었거늘 어떤 행인이 그 부자에게 오매 부자가 자기에게 온 행인을 위하여 자기의 양과 소를 아껴 잡지 아니하고 가난한 사람의 양 새끼를 빼앗아다가 자기에게 온 사람을 위하여 잡았나이다" 하니 (삼하 12:1-4).

이야기의 부자는 다윗을 가리킨다. 그는 밧세바를 자기 성욕을 채우기 위한 탈취 대상으로밖에 보지 않았지만 '가난한 자' 우리아는 '양 새끼'를 삶의 기쁨이요 제 품에 재우며 아껴 줘야 할 소중한 귀염둥이로 여겼다. 우리아는 아내가 하나뿐이었다. 그처럼 충절이 깊은 남자라면 하나밖에 있을 수 없다. 그의 암양 새끼 밧세바는 그와 함께 뛰고 깡충거리고 장난치고 웃으며 그에게 큰 기쁨을 안겨 주었다.

새끼 양이 "그에게는 딸처럼 되었[다]"고 성경은 말한다. 당신도 딸이 있는가? 그렇다면 당신도 하나님이 말씀하시려는 바를 안다. 딸을 향한 사랑은 각별한 데가 있다. 딸들한테는 아껴 주는 마음이 그냥 생긴다.

딸들은 조그만 동물 인형, 바비 인형, 머리에 이가 있는 학교의 어떤 여자애, 운동장에 침을 뱉는 남자애에 대해 얘기한다. 딸들은 웃을 때 눈이 빛난다. 우리는 딸을 지켜 주고 딸과 장난치는 것이 즐겁다. 그냥 딸과 함께 있고자 팔짱끼고 강가를 걷는 것이 즐겁다. 무엇보다 딸아이가 품안에서 잠들 때 우리는 가장 좋다. 우리는 그들의 본질 자체를 아껴 준다.

당신 아내는 당신의 새끼 암양인가?

이 이미지가 당신에게 불편하게 느껴질 수 있고 남성 우월주의처럼 들릴 수 있다. 우리는 힘이나 능력의 상대적 수준을 나타내기 위해 이 말을 쓰는 것이 절대 아니다. { 프레드: 나도 직접 경험해 보아 안다. 내 아내 브렌다는 뛰어난 간호사요 네 자녀의 어머니로서 매사에 주관이 뚜렷하다. 그럼에도 애정어린 순간 내가 자기를 '새끼 암양'처럼 대하고 싶다고 말하면 브렌다는 불쾌하기는커녕 오히려 영광으로 여겼다. }

성경은 그 단어에 천국의 메시지를 담아 내고 있다. 밧세바가 우리아에게 소중했듯이 당신 아내도 당신에게 하나뿐인 소중한 존재다. 그녀는 당신과 함께 살며 당신 품안에 눕는다. 당신은 그녀를 아껴주되 그녀가 해 주는 일 때문이 아니라 그녀의 본질 때문에, 즉 하나님의 형상대로 태어난 자녀로서 그분께 지니는 가치 때문에 아껴줘야 한다. 더없이 고귀한 한 인간 영혼의 정수가 당신에게 맡겨졌다. 그 영혼은 창세 전부터 그분이 최고의 값을 치르고 다시 사기로 계획하셨을 만큼 하나님께 소중하다.

현재 부부 관계가 껄끄럽거나 채워지지 않은 필요가 많다 해도 그와 무관하게 당신은 하나님께 그 정수를 아껴 줘야 할 의무를 지고 있다. 고통과 상처와 싸움을 넘어서 당신 아내의 눈을 깊이 들여다보면, 모든 것을 바라고 모든 것을 믿으며 마주 응시하는 암양 새끼를 당신은 여전히 만날 수 있다.

감정이 있든 없든

하나님은 당신의 아내를 당신에게 맡기셨고 그녀도 당신을 믿고 자신과 자신의 전부를 맡겼다. 그토록 소중한 선물을 감히 어떻게 가냘픈 감정 하나에 기초해 아껴 준다는 개념에 맡길 수 있겠는가? 그리스도인들은 "사랑은 감정이 아니라 헌신이다"라고 즐겨 말한다. 지금이야말로 그 말에 귀기울일 때다. 우리는 감정과 무관하게 그렇게 사랑할 의무가 있다.

우리 사회에는 '집단 감수성 훈련'과 '문화 다원주의' 강좌가 있다. 사람들에게 '바른' 감정만 가르칠 수 있다면 그들의 행동도 바르게 된다는 것이 세상의 신념이다. 그러나 성경에서 하나님은 반대로 말씀하신다. 먼저 우리는 행동을 바로 해야 한다. 그러면 바른 감정이 따라오게 돼 있다.

아껴 주고 싶은 감정이 없어도 어쨌든 아껴 줘라. 바른 감정은 곧 좇아올 것이다.

우리가 아직 죄인 되었을 때 하나님이 우리를 사랑하셨다는 성경 말씀을 잊지 말라. 사랑할 것 없는 자들을 사랑하고 아껴 주신 것이야말로 하나님 속성의 기초요 근간이다.

그리스도가 교회 — 사랑할 것 없는 자들 — 를 위해 죽으셨고 부부관계가 그리스도와 교회의 관계를 닮아야 할진대, 우리는 아내를 아껴 주지 않을 구실이 없다. 하나님은 우리가 가치 있기 전에 우리를 사랑하셨다. 우리도 아내에게 그에 못 미칠 수 없다.

18 영광의 배턴을 들고

지금까지 우리는 감정과 무관하게 아내를 아껴 주고 자상히 대하며 소중히 여기는 것에 대해 얘기했다. 이번 장에서는 당신이 아내에게 받은 것에 대한 감격을 새삼 되살리며, 또 지금이 아내의 배턴을 들고 갈 막중한 시점임을 되짚고자 한다. 영광의 배턴을 숭고하게 들고 가라!

프레드: 아내의 두 아버지를 높이라

아버지로서 나는 내 딸의 배턴을 들고 있다. 나는 딸이 태어나던 때를 기억한다. 병난 아기를 어르던 일을 기억한다. 딸은 열이 너무 높아 까무라친 상태였다. 급히 병원에 달려가니 딸은 주사 바늘을 느끼지 못할 정도로 기운이 쭉 빠져 있었다. 나는 차 문에 손가락을 찧은 딸을 꼭 끌어안아 주던 일을 기억한다. 연극 배역을 맡은 딸과 함께 반복해서 연습하던 일도 기억한다. 밤마다 딸과 함께 수학 플래시카드를 복습하던 일도 기억한다.

가족 모임에서 배구를 하다 스파이크가 세 번 연속 딸의 발에 꽂혔을 때, 나는 "다들 내가 형편없는 줄 알 거예요"라며 울던 아이의 눈물이 가려지도록 딸을 가슴에 꼭 끌어안았다. 그날 남은 하루 동안 나는 딸 곁을 맴돌았다. 아이의 명예도 지켜 주고 감히 뻔뻔스레 내 '땅콩'에게 또 한번 스파이크도 날리면서 말이다.

나는 고생고생하며 로라에게 수영을 가르쳤고 옷을 땀에 적셔 가며 자전거를 가르쳤다. 사춘기 절정의 심경과 중학교 생활에 대해 딸과 함께 대화했다. 종종 딸과 손잡고 강대상 앞에 나가 딸에게 영적 성장과 깨우침을 베풀기도 했다.

나는 엄마가 없을 때도 딸이 늘 말쑥해 보이도록 머리 만져 주는 법을 배웠다. 꼭 필요한 물건이 아니어도 딸이 좋아하리라는 이유만으로 그림, 견과 등 이것저것을 사주기도 했다.

나는 딸의 보호자라는 배턴을 들고 있다. 어떤 사내도 멋진 헤어스타일, 고급 차, 달콤한 미소 따위의 속임수로 그것을 내 손에서 빼앗아 갈 수 없다. 그러기에는 내 투자가 너무 크다. 내 사위 될 사람은 내게 큰 의무를 질 것이다. 그는 내 딸을 존중하는 것이 옳다!

내가 장인에게 브렌다의 배턴을 청하던 날 그는 죽음을 앞두고 있었다. 간혹 기력이 돌아오기도 했지만 우리 둘은 그의 생이 거의 다했음을 알았다. 병실에 들어갈 때 나는 그보다 힘이야 좋았지만 두려움은 훨씬 컸다. 나는 그가 딸을 얼마나 사랑하는지 알았다. 머리 커트가 이상하게 나와 집에 와서 우는 딸을 그가 안아 주던 일도 나는 알았다. 빨간색 중고 쉐비를 즐거이 딸에게 선물로 주던 일도 나는 알았다. 그가 저만치 바다에 들어가 마치 흥겹게 떠다니는 뗏목인 양 딸을 등에 앉히고 수영하던 일도 나는 알았다. 딸의 삶이 저속한 것들에 영향받지 않도록 신앙 안에서 열성을 다해 순결하게 기른 것도 나는 알았다.

내가 브렌다의 손을 청했을 때 그가 한 말은 내 기억 속에 각인돼 두고두고 지워지지 않는다. "내 자네를 잘 모르지만 자기 말에 책임질 남자라는 건 알고 있네. 자네가 이 아이를 잘 지켜 줄 줄 아네." 그는 내 남성성을 믿었고 그토록 소중한 것을 내게 맡겼다. 내 생애 가운데 그렇게 나를 믿어준 남자는 없었다. 그는 천하보다 귀한 외동딸을 내게 주었다. 설령 내가 약속을 어겨도 자신이 되돌아와 딸을 대변할 수 없고, 살아서 사위에게 혼인 서약을 상기시켜 줄 수도 없고, 설령 나 때문에 딸의 눈에 광채가 사라져도 자신이 그것을 되살려줄 수 없음을 다 알면서도 말이다.

그가 나를 믿어 주었기에 나는 그에게 의무가 있다. 이렇게 놀라운 딸을 내게 주었기에 나는 그에게 의무가 있다. 딸에게 쏟은 그의 아낌없는 투자 때문에 나는 그에게 의무가 있다. 천국에서 그를 다시 볼 때 나는 부끄러워 쭈뼛쭈뼛 눈길을 돌리지 않아도 될 것이다. 그는 내게 배턴을 넘겼고 나는 그것을 들고 잘 달릴 것이다.

나는 또 브렌다의 다른 아버지에게도 의무가 있다. 그분은 내 삶을 죄에서 구하시고 나를 잿더미에서 들어올려 왕자들 무리에 두셨다. 그분은 나를 입양하여 오늘의 힘과 내일의 밝은 희망을 주셨다. 그리고 그분은 나를 위해 소중한 새끼 암양, 반짝이는 눈과 부드러운 마음을 지닌 흠 없고 점 없는 순결한 양을 예비하셨다. 그분은 그녀를 모태에서 빚으셨고 그녀가 기고 걷고 말할 때 기쁨으로 바라보셨다. 그분은 그녀가 '노래하는 사촌들' 멤버로 그분 앞에서 '생명줄 던져'를 합창하던 모습을 보셨다. 그분은 그녀를 지키시고 앞날의 필요를 채우시며 안전히 천국 집에 데려가시고자 독생자를 보내셨다. 내가 그녀를 아끼는 마음을 가꾸는 데 소홀할 때 하나님은 좋아하지 않으신다. 그분은 그녀를 기르셨고 아끼셨다. 나도 똑같이 해야 한다.

아내가 당신에게 주는 것들을 잊지 말라
당신 아내는 당신을 위해 자유를 포기했다. 다른 데서 행복을 찾을 권리를 버렸다. 그녀는 당신의 사랑과 말을 더 소중하게 여겨 그 자유와 맞바꿨다. 그녀의 꿈 — 나눔과 대화와 연합의 꿈 — 은 당신과 결탁되었다.

그녀는 성적으로 당신 것이 되기로 서약했다. 성은 아내가 가장 귀히 간수해 온 재산이요 은밀한 동산이다. 아내는 당신이 그 선물을 받을 가치가 있다고 믿었다. 그러나 당신은 호기롭게 선정적 쓰레기에 한눈팔며 아내의 동산을 오염시키고 더럽혔다. 그녀는 마땅히 그 이상의 대우를 받아야 하며, 당신은 그 일을 존중해야 한다.

당신이 아내를 아껴 줘야 하는 이유가 또 있다. 아내가 가장 깊은 비밀과 갈망을 당신에게 털어놓기 때문이다. 브렌다는 아무에게도 못하는 얘기들을 나에게 해 주었다. 예컨대 나는 짓궂은 한 단어를 알고 있다. 내가 그 말을 입밖에 꺼내기만 하면 아내는 먼 옛날의 상처 때문에 금세 눈물이 고인다. 아내는 한스런 후회를 털어놓으며 내 품안에서 울었다.

결혼 생활이 오래되다 보니 나는 아내의 영혼을 전율케 하는 것이 뭔지 안다. 한번은 아내가 차 안에서 기다리는 사이 내가 책방에 들어간 일이 있었다. 나는 5달러짜리 상품권을 얻으려고 일부러 '우량 고객' 한도가 초과되게 책 한 권을 샀다. 계산원은 이번 계산에 그 5달러를 쓸 거냐고 물었으나 나는 "아뇨, 챙겨뒀다 제 아내 줄 생각입니다. 아내가 무척 좋아할 겁니다"라고 말했다.

바로 그때 브렌다가 들어왔다. 나는 점원에게 조그맣게 말했다. "잘 보세요!" 나는 돌아서 브렌다에게 상품권을 줬다. 아내는 즐거운 비명을 지르고는 킥킥 웃으며 말했다. "아! 이렇게 좋을 수가!" 계산원은 나와 함께 웃었다.

보라, 나는 브렌다를 안다. 그녀는 내 사랑이요 나는 그녀의 사랑이다. 나는 그녀의 가장 깊은 두려움과 장래 소원 그리고 그녀가 절대 감당할 수 있는 일과 감당 못할 일을 안다. 그녀는 큰 모험을 감수하며 그렇게 많은 것을 열어 보였다. 그로 인해 나는 아껴 주는 마음을 품어야 한다.

자라면서 브렌다는 아무것도 무서울 게 없었다. 아버지가 있었기 때문이다. 그는 딸에게 망신을 주거나 충격을 주거나 무섭게 하거나 실망시킨 적이 없다. 그녀는 그 모든 것을 걸핏하면 성질 부리고 고함 지르고 언쟁하고 욕설을 입에 담는 남자와 교환했다. 나는 그녀를 속상하게 하고, 이해심 없이 시가와의 불편한 상황에 몰아넣고, 때로 웅크려 앉아 눈물짓게 만든 사람이다. 그녀는 그런 것이나 얻자고 교환한 것이 아니라 더 나은 보호를 위해 교환했건만 내가 준 것은 그 이하였다.

당신도 그 이하로 주고 있는가? 당신 아내는 많은 모험을 감수하고 많은 것을 버리며 당신과 결혼했다. 그것이 그녀에게 실속 있는 거래였는가?

아내의 희망을 받든다

내 사무실에는 흑백 확대 사진이 걸려 있다. 브렌다의 한 살 때 사진이다. 빛을 발하는 작은 눈망울은 삶의 희망과 기쁨으로 가득 차 있고, 장난기 있는 미소가 이미 그때부터 보인다. 붉고 통통한 뺨에는 근심걱정 모르는 환희가 배어 있다. 브렌다의 얼굴은 기대와 경이로 가득 차 있다. 내가 이 아기 사진을 사무실에 둔 것은 내가 받들어야 할 그녀의 희망을 이 사진이 일깨워 주기 때문이다.

나는 남자라 반항 기질이 있다. 때로 삶이 몹시 힘들어지고, 일 때문에 미칠 것 같은 때도 있다. 나는 일정 소득을 올려야 하고 네 자녀를 부양해야 한다. 교회 활동과 스포츠 행사와 사회적 책무와 기타 등

등도 감당해야 한다. 때로 내 마음이 무너지기 시작한다. 내 반항 기질이 내 권리와 내 방식과 내 자유를 찾아 절규하는 소리가 들린다. 무작정 차에 올라타 어디론가 멀리 사라져 버리고 싶을 때도 있다. 슬프지만 사실이다.

그러나 브렌다를 생각하면 그럴 수 없다. 기나긴 싸움의 나날 동안 그녀의 아기 적 사진은 그녀가 언제나 희망을 품고 언제나 나를 믿으며 언제나 '우리'를 위해 앞을 내다보는, 내 새끼 암양임을 늘 내게 일깨운다. 수십 년이 지난 오늘도 브렌다의 눈이 저 아기 눈처럼 반짝반짝 빛나기를 나는 원한다. 나는 아내의 아름다움과 기품과 무구함을 꼭 지켜야 한다.

당신은 아껴 주는 마음으로 아내를 높여야 한다. 하나님은 밧세바를 향한 우리아의 사랑을 사랑하셨다. 하나님은 브렌다를 향한 내 사랑을 사랑하실까? 하나님은 당신 아내를 향한 당신의 사랑을 사랑하실까?

아내가 어떻게 생겼는지, 어떤 행동을 했거나 하지 않았는지, 삶이 예상과 다르게 풀렸는지 아닌지 따위는 중요하지 않다. 우리는 아내를 위하고 아껴 줘야 한다.

분명 삶은 다르게 풀릴 수 있다. 아주 다르게. 결혼 초 브렌다와 나는 아기를 낳기 전 4년쯤 둘만의 시간을 보내며 부부 관계를 잘 다지고 싶었다. 우리는 서로 안 지 7개월밖에 안 된 상태로 결혼했다. 게다가 결혼 두 달 전에 장인이 돌아가셨다. 아내는 고향에서 3시간 거리로 이사해 신접살림을 시작했다. 아내는 아버지를 여의고 아파했고, 비탄에 잠긴 어머니를 거리가 멀어 뒷바라지하지도 못했다. 우리는 교회를 찾고 있었고 친구도 없었다. 아내는 새 직장에 들어갔고 나도 거의 새 직장이나 마찬가지였다. 커미션 세일즈 일은 수입이 빡빡했다. 이것저것 떼고 난 내 첫해 수입은 영세민 수준이었다. 게다가 나는 학업과 사업에 빌려쓴 빚이 1만5천 달러나 됐다. 우리는 또 본가 식구들 문제로 비틀거리고 있었다.

앞서 말한 것처럼 그런 압박감 아래서 우리 결혼 생활은 무너지기 직전이었다. 하필 그때 브렌다는 자신의 임신을 알렸다. 결혼 1주년을 보낸 직후였다.

첫아이 제이슨은 밤잠이 없었다. 우리는 별 수를 다 써봤다. 때로 몇 시간씩 오래 울려도 봤다. 우리는 낙심해 진이 빠졌다. 브렌다는 혼란에서 헤어나지 못하며 더 감당 못할 지경까지 갔다. 삶은 우리 기대대로 풀리지 않았고, 나는 아껴 주는 마음을 품지 못할 때가 너무 많았다.

감사하게도 나는 냉장고 앞에서 하나님께 '자갈이라도 먹겠다'고 다짐한 직후였다. 우리아에 대해 처음 읽으면서 나는 브렌다가 새롭게 보이기 시작했다. 나는 상황과 무관하게 아내를 아껴 주기 시작했다. 내 감정과 상관없이 아내를 부드럽게 대하고 귀히 여기기 시작했다. 제이슨 출산 후 브렌다가 직장을 그만뒀음에도 불구하고 나는 밤에 아기가 깰 때마다 내가 일어나기로 결심했다. 아내가 일을 안 했고 낮에 수시로 쉴 수 있었으니 논리적으로 따지면 아내가 일어났어야 했다. 어떤 기준을 들이대며 나는 이렇게 말했어야 했다. "여보, 당신도 다 큰 어른 아니오? 혼자 힘으로 강하게 서 봐요!" 하지만 그건 누구라도 할 수 있는 말이었다. 브렌다가 독신녀였대도 그 정도 대우는 받았으리라.

그러나 그녀는 나와 결혼한 내 새끼 암양이었다. 나는 그녀를 아껴 줬다. 가장 요긴할 때 도와줬다. 어떻게 그럴 수 있었을까? 아내는 내가 결혼 전에 생각했던 사람이 아니었고, 아내를 향한 내 감정도 늘 부드럽지만은 않았다. 그래도 나는 그게 옳기 때문에 그렇게 했다. 부드러운 감정은 나중에 따라왔다.

어떤 약속

같은 시기에 나는 특이한 현상을 보았다. 브렌다는 수유(授乳)에 따른 육체적 피로와 들쭉날쭉한 밤잠과(아내가 일어나 젖을 먹인 후 제이슨을 내게 넘기곤 했다) 심리적 탈진으로 점점 초췌해졌다. 브렌다는 아침에 일어나 주방에 갔다가 설거지가 그냥 남아 있으면 대번 힘이 쭉 빠지며 하루를 시작할 엄두를 못 냈다. 아내는 용기가 약해졌고 온종일 잠옷 바람으로 지내는 것이 편했다. 삶은 칙칙하고 황량해 보였다.

나는 내 새끼 암양의 하루가 그렇게 시작되는 것이 좋지 않았다. 물론 나도 브렌다에게 정신차리고 이 악물고 더 강하게 살라고 말할 수도 있었다. 그녀가 내 기대에 부응하지 못하고 있음을 지적할 수도 있었다. 대신 나는 절대 설거지를 그냥 둔 채 잠자리에 들지 않겠다고 아내에게 약속했다.

그 약속의 대가를 나는 알았다. 기진맥진한 아내가 종종 먼저 자리에 누우면 나 혼자 접시며 냄비를 다 닦아야 한다는 뜻이었다. 내가 방으로 가면 대개 아내가 이미 잠들어 있어 섹스의 기회를 놓쳐야 한다는 뜻이었다. 내 단잠을 포기해야 한다는 뜻이었다. 그러나 아내가 상상도 못했던 방식들로 내 새끼 암양을 아껴 줄 수 있다는 것도 나는 알았다. 나는 한 번도 약속을 깨지 않았다.

나는 감정이 없을 때도 브렌다를 아껴 줬고 그러면 감정이 돌아왔다. 결국 아내는 오늘의 모습으로 자랐다. 내면의 잠재력이 모두 발현되고 있다. 그뿐 아니다. 아내는 그 이상이다. 내 아끼는 마음을 본 아내의 입에서 이혼 얘기가 사라졌다. 요즘 나는 하나님 말씀을 가르치고 그분의 기준대로 사는 삶에 대해 강연하는데, 그 일에 아내의 신임을 얻었다. 가장 사랑하기 힘든 시간에 그녀에게 나를 입증했기 때문이다.

당신의 노래

당신에게 해줄 마지막 말이 있다. 아껴 준다는 것은 당신 아내를 미래의 어느날이 아닌 오늘의 모습대로 사랑하는 것이다. 살아가면서 점차 드러나는 모든 모순과 예기치 못한 모습까지도 포용하는 것이다.

당신 아내의 심장은 아직도 어린양의 심장처럼 뛰고, 여전히 사랑을 그리며 희망과 동경의 초장을 뛰논다. 잘 보이지 않을 수도 있다. 혹 그녀의 아버지가 딸을 지켜 주지 못한 알코올 중독자나 학대자였을 수도 있다. 혹 그녀가 그리스도인이 아닐지도 모른다. 혹 그녀가 당신을 만나기 전 성적으로 문란한 삶을 살았을 수도 있다.

그럴지도 모른다. 그러나 우리는 그밖에 다른 사실들도 알고 있다.

그녀는 당신을 믿고 개인적 자유를 버렸다. 당신이 사랑하고 지켜 줄 줄 믿고 말이다.

여태 겪어온 고통이나 죄와 무관하게 그녀는 하나님의 새끼 암양이다. 그분이 그녀를 당신에게 맡기셨다.

당신은 아내의 영혼을 들여다볼 수 있는가? 당신 마음은 그 일에 열중하고 있는가? 오직 하나뿐인 아내를 아껴 주겠다는 엄숙한 약속보다 더 숭고한 것이 있을까?

젊어서 취한 당신의 아내로 만족하라. 설사 아내가 당신의 이상과 일치하지 않더라도 하나님이 당신에게 이 새끼 암양을 베푸셨음을 잊지 말라. 당신은 아내를 아껴 주기로 오늘 약속할 수 있는가? 그렇다면 하나님 말씀으로 마음에 변화를 받으라. 솔로몬의 아가를 당신의 노래로 삼으라.

내 사랑 너는 어여쁘고도 어여쁘다.
너울 속에 있는 네 눈이 비둘기 같고 …
네 입술은 홍색 실 같고 네 입은 어여쁘고 …
나의 사랑 너는 어여쁘고 아무 흠이 없구나 …
내 누이, 내 신부야.
네가 내 마음을 빼앗았구나.
네 눈으로 한 번 보는 것[으로] …

내 마음을 빼앗았구나 …
내 누이, 내 신부야.
네 사랑이 어찌 그리 아름다운지 …
머리는 갈멜 산 같고
드리운 머리털은 자주 빛이 있으니
왕이 그 머리카락에 매이었구나.
사랑아 네가 어찌 그리 아름다운지,
어찌 그리 화창한지 즐겁게 하는구나

(아 4:1, 3, 7, 9-10, 7:5-6).

 여자의 마음

아껴 줌은 여러 모양으로 나타난다. 가장 단순한 길 중 하나를 프랜시스가 우리에게 이렇게 들려 줬다. "나는 남편을 볼 때마다 항상 마음이 설레요. 교회에서 저쪽에 멀리 있는 모습만 봐도 그래요."

디나는 말했다. "나는 남편을 세워 주고 남편의 좋은 점들만 말하려고 각별히 노력해요. 요즘은 농담으로라도 남편을 비하하지 않으려 해요. 내 감정만큼이나 남편의 감정도 확실히 배려합니다."

브렌다는 말했다. "아껴줌은 거창한 로맨틱한 일들보다 단순한 일상의 일들로 나타날 때가 많아요. 집에서 내 할 일들을 잘하고 필요시 지출을 줄이는 것 등이지요. 또 항상 프레드와 함께 있고 싶어하는 분명한 열망으로도 나타나야겠지요."

이런 일상적인 행위들은 자상하게 아껴 주는 감정을 불러일으킨다. 그러나 비교는 남자의 마음을 찢어 놓을 수 있다. 남자들은 거주 지역, 자동차, 인맥, 출신 가정을 서로 비교한다. 많은 남자들이 이런 문제로 어느 정도 고민하지만 대부분은 설령 아내가 물어도 아내에게 자신의 그런 내면을 절대 드러내지 않는다. 그들은 운명에 갇힌 기분이다.

결국 우리의 운명을 결정짓는 것은 거주 지역이 아니다. 대체로 그것은 우리가 통제할 수 없는 부분이다. 우리가 통제할 수 있는 것은 내가 배우자에게 얼마나 많은 희망을 주느냐 하는 것이다. 남편에게 필요한 것은 그 눈을 깊이 들여다보며 그를 향한 자신의 사랑과 하나님의 사랑을 일깨워 주는 아내다.

엘렌이 불평이나 비교 없이 남편이 벌어오는 수입으로 만족하며 산다고 말하자 남편은 거기에 보람을 느꼈다. 엘렌에게 남편의 본질은 더없이 소중하다. "하나님을 사랑하고 순종하는 것 다음으로 제 인생의 목표는 남편을 알아가고 사랑하는 것, 남편이 만족을 느끼도록 돕는 것, 남편과 함께 즐겁게 사는 것입니다."

만일 브렌다가 남편을 자신의 고등학교 동창들과 비교한다면 프레드는 꽤 괜찮은 편일 것이다. 남편을 재정적으로 교회 사람들과 비교한다면 둘의 가정은 아마도 중간쯤 될 것이다. 남편을 남편의 스탠포드 동창들과 비교한다면 프레드는 아마 안정성과 성취도가 떨어질 것이다. 비교란 그런 것이다. 그것은 상대적이며 따라서 믿을 수 없다.

그게 다 무슨 상관인가? 브렌다는 말했다. "내가 남편에게 보여야 할 가장 중요한 것은 충실함과 믿음입니다. 이 부분에서 온전히 진실함을 보였던 사람이 그의 인생에 아무도 없었어요. 비록 때로 의견이 달라도 항상 그에게 충실하기로 저는 절대 헌신했습니다. 나는 그의 하나뿐인 아내로 남을 거예요."

브렌다는 살면서 알게 된 모습들을 존중하며 약한 부분을 부드럽게 대한다. 그녀가 남편을 이렇게 아껴 줄 때 프레드도 같이 아내를 아껴 주기가 쉬워진다.

오늘 당신은 남편의 성적 죄 때문에 남편의 아껴 줌을 못 느낄 수 있다. 남편이 성적 죄에 빠져 있음을 알게 될 경우 남편을 아껴 줄 수 있겠느냐는 질문에 아내들의 대답은 불안정했다.

엘렌은 말했다. "해 보겠어요. 슬픔과 실망이야 이루 말할 수 없겠지요. 남편을 온전히 아껴 줄 수 있으려면 얼마간의 시간과 많은 기도가 필요할 거예요. 남편을 아껴 줄 수 있도록 도와달라고 하나님께 기도하겠어요. 아주 어렵겠지요. 남편을 사랑하는 건 어렵지 않지만 아껴 주기가 어려운 거지요. 남편이 문제가 있으면서도 진작 털어놓지 않은 경우라면 특히 그럴 겁니다. 신뢰가 깨지겠지요. 남편이 나를 믿지 않았다는 기분이 들 것 같아요. 그렇지 않다면 진작 문제를 털어놓아 함께 도움을 구할 수 있었겠지요."

프랜시스는 '존중'이라는 핵심 단어를 사용했다. "남편을 존중하고 믿기가 아주 어려울 겁니다." 그녀의 아껴 주는 마음은 간당간당해질 것이다. 존중은 아껴 줌의 정수인 까닭이다.

캐시는 말했다. "초기의 충격이 가라앉은 후 남편이 자신을 깨끗케 하려는 진정한 열망을 보이고 또 주님께서 치유해 주시면 계속 남편을 아껴 줄 수 있을 것 같아요. 삶에 침입하는 죄와 약점들은 누구한테나 있는 거니까요."

안드리아는 말했다. "이미 그 문제를 한번 겪어 봐서 그런지 저는 성적 부도덕의 문제가 지닌 엄청난 위력이 정말 이해가 돼요. 성경에 분명히 나오듯이 죄는 다 죄예요. 더한 죄나 덜한 죄가 없지요. 지난 1-2년간 하나님은 사람들과 그들의 죄를 판단하지 말고 오히려 긍휼히 여기며 함께 기도해 줄 것을 제게 확실히 가르쳐 주셨어요. 그래서 내 남편의 경우에도 같은 눈으로 볼 수 있기를 바래요. 행위가 아닌 존재를 인해 여전히 그를 아껴 줄 수 있었으면 합니다."

결국 여자들은 그래도 남편을 아껴 줘야 한다. 상대에게 어떤 죄가 있든 남편이나 아내의 그 책임은 벗어지지 않는다.

우리는 다 죄로 고생한다. 우리는 다 보이지 않는 하나님나라를 위해 보이는 내 나라를 희생하지 못해 고생한다. 당신 남편이 성적 죄와의 싸움에 이겨 왔다면 승리의 정도가 어떻든 그는 특별히 존중받을 가치가 있다. 그러나 패배했더라도 그에게는 당신의 존중이 필요하다. 남편을 아껴 줘라.

남편의 가장 깊은 본질을 찾아내 하나님이 십자가에서 그리하신 것처럼 희생적으로 그를 아껴 줘라. 아무리 존경할 만한 데가 없어 보여도 그를 존중하고 높여 줘라. 그에게 당신을 온전히 줘라. 그의 영혼을 들여다보며 이렇게 노래하라.

내 사랑하는 자[남편]는 희고도 붉어 많은 사람 가운데에 뛰어나구나.
머리는 순금 같고 머리털은 고불고불하고 까마귀같이 검구나 …
입은 심히 달콤하니 그 전체가 사랑스럽구나 …
이는 내 사랑하는 자요 나의 친구로다 …
나는 내 사랑하는 자에게 속하였도다.
그가 나를 사모하는구나 …
우리가 일찍이 일어나서 포도원으로 가서 …
거기에서 내가 내 사랑을 네게 주리라.
합환채가 향기를 뿜어내고 우리의 문 앞에는
여러 가지 귀한 열매가 새 것, 묵은 것으로 마련되었구나.
내가 내 사랑하는 자 너를 위하여 쌓아 둔 것이로다.

(아 5:10-11, 16, 7:10, 12-13).

19 최종 단계

한때 당신의 결혼 생활은 아가서 말씀처럼 사랑스러움으로 가득 차 있었다. 그런데 지금은? 오늘 그 말씀들이 외국어처럼 낯설게만 느껴지는가?

'결혼 생활을 향한 하나님의 목적이라니.' 당신은 잠깐이라도 이런 걸 생각해 본 일이 없을지 모른다. 지금도 당신의 결혼 생활은 평온하게 굴러간다. 차고는 정돈돼 있고 매달 청구서 결제에도 문제가 없고 가끔 골프를 즐기러 나간다. 하나님의 목적 따위에 골머리를 앓을 이유가 무엇인가?

아니다. 온전한 결혼이란 그런 차원을 넘어선다. 혹시 결혼 생활이 살짝 지루해지기 시작했는가? 부부 사이에 문제는 없으나 좀더 관계가 깊어지지는 않는가? 남자라는 이유로 리더십을 주장하려다 혼란을 겪거나 아내를 당황시킨 일이 있는가? 아내가 당신의 성적 욕구를 만족시켜 주지 못하는가?

요즘 시대에 '온전한 결혼'이란 눈 씻고 찾아보기 힘들다. 하나님의 의도는 그게 아니었다. 하나님 관점에서는, 서로를 아껴 주며 생동력 있는 관계가 지극히 정상적이며 평범한 결혼의 모습이다. 믿지 않겠지만 우리아처럼 살아가는 데 필요한 충실함이 이미 당신 안에 있기 때문이다.

> 그의 신기한 능력으로 생명과 경건에 속한 모든 것을 우리에게 주셨으니 이는 자기의 영광과 덕으로써 우리를 부르신 이를 앎으로 말미암음이라. 이로써 그 보배롭고 지극히 큰 약속을 우리에게 주사 이 약속으로 말미암아 너희가 정욕 때문에 세상에서 썩어질 것을 피하여 신성한 성품에 참여하는 자가 되게 하려 하셨느니라(벧후 1:3-4).

당신과 당신의 아내는 그리스도와 교회라는 관계의 영광스러움을 드러내는 데 필요한 모든 것을 이미 지니고 있어서, 모든 남자와 여자가 당신 부부의 모습을 보기만 해도 그리스도께 돌아올 수 있도록 계획되었다.

500년 전 미켈란젤로가 〈다비드〉상을 완성했을 때, 그는 "나는 아무것도 한 일이 없다"면서 자신에게 쏟아지는 모든 찬사를 사양했다. 처음 조각을 시작할 때부터 단단한 돌덩이 속에 이미 그 〈다비드〉의 형상이 있었고 자신은 거기에서 불필요한 부분을 떼어 내기만 했을 뿐이라고 했다. 모든 불필요한 덩어리들을 다 덜어 냈을 때 마침내 하나님이 오래 전부터 거기에 두신 '아름다움'이 드러났다는 것이다.

결혼도 마찬가지다. 미켈란젤로가 그랬듯 온전한 결혼을 뒤덮어 하나님이 의도하신 아름다움을 가리고 있는 정욕과 잘못된 습관을 떼어 내야 한다. 그러나 슬프게도 남편들에게는 너무나 자주 불필요한 돌조각들이 덧입혀지곤 한다. 그 돌조각들은 부부의 언약을 깨고 가정과 침실에서 아내를 절망하게 만든다. 포르노와 자위행위로 형성된, 남편의 잘못된 친밀감은 결혼 초기부터 세워가야 할 진짜 친밀감을 밀어냈다.

어쩌면 당신의 죄는 부부가 함께 기도하지 못하도록 기도생활을 막고 있을 수 있다. 당신의 죄가 말씀을 통해 하나님을 찾고 잘못을 깨닫는 일을 방해할 수 있다. 그런 죄들은 당신을 더 힘들게 할 뿐 아니라 작열하는 여름 태양 아래 마른 풀처럼 하나님과의 관계를 시들게 한다.

만약 그렇다면 당신의 결혼 생활은 좀처럼 나아질 수 없다. 다른 수많은 남자들처럼 성적 죄로 부부 생활에 문제가 끊이지 않을 것이다. 다음 편지를 보라.

제 남편은 "모든 남자가 다 그래"라고 주장합니다. 남자라면 모두 '시각적'이라고 말합니다. 그래서 진짜 남자는 비키니를 입은 미끈한 여자를 쳐다보지 않을 수 없다고 합니다. 계속 바가지를 긁는다면 이혼하겠다는 협박까지 합니다. 제가 다른 여자들을 쳐다보지 않는 남자를 찾는 거라면 자기는 굉장히 불행할 거라 말해요.

이어지는 편지의 다음 대목에서 그녀는 자신이 받는 고통을 이렇게 표현한다.

앞으로도 결혼 생활이 이런 식으로 계속될 거라 생각하면 속이 메스꺼워져요. 너무 괴롭습니다. 남편은 제가 이런 말을 할 때마다 지겨워하기만 할 뿐 달라지는 건 아무것도 없습니다. 무슨 말인지 아시죠? 저는 언제나 남편 곁에 있지만 남편은 제게 눈길도 주지 않습니다. 어디서든 말이에요.

남편은 두 가지 죄를 저질렀다. 성적 죄뿐 아니라 아내의 생각과 감정에 졸렬한 반응을 보이고 오만한 리더십을 행사했다. 남편이 마음을 돌려 그의 눈을 잘 다스린다 해도 그의 리더십은 부부 사이의 다른 영역에서 계속 잘못 행사돼 아내의 마음에 상처를 줄 것이다.

성적 죄가 당신의 주된 문제가 아니라 해도 다른 많은 영역에서 "입 다물라"는 식으로 아내를 무시하는 등 상처를 주었을 수 있다. 당신의 이런 행동은 성적 순결 전투에 지장을 초래한다. 또 이런 죄는 또다른 치명적 결과를 불러온다. 가령 당신이 성적 죄를 해결했다고 하자. 아내에 대한 욕구가 증가했지만 그래도 아내는 당신에게 여전히 성적 욕망을 못 느낄 것이다. 오랜 세월 당신에게 마음을 짓밟혔기 때문이다.

아니면 당신이 『모든 남자의 참을 수 없는 유혹』을 공부하는 그룹에 들어갔을 때 당신의 아내가 이런 식으로 반응할지 모른다. "결국 당신과 같은 취향을 가진 사람들과 어울리게 됐군요! 이제 그 성도착증 환자 친구들이랑 잘해 보세요!"

남편을 대하는 아내의 감정에 경멸과 분노가 스며 있다. 그 감정들은 어떻게 된 일인가? 남편의 거친 리더십에 아내는 남은 사랑마저 산산히 부서져 버린 탓이다.

관계라는 것은 아주 복잡해서 그 속의 모든 감정들이 단절되거나 말라 버리는 것은 아니다. 우리 남자들이 여자들의 특성과 관계에 대해 이해가 부족하다는 것은 전혀 도움이 안 된다. 심지어 우리는 여자들을 잘 이해하고 잘해 나가고 있다고 생각하기도 한다.

그래도 당신은 전능하신 하나님의 강한 군사라는 점을 잊지 말기 바란다. 순결한 성을 위한 전투는 당신 앞에 놓여 있고 취하기만 하면 승리는 당신 것이다. 하나님은 당신과 함께하시고 실수가 없으시며 전쟁터에서는 강한 전우로 당신과 함께 하신다.

당신은 전투에서 이길 수 있으며, 이길 것이다. 승리한 다음에는 어떤 일이 일어날까? 당신과 어깨를 나란히 하며 진정한 친밀감을 세워 나갈 동지가 필요할 테고 그 사람은 당신의 조력자인 아내가 되어야 한다.

당신은 아내를 사랑한다. 아내를 아껴 주고 싶고 그녀가 사랑받고 있다는 사실을 느끼게 해주기 원한다. 당신의 아내가 지금껏 꿈꾸던 존재가 되기 원한다.

이때 올바른 리더십을 행사하며 그녀를 진정으로 아껴 준다면 아내는 당신의 가정에서 활짝 피어나 여생 동안 당신의 승리를 굳게 할 것이다.

내 아내 브렌다는 이전보다 더 생동력이 있으며 나 역시 그리스도인답게 살아가기를 갈망하고 있다. 그리고 그녀가 행복하면 할수록 나 역시 진정한 그리스도인이 되어 간다.

자, 당신은 구원받았으며 일생 동안 하나님의 목적대로 살아가고자 서약했다. 당신은 가족과 친구들 앞에서 아내만을 아껴 주며 다른 모든 여자들을 단념하기로 맹세했다. 당신은 아내가 결혼하기 전보다 결혼 후 더 많은 것을 누리게 하겠다고 다짐했다.

당신은 이 서약을 지키고 있는가? 신의를 지키며 살고, 아내를 온전히 아껴 주고 있는가? 하나님께서 당신에게 원하시는 것을 더 깊이 알기 위해 더 많은 책을 읽고 있는가?

아내는 남편과 함께하는 결혼 생활이 최고가 되기 원한다. 그것은 모든 아내의 바람이다.

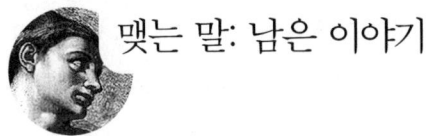

맺는 말: 남은 이야기

프레드로 부터

10년. 이 책 『모든 남자의 참을 수 없는 유혹』이 처음 출간되고 이렇게 오랜 시간이 지났다는 사실을 가끔은 믿기가 힘들다. 그래도 엄연한 사실이걸! 여기서 흥미로운 질문이 떠오른다. 10년의 세월이란 어떤 가치가 있을까?

그건 우리가 그 시간 동안 무엇을 하느냐에 달렸다. 30대 후반에 접어들었을 무렵, 나는 가시밭길을 걷고 있었다. 나는 더 이상 하나님을 똑바로 바라볼 수 없었고 몸과 마음 모두 아내 브렌다를 배신하고 있었다. 게다가 내 가정에 대한 영적 보호막이 돼 주지 못한 채 언젠가는 이런 참담한 죄악이 내 아이들에게까지 미칠 수 있는 끔찍한 생활을 하고 있었다.

그때는 내 첫 아이 제이슨이 작고 귀여운 입을 옹알거리며 이리저리 예측불허의 행동을 하고 있을 무렵이었다. 입에 인공 젖꼭지를 물고 제이슨은 뒤뚱거리며 내게 다가와 보름달처럼 환하게 웃곤 했다. 말을 제대로 하지는 못했지만 나는 아들의 눈이 무엇을 말하는지 정확하게 알 수 있었다. '아빠, 아빠는 나의 영웅이에요. 나는 아빠처럼 될 거예요!'

그럴 때 나는 대개는 아들을 팔로 휙 끌어안고 간지럼을 태웠다. 아들을 너무 사랑했기 때문이다. 하지만 가끔씩 집에 우리 둘만 있을 때면 나는 절망적으로 눈물을 흘리곤 했다. '안 돼!' 나는 속으로 애원했다. '아들아, 너는 나처럼 돼서는 안 돼! 나는 너의 영웅이 아니야. 내가 진짜 영웅이라면 너를 이 지옥 같은 곳에서 벌써 구해 냈어야지. 그렇지만 나는 내 자신조차 구할 수 없어. 그런 내가 어떻게 너를 구할 수 있겠니?'

이것이 내 30대, 10년의 끝자락에 서 있는 나의 모습이었다. 희망도 목표도 없이 내 내면은 더러운 쓰레기로 가득차 있었다. 감사하게도 그때 하나님이 이 더러움 속으로 들어오셨다. 나와 내 가족이 삶의 방향을 바꿔야 한다며 도전하셨고 다음과 같은 말씀을 통해 끊임없이 채근하셨다. "너희는 나를 불러 주여, 주여 하면서도 어찌하여 내가 말하는 것을 행하지 아니하느냐"(눅 6:46).

주님이 던지신 이 강력한 질문이 내 마음을 사로잡기 시작했고 나는 어떤 대가가 따르든 모든 가능성을 걸고 힘을 다해 싸우기로 결심했다. 승리한다면 더할 나위 없이 좋겠지만 내가 걸어갈 실제 전투 과정은 너무 어렵고 혼란스러워 보였다. 나는 이 문제를 놓고 몇 개월 동안 머뭇거리기만 했고 그러다 마침내 격노한 하늘 아버지의 싸늘한 도전의 말씀을 듣기에 이르렀다. "지금 당장 여기서 말뚝을 박고 네 가족의 운명을 바꾸겠느냐 아니면 전혀 다른 곳에서 너보다 훨씬 나은 다른 사람에게 이 일을 넘기겠느냐?"

내 마음은 이내 고통으로 가득 찼다. 이 거대한 전쟁을 내가 직접 치러 낼 수 있을까? 선택은 아주 단순했다. 나는 나와 내 가족을 위해 진정한 남자로 책임을 지고 이 끔찍한 성적 타락 문제에 맞서 싸우거나 아니면 보통 사람들처럼 그저 그렇고 그런 남자로 남은 나의 인생을 살 수도 있었다.

주저하던 시간은 마침내 끝이 났다. 내 가족의 운명은 내 남성성이 어떻게 행하느냐에 달렸다. 하나님의 음성을 들은 지 며칠 되지 않아 나는 나와 가족을 지키기 위한 전투에 돌입했다. 머렐 헤이 도로를 따라 차를 몰고 내려가다가 나는 운전대를 주먹으로 힘껏 내리치고는 굳게 결심했다. 바로 그날 나에게는 새로운 10년 시작되었다. 그 10년은 나에게 어떤 가치가 있을까? 전부였다.

그 시간 동안 나는 하나님께서 모든 남자들에게 명하신 결혼의 책임과 의무를 내 아내에게 다하기 시작했다. 브렌다는 그 시기를 이렇게 회고한다.

눈으로부터 자신을 지킬 줄 아는 남자와 결혼했다는 사실이 내게는 믿기 어려울 만큼 안정감을 줘요. 아이를 넷이나 낳고 24년 세월을 함께 나이 먹으면서 내 삶은 주변의 그 어떤 여자로부터도 위협받지 않았습니다. 프레드는 나만 사랑했고 나라는 사람 자체와 세월이 흘러 변해 가는 내 모습에 만족했습니다.

남편이 기도할 때, 나는 아무것도 하나님과 남편 사이를 갈라 놓지 못할 거라는 확신이 듭니다. 남편에게 여전히 어둡고 감춰진 영역이 있었다면 나는 남편의 기도가 천정에도 닿지 못할 거라 여겼겠지요. 하지만 그렇지 않았어요. 순전한 한 남자의 기도가 어떤 영적 결과로 이어지는지 두 눈으로 확인하고 있답니다.

남편 프레드가 영적 보호막이 돼 준다는 나의 확신은 말 그대로 한계가 없답니다. 나는 우리의 영적 보호막에 죄악이 스며들 만한 미세한 균열조차 없을 거라 생각합니다. 프레드에게 기독교 신앙은 결코 가볍지 않습니다. 겉으로 드러나는 모습도 크게 의미가 없습니다. 프레드는 눈에 보이는 것 이상이 진짜 그리스도인이 되기 싫어 합니다.

남편은 우리 가족이 관련된 모든 결정에서 전권을 쥔 사람입니다. 그것이야 말로 하나님의 계획이기 때문이지요. 설사 그것이 하나님 계획이 아니었더라도, 남편은 자신의 행동을 통해 그 권리를 행사할 자격이 있음을 증명한 사람입니다. 프레드는 치열한 전투를 통해 하나님에 대한 자신의 헌신과 가족에 대한 사랑을 보여 줬습니다. 이것이 그의 인생에서 최고의 가치가 있으며 우리는 그런 남편의 그늘 아래 편히 쉬기만 하면 됩니다.

프레드의 이런 경건은 모든 사람을 부요하게 합니다. 그에게 성적으로 오염된 죄가 개입할 여지는 전혀 없습니다. 나는 남편 프레드가 어떤 사람인지 알고 있으며 우리가 간직하고 있는 인생의 비밀스러운 장소에서 프레드가 결코 가지 않는 곳이 어디인지도 잘 알고 있습니다.

이게 전부가 아니다. 나는 내 아이들도 세대를 따라 이어질 수 있는 성적 타락이라는 죄에서 자유로울 수 있다는 희망의 징조를 일찌감치 발견했다. 제이슨이 사춘기에 접어들었을 무렵, 반 친구가 학교에 들고 온 포르노 잡지를 보지 않고 외면한 적이 있었다. 우리 집안 남자들 사이에서는 아마 처음 있는 일이리라. 스토커 가문의 남자가 포르노 잡지를 거부하다니!

세월이 흐를수록 하나님과 나 사이의 관계는 더 깊어졌다. 그러자 하나님은 나에게 교회 중보기도 사역을 맡기셨다. 그리고 그 10년 세월이 저물 무렵에 내가 『모든 남자의 참을 수 없는 유혹』을 집필하는 일을 시작하게 하셨다. 믿지 못할 일이다.

또 다시 10년이 흘러갔고 우리는 세계 곳곳에 소개된 이 책의 출간 10주년을 축하하고 있다. 이 자유의 메시지는 20개가 넘는 언어로 번역, 출간되었다. 그리고 물론 두 번째 위대한 10년이 계속해서 시작되리라.

나뿐 아니라 모든 남자마다 이런 '남은 이야기'가 있다. 하지만 여기에 담겨야 할 내용은 나처럼 책을 썼다든가, 제품을 판매해 큰 돈을 벌었다든가, 직장에서 승진했다든가 하는 식의 이정표를 세운 이야기여서는 안 된다. 그런 것들은 세월이 흐르면 언젠가는 사라진다. 정말 가치 있는 건 우리 자신과 성품이 얼마나 변화했느냐 하는 것이다. 이런 변화에서 비롯된 영향력은 가족뿐 아니라 자녀의 자녀에게까지 미치며, 더 나아가 그 파급력은 은혜의 증거가 되어 그리스도의 몸, 곧 하나님의 가족에게도 다다른다.

그러면 그 10년 세월은 어떤 가치가 있는가? 정확히 말해 그것은 우리가 시간 속에서 써내려가는 '증언'이다. 값으로 따질 수 없이 귀한 증거다. 증언은 성경에서도 말하듯 강력한 힘이 있다. "오직 하나님께 경배하라. 예수의 증언(testimony)은 예언의 영이라"(계 19:10).

'증언'은 남자인 우리 삶에서 어떤 일이 가능한지 알려준다. 여기서 이야기하는 증언의 본래 의미는 "다시 하다"(to do again)라는 뜻으로 풀이될 수 있는데 거기에 진정한 힘이 숨어 있다. 우리가 증언을 읽고 듣는 순간, 성령께서 영적 환경을 바꿔 주신다. 마음속에 믿음이 용솟음치고 이런 소망이 심령을 휘감는다. '만일 하나님께서 다른 사람들의 인생에서 이런 역사를 일으키실 수 있다면 내 삶에도 그렇게 하실 수 있는 게 아닌가.' 증언의 힘은 이렇게 믿음이 시작되는 그 순간과 함께 한다. 우리 삶에서도 이와 똑같은 증언이 되풀이되고 승리를 얻는 데 성령은 우리의 아주 작은 믿음만 필요하실 뿐이다.

나는 수많은 남자들로부터 우리의 증언이 어떻게 그들의 믿음을 자극하여 결국 인생을 변화시키게 되었는지 들을 수 있었다. 그렇지만 이런 영적 승리가 정말로 가능한지 의심하는 사람들도 여전히 남아 있으니 머지않아 이런 이메일을 받게 될 거라 생각한다. "프레드, 당신은 치열한 영적 전쟁의 최전선에서 또 다시 10년이라는 긴 세월을 보냈습니다. 당신의 책을 보면 결국에는 반드시 승리하게 될 것이라 확신하는 것처럼 보이는데요, 정말로 계속 승리를 거두고 있나요?"

믿음으로 말하거니와 나는 '여전히' 전투에서 승리하고 있다. 그리고 그 승리는 사실상 이미 완료되었다. 실제로, 지난 20년 동안 나는 잡지나 신문, 혹은 텔레비전이나 인터넷을 통해 속옷 광고는 물론 신체의 굴곡이 강조되는 운동경기나 자극적인 영화를 찾아본 적이 없다. 나는 더 이상 유혹에 넘어지지 않는다는 말이 아니다. 내가 그런 유혹에 더 이상 넘어지지 않기로 했다는 말이다. 만일 정말로 이 전투에서 그 길을 걸어 간다면, 당신의 생각은 변화'될'(will) 것이다. 속지 마라. 유혹은 실제로 찾아'들'(will) 것이고, 전투는 돌이킬 수 없게 바'뀔'(will) 것이다.

분명 어떤 남자들은 이런 승리는 불가능한 것이라고 주장할지도 모르겠다. 메건은 내게 이런 말을 했다. "우리 남편은 남자들이 살면서 성적 타락을 이겨낼 수 있다는 말을 들으면 그럴 수는 없다고 격렬하게 반응해요. 그런 모습을 줄일 수는 있겠지만 완전히 이겨내는 일은 절대 없을 거라고 말하곤 해요."

아니다. 불가능은 없다. 나는 그 사실을 잘 알고 있다. 왜냐고? 내가 그렇게 했으니까. 그리고 하나님은 당신과 당신 아들들의 삶에서 똑같은 역사를 일으키실 수 있다. 내 삶에서 그렇게 하셨듯이.

아버지께 영광 돌리는 아들

어쩌면 당신은 지난 10년 동안 내 아들 제이슨에게는 무슨 일이 일어났는지 궁금할지도 모르겠다. 앞에서도 말했지만 제이슨은 올바르게 시작을 했고 처음부터 포르노처럼 문제가 되는 것들을 멀리했다. 그렇지만 계속 그렇게 해 왔을까?

나는 이제 아들의 대학 졸업 후 1년과 나의 졸업 후 1년을 비교해 본론으로 들어가 보려고 한다. 스물세 살이 되었을 무렵 나는 세 명의 각기 다른 여자 친구들과 정기적으로 잠자리를 함께 했으며 실제로 그 중 두 명과는 결혼을 약속하기도 했다. 제이슨이 스물세 살이 되었을 때 나는 아들이 결혼을 하고 새로 맞이한 아내를 품에 안고 입 맞추는 모습을 보게 되었다. 아들에게는 태어나서 처음 하는 입맞춤이었다.

게다가 아들은 그동안 포르노나 자위행위에 한 번도 빠진 적이 없으며 데이트 때는 상대방에게 결코 부끄러운 행동을 한 적이 없다. 제이슨은 자신의 경험을 나와 함께 쓴 책 『영웅』(Hero)을 통해 사람들과 함께 나누고 있다.

오늘날 현대 문화에서 성적 순수성을 지키는 일이 정말 가능한지 여전히 의심하는 많은 사람들에게 아들의 삶과 결혼은 그 자체로 모든 남자들을 향한 하나님의 신실하심을 보여주는 증거다. 하나님은 성적 죄악이 세대를 넘어 이어지지 않도록 우리를 위해 필요한 모든 일을 행하셨다. 그리고 당신을 위해서도 그 일을 다시 시작하실 수 있다.

그렇다고 당신이 더 이상 그 전투에서 책임을 질 필요가 없다는 의미는 아니다. 당신이 비록 6주 훈련을 마치면서 당신의 눈을 제어할 수 있게 되었다 해도 말이다. 물론 이 6주의 기간은 아주 멋진 나날들이며 수많은 영광스러운 승리가 함께하는 놀라운 기간이기도 하다. 그리고 하나님과 나와의 관계가 정말 상상 못할 그런 방식으로 꽃을 피우고 이 관계는 그 후로도 계속된다. 힘겨운 전투를 치르는 첫 6주와 비교해 볼 때 그 이후의 기간은 흡사 승전 후의 소탕 기간이라고나 할까.

그러나 전투는 끝이 났어도 나는 여전히 거센 저항을 이겨내야만 했다. 내 눈을 포함한 몸은 마침내 적절한 통제 상태에 들어갔지만 내 마음과 생각은 상당 기간 여전히 성적 환상에 사로잡혀 있었다. 자위 습관은 몸에 대한 절제의 약속으로 크게 줄었으나 이 행위를 완전히 끝내는 데는 그 후로 3년의 시간이 더 필요했다. 심지어 결혼하고 원하던 성관계를 마음껏 가질 수 있었음에도 그랬다.

놀라운가? 그럴 필요 없다. 자위행위는 분명 본질적으로는 성적 행동이지만 성 문제 이상의 의미가 있다. 대개 자위 행위로 이어지는 방아쇠 역할을 하는 것들은 성인 영화를 본다든지 하는 일반적인 것들이지만, 직장에서의 스트레스라든가 오래 전 아버지로부터 받은 정서적 상처 같은 감정적인 방아쇠도 있다.

개인적으로는 자위행위를 하도록 만드는 이런 감정적인 방아쇠는 종종 물리적인 방아쇠보다 그 위력이 더 강하다고 생각한다. 다시 말해 우리가 갖고 있는 자위 습관은 실제로는 성적인 것이 아닌 정서적 중독의 측면이 더 강하다는 뜻이다. 따라서 육체적으로 자신을 자극하는 것들을 차단해도 자위행위를 완전히 끊지 못하는 경우가 많다.

여기서 중요한 점은 이 시기에 내가 유혹에 굴복했던 경험이 결국에는 나의 최종 승리에 아주 중요한 역할을 했다는 사실이다. 실패를 할 때마다 나는 내 자신과 나의 감정적인 방아쇠에 대해 더 많은 것을 알게 되었다. 바로 내가 가장 약해지는 지점을 배운 것이다. 나는 실패를 끌어안고 하나님을 찾으며 다시 싸우는 법을 배웠다. 그리고 결국 승리했다.

나의 책『전략』(Tactics)은 사람들이 이런 방식의 전투에서 승리할 수 있도록 도울 수 있다. 이 책은 어쩌면『모든 남자의 참을 수 없는 유혹』시리즈에 포함될 수 있겠으나, 실제로는 이 전투의 마지막 단계를 거쳐 가는 모든 남자들을 돕기 위해 썼다. 남자들은 전투를 마무리하는 시점에서도 다양하고 강력한 저항에 직면한다.

여기서 잠시『전략』에서 소개한 55세의 남자 랜디의 이야기를 살펴보자.

나는『전략』이『모든 남자의 참을 수 없는 유혹』보다 더 도움이 되는 책이라고 생각합니다. 나는 내 몸과 생각을 정비하면서 많은 것을 배울 수 있었지만 그 중에서도 가장 소중한 건 기도 전에 찬송으로 나아가며 하나님을 예배하는 법을 배운 부분입니다. 그렇게 해서 최근에는 하나님과 아주 값진 교제를 나눌 수 있었어요. 이 책은 내가 아는 다른 누구보다 하나님과 경건한 사귐의 시간을 갖는 일에 대해 많은 내용을 가르쳐주었습니다.

랜디가 이야기하는 것이 바로 성적 순결의 진짜 핵심이다. 단지 우리 눈을 지키고 생각을 굶기는 것뿐 아니라 하나님과 더 깊은 관계를 나누며 한 남자로 다듬어져 가는 모습을 말한다. 이 전투는 당신 자신에게뿐 아니라 이 세상을 향해 당신이 그리스도인이라는 이름표를 달기에 합당한 남자임을 당당히 알리는 통로가 될 것이다. 지금의 존도 그런 진짜 그리스도인이다.

일곱 살 무렵부터 나와 동생은 한 기독교 관련 에이전시에서 모델 일을 시작했습니다. 그 에이전시의 목표는 광고 시장에 선교의 씨앗을 뿌리는 것이었고요. 고등학교를 졸업한 뒤에는 모델 콘테스트에서 입상해 뉴욕 시티 에이전시와 계약을 맺고 세계 여러 곳을 누볐지요. 열아홉 살 때부터는 무대며 남녀공용 대기실에서 적나라하고 선정적인 모습들을 계속해서 보게 되더군요. 자극적인 촬영 작업이 내 마음을 쉬지 않고 흔들어 댔고 하룻밤 풋사랑은 어느덧 나에게는 자연스러운 일이 되었습니다. 성관계와 진정한 인간관계에 대한 구분도 빠르게 흐릿해져 갔습니다.

얼마 지나지 않아 나는 맨해튼의 클럽 장면을 연출하는 일을 맡게 되어 화려한 사람들로 가득찬 떠들썩한 클럽의 모습을 만들어 냈습니다. 나는 맡은 일을 썩 잘해 냈고 사람들이 어떤 모습을 원하든 뜻대로 다 해주었지요. 그렇지만 기본적으로는 모두 다 내 욕망을 채우기 위한 행동들이었습니다. 어린 시절 나는 하나님에 대해서 열심히 배웠지만 내가 이런 모습이 될지는 예측하지 못했습니다. 어쨌든 선교사나 그리스도인의 모습과는 전혀 관계없는 그런 사람이 되고 말았습니다.

그러다가 기적적인 일이 일어났습니다. 일을 마치고 집으로 돌아오는 여행길에 호텔 침실 탁자에 있던 『모든 남자의 참을 수 없는 유혹』이라는 책을 보게 된 것입니다. 책을 펼쳐든 나는 그 자리에서 얼어붙었고 즉시 책의 모든 이야기가 사실이라는 것을 깨달았습니다. 그동안 우리 주 하나님의 뜻을 따르지 않고 살아왔다면, 이제는 그런 원칙들을 따르고 싶다는 기분이 들었습니다. 그렇게 내 마음에 변화의 물결이 몰아쳤고 지금까지 이어지고 있습니다.

얼마 지나지 않아 나는 현란한 광고판으로부터 눈을 돌렸고 여자 모델들이 옷을 갈아입는 모습이며 사진작가들이 외설적인 장면을 찍는 모습을 돌아보지 않았으며 잡지를 보는 일도 피하게 되었습니다. 아예 그냥 몸을 돌려 지나쳐가는 일도 있었지요. 나는 더 이상 내 모습이 남들에게 어떻게 비춰질지 고민하지 않게 되었습니다. 나는 내 눈을 순전히 지키는 데만 마음을 쏟았습니다.

YMCA 컨퍼런스에서 나누었던 두 남자와의 대화 이후 하나님은 나에게 모델 작업을 그만둘 때가 되었다는 확신을 심어 주셨습니다. 정신 나간 짓처럼 보이겠지만 나는 그것이 완벽한 자유를 얻는 유일한 방법임을 잘 알고 있었습니다. 또한 올바른 방법으로 관계를 맺는 방법을 배울 때가 된 것 같았습니다. 나는 과거에 관계를 맺었던 여자들과 연락을 과감하게 끊고 그 후로는 몸과 마음을 자극하는 방식으로는 어떤 여자와도 입을 맞추거나 신체를 접촉하지 않았습니다.

하나님은 또 내가 믿음 깊은 사람들과 관계를 맺을 필요가 있다는 사실을 보여주셨습니다. 나는 '트랜짓'(Transit)이라는 기독교 연구 프로그램에 참여했고 곧 다른 몇몇 사람들과 함께 동남아시아로 떠나달라는 요청을 받았습니다. 거기 가서 인신매매의 위험에 처한 여성들을 도와달라는 것이었습니다. 나는 이 문제에 대해 기도를 드리고 한 친구에게도 의견을 구했습니다. '하나님께서 가지 말라고 하셨어?' 친구가 물었습니다. '아니.' '거기에서 벌어지는 일 때문에 마음이 아파?' '응, 그래.' '그렇다면 그게 너를 위한 대답이야.'

그래서 나는 떠났습니다. 캄보디아에 도착하자 나의 변화된 마음, 그리고 그 안에 원래부터 자리하고 있던 영웅심이 새 생명을 얻어 태어났습니다. 이 마음은 하나님께서 이 특별한 임무를 위해 내게 주신 믿음을 통해 용기를 얻은 후 활활 타올라 매춘부들과 성노예들을 돕는 일을 하게 되었습니다. 방콕에서 우리는 야시장이라고 부르는 야외 시장을 찾아갔습니다. 2차선으로 뻗어 있는 거리를 따라 스트립 클럽이며 2-3층 쯤 되는 건물들이 서 있었는데 1층은 주로 술집이었고 그 윗 층이 바로 매춘이 이루어지는 장소였습니다. 성인 여성들과 어린 여자아이들이 클럽이며 술집 안에서 봉 춤을 추고 있었습니다. 거리는 중년의 서양남성들과 10대 혹은 20대로 보이는 태국 여성들로 가득 차 있었습니다. 이들은 서로 팔짱을 끼고 천천히 거리를 거닐었고 마음에 드는 술집이 있는지 살펴보는 것 같았습니다. 나는 참을 수 없는 분노가 치밀었고 역겨움에 거의 토할 뻔 했습니다. 참으로 다양한 연령대와 국적의 관광객들이 거리를 배회하면 이른바 삐끼들이 나타나

이들을 술집으로 이끌려고 애를 썼습니다. 나는 그들을 주먹으로 때려눕히고 싶었지만 이내 하나님이 뉴욕에서의 나의 삶을 기억하게 해주셨습니다. 하나님이 함께하지 않았던 나의 삶은 이곳에서 만난 사람들과 전혀 다를 바가 없었던 겁니다. 나는 이곳에서처럼 비참한 기분을 느껴본 적이 없었고 심지어 기도하는 일조차 정말이지 불가능하게 생각될 정도였습니다. 내 친구와 나는 함께 짝을 이뤄 매일 밤 붉은 불빛으로 가득 찬 홍등가를 걸으며 기도를 했고 그러는 동안 우리와 함께 간 여성들은 클럽 안으로 들어가 업소 여성들과 대화를 나눴습니다. 우리는 길을 걷는 내내 큰 소리로 기도를 했는데 그 모습은 마치 이야기를 나누며 걸어가는 관광객처럼 보였을 겁니다. 방콕에서 지내는 동안 우리는 다른 사람들이 구해낸 여성들의 이야기를 듣고 직접 만나기도 했습니다. 그것은 놀라움 이상의 광경이었습니다. 나는 이제 단순히 동료 자매들의 사역을 돕기 보다 직접 사람들을 돕게 되었고 결국 선교사 하나님이 내게 바라시던 그런 사람이 된 겁니다.

순결을 지키는 전투는 한편으로 당신이 아내에게 악몽이 아닌 영웅이 되는 과정이기도 하다. 또 당신이 아내의 보호자로서 온전히 헌신할 남자라는 믿음을 증명하는 과정이기도 하다. 아내에게 이 거대한 전쟁터에 함께 해달라는 부탁을 가급적 빨리해야 하는 이유가 바로 그 때문이다. 아내는 우리가 싸워서 지켜야 할 여자이고, 우리는 아내의 지원이 필요하다.

그렇지만 이런 지원은 자동적으로 얻어지지 않는다. 아내 앞에서 자신을 낮춰라. 당신이 그동안 꾸며 냈던 겉모습을 벗어던지고 진실된 모습으로 서라. 아내도 지원 그룹이 필요하므로 자기와 같은 사연을 지닌 다른 사람들과 이야기하게 될 것이다. 책임을 아내에게 떠넘긴다든지, 아내가 체중이 불어서 자신이 죄를 저지를 수밖에 없었다는 식으로 그녀를 비난하지 마라. 솔직해져라, 남자여! 우리는 아내를 만나기 아주 오래 전부터 죄에 물들어 있었다. 아내의 젊은 시절 매력이 사라진 것처럼 보인다면 아마도 그건 당신의 눈이 오직 그녀만을 사랑하도록 훈련하지 않았기 때문이다.

"상담하러 가는 것만 빼면 난 뭐든 할 수 있어"와 같은 소리는 그만 둬라. "엉뚱한 거 물어볼 시간이 있으면 입 다물고 기도나 하라고"처럼 무례한 요구도 하면 안 된다. 그러다 아내의 영혼이 깊은 상처를 입는다. 아내는 우리에게 질문할 권리가 있으며 치유를 위한 상담도 필요하다. 남자가 돼라. 문제를 만든 건 바로 우리다. 그러니 어떤 어려움이 있더라도 그 문제를 처리해야 하는 것도 바로 우리 자신이다. 상담을 두려워하지 말라. 아내의 질문에 성실하게 대답하라.

자신을 방어하기 위한 거짓말도 그만두어야 한다. "남자는 눈에 보이는 것에 쉽게 유혹당하는 법이야. 그러니 당신도 거기에 익숙해져야 해" 같은 거짓말 말이다. 아니, 그녀는 그런 일에 익숙해질 필요가 없다. 오히려 우리가 그리스도인으로 사는 일에 익숙해져야 하며 "네가 젊어서 취한 아내를 즐거워하라. 그는 사랑스러운 암사슴 같고 아름다운 암노루 같으니 너는 그의 품을 항상 족하게 여기며"(잠 5:18-19)라는 말씀과 같이 아내의 사랑에 감사하고 아내의 품에서만 만족해야 한다.

　아내는 당신의 적이 아니다. 당신이 허락하기만 하면, 그녀는 당신의 최대 동맹군이 되어줄 것이다. 마음의 문을 열고 『모든 마음의 회복』(Every Heart Restored)을 함께 읽기 시작하라. 이 전투에서 그녀가 한 몸이 되어 싸우기를 기대한다면 남자의 성에 대해 이전보다 훨씬 많은 것을 알아야 하기 때문이다. 당신 역시 그동안 아내의 마음을 얼마나 아프게 했는지 깨달아야 할 필요가 있다. 그리고 아내에게 브렌다와 수잔이 함께 쓴 『치유의 선택』(The Healing Choice)이라는 책을 읽도록 권하라. 이 책은 아내가 이전보다 하나님과 더 가까워지도록 도울 것이다. 『치유의 선택』은 또한 이 어렵고 힘든 여정을 함께 할 수 있는 또 다른 여성 조력자들을 찾을 수 있도록 돕는다. 바로 '애브뉴'(Avenue)라고 부르는 멋진 사역단체를 통해서다.

순결하게 사는 법

나는 당신이 느끼는 두려움을 잘 안다. 나 역시 거친 세상 한가운데 나만의 비밀을 간직하고 홀로 서 있던 적이 있기에, 그런 비밀을 드러내는 일이 얼마나 두려운지 알고 있다. 당신이 비밀과 죄를 고백하면 어떤 일이 벌어질 것인가? 나도 확실히는 모르겠다. 그렇지만 폭풍의 한 가운데에도 언제나 희망이 자리하고 있다는 사실은 분명히 알고 있다. 바로 레이의 경우처럼 말이다.

나는 내 아내와 함께 깨끗하고 순결한 삶을 선택할 수 있는 갈림길에 서 있습니다. 그렇지만 아내에게 모든 것을 고백하는 일이 두렵습니다. 그렇게 모든 것을 다 고백하고 나면 우리의 결혼생활이 끝장나지 않을까요? 물론 여전히 지금 이 자리에도 진짜 희망이 있다는 건 느낄 수 있습니다. 오늘은 내가 하나님 앞에서 회개의 눈물을 흘린 뒤 맞이한 첫날이니까요. 그리고 오늘 나는 내가 이 죄 때문에 예수님께서 원하는 모습이 되지 못한다는 사실도 알게 되었습니다.

바로 오늘이 당신과 당신 가족 인생의 새로운 10년을 맞이하는 첫날이 될 수 있다. 그 시간은 어떤 의미를 가지게 될까? 어쩌면 내가 그랬듯 그 무엇과도 바꿀 수 없는 귀중한 시간이 될지도 모른다. 빌과 앰버도 그 시간을 통해 달라졌다. 앰버의 고백을 들어보자.

몇 개월 전 나는 가지고 있던 예전 책들을 뒤적이다가 우연히 『모든 마음의 회복』을 보게 되었습니다. 나는 그 책의 몇 페이지를 집중해서 읽는 것만으로 내가 얼마나 치유되었는지를 깨달았지요. 당신의 책을 처음 읽었을 때 사실 많은 부분이 마치 아직 아물지 않은 상처 위에 소금을 뿌리는 것 같았습니다. 그렇지만 이제는 처음만큼 감정적으로 고통스럽지 않습니다. 나는 하나님에 대한 감사의 마음으로 가득 차게 되었습니다. 나는 기도하며 울기 시작했습니다. 내가 과거에 간신히 견뎌온 것과 같은 정신적 고통을 지금 겪고 있는 다른 사람들의 깊은 슬픔을 느끼면서요.

나는 이런 문제에 대해 당신이 모든 것을 솔직하게 다 밝혀준 것에 대해 고맙다는 말을 하고 싶습니다. 당신 덕분에 나는 내 과거의 상처를 돌아보고 영적으로 하나님께 다시 돌아갈 수 있었습니다. 나는 과거의 상처로부터 완전히 회복되었을 뿐 아니라 과거 그 어느때보다도 행복한 결혼생활을 누리고 있습니다.

나는 사람들이 많이 모이는 대형교회에 출석하고 있습니다. 그렇지만 어떤 교회든 성적 타락이라는 추악한 현상은 일어날 수 있습니다. 그런 사실을 솔직히 고백하기 부끄러워하는 사람들은 거기에서 헤어 나오기 어렵지요. 나는 목사님에게 우리 교회가 이런 가라앉는 배에 올라탄 사람들을 돕는 일을 시작해야 한다고 제안했습니다. 그런데 참으로 부끄럽게도 목사님은 나와 빌이 그 일을 이끌기를 원하셨습니다. 음, 생각해 보니 부끄러운 게 아니라 자랑스러워해야 할 일일까요.

나는 죽음에서 생명으로 부활했습니다. 과거에는 깨어 있다는 사실이 감정적으로 너무 고통스러워 매일 수면제를 잔뜩 삼키지 않으면 잠조차 편히 들 수 없었습니다. 이제는 하나님이 내게 허락하신 치유의 은사를 같이 누릴 수 있는 또 다른 사람들을 도울 수 있다는 사실에 너무나 기뻐하며 살고 있습니다. 상처받은 사람들 중 단 한 가족과 접촉할 수만 있어도 분명 거기에 쏟아붓는 우리의 모든 노력은 보상을 받게 될 것입니다. 나의 가족도 그렇게 당신에게 큰 빚을 지고 있으니까요.

모든 증거는 어느 날 갑자기 시작된다. 그 날은 오늘이 될 수도 있다.

이제 선택할 시간이다. 하나님이 역사하시도록 하자. 어둠에서 빠져나와 하나님의 빛 속으로 들어가자. 하나님과 함께 이 전투를 치러 내자. 그렇게 해서 완전히 새로운 10년을 맞이하자. 나의 모든 것을 걸고 하나님께 나의 증거를 보여드리자.

지금 당장 시작하자. 그렇게 해서 훗날 모든 사람들이 이 시간을 기억하게 만들자.

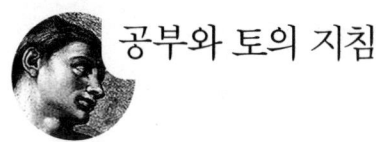 # 공부와 토의 지침

본 난은 『모든 남자의 참을 수 없는 유혹』의 개인용 공부 지침으로 사용해도 좋고 남성 모임의 공부와 토의 지침으로 사용해도 좋다. 매주 한번씩 모이는 남성 모임의 경우, 아래 각 부의 1주 분량을 모임의 토의와 질문 정도에 따라 2주로 연장할 수 있다.

제1부: 우리는 어디 있는가

*이번 주 본문: 머리말과 1-3장을 읽으라.
*도입 질문: 머리말과 1-3장에서 당신에게 가장 도움이나 격려가 된 부분은 어디이며 그 이유는 무엇인가?
*목표: 성적 유혹의 본질과 우리가 거기에 굴하는 배경을 보다 잘 이해한다.

■머리말에 실린 스티브와 프레드의 말을 다시 본다.
1. 스티브는 "성적 순결의 추구는 논란이 많은 주제다"고 말한다. 왜 그렇다고 생각하는가?
2. 프레드는 이런 말을 인용한다. "나는 늘 나도 남자니까 여자한테 던지는 추파를 억제할 수 없다고만 생각했다. 다른 길이 있을 줄은 몰랐다." 당신도 그런 생각이 든 적이 있다면 그 강도는 어느 정도였는가?

■1장에 나오는 스티브와 프레드의 경험담을 다시 본다.
3. 스티브와 프레드의 배경 중 당신이 가장 공감하는 부분은 무엇인가?
4. 그들의 이야기에 비추어 스티브와 프레드는 당신에게 어떤 사람으로 보이는가?

■2장에 계속되는 프레드의 이야기를 다시 본다.
5. 성적 유혹에 대한 프레드의 고민은 그의 삶과 영적 건강에 영향을 미쳤다. 어떻게 영향을 미쳤는지 본문 내용을 요약해 보라.
6. 프레드는 자기 죄 때문에 하나님과의 관계, 아내와의 관계, 자녀와의 관계, 교회와의 관계에 '값'을 치렀다고 말한다. 성적 죄가 남자에게 가장 급속하고 명확하게 해를 입히는 영역은 위 넷 중 무엇이라고 생각하는가? 혹 당신은 네 영역 모두 동시에 동일한 영향을 입는다고 생각하는가?

■3장에서 '당신은 보이는가?' 단락에 나오는 프레드와 마이크의 대화 내용을 다시 본다.

7. 우리를 성적 부도덕으로 유인하는 경향이 있는 우리 사회의 보다 미묘한 영향력에는 어떤 것들이 있을까?

8. 당신의 경우 그중 충분히 인식하기 가장 어려운 것들은 무엇인가? 또 당신에게 가장 위험한 것들은 무엇인가?

■3장에서 '모든 남자의 싸움'과 '악순환' 단락에 소개된 사연들을 다시 본다.

9. 이야기의 상황들 중 당신이 가장 공감을 느끼는 것은 무엇인가?

10. 당신이 아는 그리스도인 남자들에게 이런 상황들이 얼마나 흔하다고 생각하는가?

■3장의 '테스트' 단락에 나오는 16개 문항에 잠시 각자 답한다. 문항 밑의 두 설명 문단을 다시 본다. 그리고 나서 '강한 성욕과 중독의 차이'부터 3장 끝까지 성 중독에 관한 내용에 다함께 초점을 맞춘다.

11. 스티브가 말하는 '정상적 성욕'과 '중독성 강박/충족'의 차이를 요약해 보라. 저자들이 말하는 '부분 중독'을 당신은 다른 남자에게 어떻게 설명해 주겠는가?

12. 대다수 남자들의 경우 성적 죄의 기초는 진짜 중독이 아니라 '화학적 쾌감'이라는 것이 본서의 논지다. 당신은 여기에 얼마나 동의 혹

은 반대하는가?

13. 3장 마지막 두 단락에 이어지는 스티브의 이야기를 보라. 당신이 가장 공감할 수 있는 부분은 무엇인가?

■함께 에베소서 5장 3절과 마태복음 5장 28절을 읽는다.

14. 지금까지 이 책을 공부하고 토의하면서 이 두 말씀의 실제적 적용 방법에 어떤 통찰을 더 얻었는가?

■이 부분은 선택적으로 추가할 수 있다. 다함께 3장의 끝 단락 '여자의 마음'을 본다. 여자들의 말 중 당신이 가장 놀란 것은 무엇인가? 당신의 아내를 더 잘 이해하는 데 가장 도움이 된 말은 무엇인가?

■마무리:
제1부에서 공부하고 토의한 내용을 잠시 묵상해 보라. 이 공부의 결과로 당신이 하나님께 감사할 수 있는 것은 무엇인가? 이 주제에 대해 지금 하나님이 당신에게 특별히 가르쳐 주시려는 바가 무엇이라고 생각하는가? 당신 생각에 지금 하나님은 당신이 구체적으로 어떻게 그분을 의지하고 순종하기 원하시는가?

제2부: 어쩌다 여기까지 왔는가

*이번 주 본문: 4-7장을 읽으라.
*도입 질문: 4-7장에서 당신에게 가장 도움이나 격려가 된 부분은 어디이며 그 이유는 무엇인가?
*목표: 성적 순결에 대한 하나님의 기준과 남자들이 성적 죄에 취약한 배경을 보다 잘 이해한다.

■결혼이 성적 죄의 '해답'인가를 논한 4장의 첫 세 단락을 다시 본다.
1. 당신과 타인들의 경험으로 미루어 당신은 "결혼이나 세월을 통해 성적 죄에서 해방되는 일은 극히 드물다"는 저자들의 말에 얼마나 동의하는가?
2. "우리는 순결의 길을 선택할 수 있다"는 저자들의 말에 당신은 얼마나 동의 혹은 반대하는가?

■4장에서 '순진함, 반항심, 경솔함' 단락의 내용을 다시 본다.
3. 당신은 피노키오와 램프위크 중 어느 쪽에 더 가까운가?
4. 성경에 명시된 성적 순결에 대한 하나님의 기준과 관련하여, 당신은 독신자 성경공부 모임의 그 여자의 말 — "아무도 우리에게 그런 삶을 기대할 수는 없다!" — 과 똑같이 생각해 본 적이 얼마나 자주 있는가?

■ 이번에는 4장 뒷부분의 '성경에 나타난 하나님의 기준'에 열거된 성경 말씀에 집중한다. 최대한 많은 시간을 할애해 각 말씀의 의미를 충분히 소화한다.

5. 다섯 가지로 정리된 맨 뒤의 요약을 읽는다. 편의상 1부터 5까지 차례로 번호를 매긴다. 성구 목록으로 다시 돌아가 각 구절과 그 구절이 뒷받침하는 번호를 연결시켜 보라. 두 번호 이상에 걸리는 구절들도 있다(요약 내용을 추가해 본 구절들이 가르치는 바를 좀더 분류ᴡ정리해도 좋다).

6. 데살로니가전서 4장 3절을 읽고 이 구절이 다른 말씀들과 어떻게 맞아들어 가는지 토의하라.

7. 구약의 관점을 알아 보기 위해 다음 추가 본문들을 찾아 묵상해도 좋다. 출애굽기 20:14, 레위기 19:29, 20:10, 민수기 25:1-3, 신명기 23:18, 시편 50:16-18, 잠언 6:23-32, 7:6-27.

8. 당신은 하나님이 왜 성적 죄를 그토록 반대하신다고 생각하는가?

9. 성적 순결에 대한 하나님의 기준을 당신 자신의 말로 요약하되, 오늘날 그리스도인 남성들에게 도움이 되도록 실제적으로 요약해 보라.

■ 5장에서 탁월함과 순종을 대비한 부분을 다시 본다.

10. 저자들이 정의한 방식에 따라 당신은 (1) 탁월함의 추구와 (2) (순종을 통한) 완전함의 추구의 차이를 어떻게 설명하겠는가?

11. 1) '나는 어디까지 가고도 여전히 그리스도인으로 통할 수 있을까?'
2) '나는 얼마나 거룩해질 수 있을까?' 이 두 가지 개인적인 질문에

나타난 태도의 차이를 충분히 토의해 보라.

■ 역대하 34장에 나타난 요시야 왕의 기사를 함께 본다. 8절과 14-33절을 읽는다.

12. 본문의 요시야의 예는 어떤 면에서 순종의 모델인가?
13. 요시야의 예는 또 무엇의 모델이 되는가?

■ '대가 계산' 단락부터 시작해 5장의 마지막 부분을 다시 본다.

14. 현재까지 이해한 바로, 성적 순결에 대한 하나님의 기준에 순종하는 데 따르는 대가를 당신은 어떻게 말하겠는가?
15. 하나님의 기준에 당신 자신의 기준을 다만 얼마라도 섞을 '권리'가 당신에게 있다고 생각하는가? 왜 그렇게 생각하는지 설명해 보라.
16. 이 장 끝 부분에 "우리의 유일한 희망은 순종이다"라는 말이 나온다. 그 말에 얼마나 동의 또는 반대하는지 토의해 보라.

■ 6장에서 남자의 천성적 성향에 대한 부분을 다시 본다.

17. 이 장에 언급된 첫째 특성은 '남자는 천성적으로 반항적이다'이다. 분명 이 성향은 하나님의 선물이 아니라 타락한 인간 죄성의 결과다. 이 장에 언급된 남자의 다른 3가지 성향을 생각해 보라. 각 성향은 얼만큼 하나님의 선물이며 얼만큼 우리 죄성의 결과인가? 우리 죄성에서 비롯된 듯한 성향들의 경우, 어떤 면에서 각 성향은 본래

하나님이 주신 좋은 특성의 타락한 형태인가?

18. 이 장은 '전희'를 어떻게 정의하고 있는가? 당신은 그 정의에 얼마나 동의 또는 반대하는가?
19. 이 장에는 다른 여자들을 상대로 한 '시각적 전희'가 아내와의 약속 파기로 제시돼 있다. 당신은 동의하는가?
20. 남자의 천성적 성향과 남성성의 차이를 당신은 어떻게 말하겠는가?

■7장에서 참된 남성성의 선택에 관한 내용을 다시 본다.

21. 욥기 31:1에서 욥이 맺은 언약을 보라. 욥의 예는 마태복음 5장 28절에 예수께서 정해 주신 기준과 어떻게 비교 또는 부합되는가? 에베소서 5장 3절에 정해진 기준과는 어떻게 비교 또는 부합되는가?
22. 이 장 끝 부분에 이런 말이 나온다. "진정한 남성성에 관한 한 하나님의 정의는 아주 단순하다. 그것은 하나님 말씀을 듣고 그대로 행한다는 뜻이다. 말씀대로 행하는 자, 그것이 남성성에 대한 하나님의 유일한 정의다. 반면 사내답지 못한 남자에 대한 하나님의 정의는 하나님 말씀을 듣고도 행치 않는 자다." 당신은 이 결론에 전적으로 동의하는가? 왜 그렇거나 그렇지 않은가?
23. 갈라디아서 6장 7-8절을 읽으라. 당신은 이 원리의 진실성을 삶 속에서 어떻게 체험했는가?

■이 부분은 선택적으로 추가할 수 있다. 다함께 7장의 끝 단락 '여자의 마음'을 본다. 여자들의 말 중 당신이 가장 놀란 것은 무엇인가? 당신의 아내를 더 잘 이해하는 데 가장 도움이 된 말은 무엇인가?

■마무리:

제2부에서 공부하고 토의한 내용을 잠시 묵상해 보라. 이 공부의 결과로 당신이 하나님께 감사할 수 있는 것은 무엇인가? 성적 순결에 관해 지금 하나님이 당신에게 특별히 가르쳐 주시려는 바가 무엇이라고 생각하는가? 당신 생각에 지금 하나님은 당신이 구체적으로 어떻게 그분을 더 온전히 의지하고 순종하기 원하시는가?

제3부: 승리를 선택하라

*이번 주 본문: 8-10장을 읽으라.
*도입 질문: 8-10장에서 당신에게 가장 도움이나 격려가 된 부분은 어디이며 그 이유는 무엇인가?
*목표: 성적 순결 면에서 승리를 추구하기로 실생활에서 전심으로 헌신한다.

■8장에서 성적 순결을 추구하기로 지금 결단하는 것이 중요하다는 내용을 다시 본다.

1. 하나님께 순종함에 있어 우리는 왜 지체하고 머뭇거리는 경향이 있는가?
2. 당신에게 해당된다면, 잠시 다함께 조용히 다음 세 질문을 묵상해 보라. 1) 당신은 얼마나 더 성적으로 부도덕하게 살 것인가? 2) 당신은 얼마나 더 성적으로 아내의 것을 박탈할 것인가? 3) 당신은 얼마나 더 아내와의 연합 — 오래 전 아내에게 서약했던 그 연합 — 의 성장을 방해할 것인가?
3. 1부터 10까지 중에서 점수를 매긴다면, 당신은 종류 불문하고 성적 부도덕의 죄를 정말 얼마나 미워하고 있는가?
4. 1부터 10까지 중에서 점수를 매긴다면, 당신은 성적 순결의 싸움에 정말 얼마나 이기고 싶은가? 그 점수를 준 이유는 무엇인가?
5. 당신의 경우 성적 순결을 얻고 지키려는 가장 강한 동기는 무엇인가?

■다함께 베드로후서 1장 3-4절을 읽는다.

6. 본문에 따르면 하나님이 우리에게 주신 것들은 정확히 무엇인가? (본문에 나오는 것을 하나도 빠뜨리지 말라.)
7. 그분은 그것들을 어떤 방법으로 우리에게 주셨는가?
8. 그분은 그것들을 왜 우리에게 주셨는가?
9. 이 말씀은 개인적으로 당신에게 어떤 의미가 있는가? 당신 자신의

말로 표현해 보라.

■ 로마서 6장 11-14절, 18절을 읽는다.

10. 본문에 따르면 우리는 자신을 어떻게 보아야 하는가?
11. 본문에 따르면 그 바른 태도를 가진 결과 우리가 해야 할 일은 무엇인가?
12. 본문에 따르면 당신은 죄로부터 얼마나 자유로운가?
13. 1부터 10까지 중에서 점수를 매긴다면, 당신을 향한 하나님의 뜻이 성적 순결임을 당신은 얼마나 확신하고 있는가? (대답을 설명해 보라.)

■ 9장에서 실지의 회복에 관한 내용을 다시 본다.

14. 이 장에 나오는 프레드와 스티브의 경험담에서 당신에게 가장 인상 깊은 부분은 무엇인가?
15. 당신을 향한 하나님의 뜻인 성적 순결을 얻을 때, 가까운 장래에 당신과 하나님의 관계는 어떨 것 같은가?
16. 아내와의 관계는 어떨 것 같은가?
17. 자녀들에게 남길 미래의 유산은 어떨 것 같은가?
18. 당신의 교회 사역과 하나님나라 건설은 어떨 것 같은가? 가까운 장래와 장기적 관점을 모두 말해 보라.

■10장에서 하나님의 뜻과 능력에 힘입어 성적 순결을 얻으려는 당신의 전투 계획을 깊이 생각해 본다.
19. 저자들이 이 장에 제시한 성적 순결의 실천적 정의는 무엇인가?
20. 성적 순결의 목표를 이루기 위해 저자들이 세워야 한다고 말하는 3대 '방어망'이란 무엇인가?

■10장에서 부도덕이 습관이라는 내용을 다시 본다.
21. 이 책은 "단순한 진리는 부도덕이 습관이다"고 말한다. 저자들이 그렇게 믿는 이유를 토의해 보라. 당신은 그 논리에 얼마나 동의 또는 반대하는가?
22. 이 장 내용에 따르면 성적 순결은 어째서 습관인가?
23. 이 장 내용에 따르면 부도덕은 어떻게 '습관처럼 싸우는가?'

■10장에서 성적 순결의 결단으로 인한 영적 짓눌림과 영적 방해에 관한 내용을 다시 본다.
24. '순결에는 언제나 영적 방해가 따른다'는 단락에 열거된 사탄의 주장들을 보라. 그중 가장 강력하고 위험한 주장은 무엇이라고 생각하는가? 그에 맞선 '진실' 중 당신에게 가장 힘이 되는 것은 무엇인가?
25. 인간의 성이 사탄과 그 세력들이 그토록 열을 올려 공격하고 해치는 소재가 되는 까닭은 무엇이라고 생각하는가?

■10장 뒷부분의 자위행위에 관한 내용을 다시 본다.

26. 자위행위에 대한 이 장의 주요 요점을 정리해 보라.

27. 저자들이 가르치는, 자위행위를 끊는 효과적 방법은 무엇인가?

■10장에서 '감시 파트너와 당신의 아내' 부분을 다시 본다.

28. 성적 순결을 추구할 때 감시 파트너가 있으면 어떤 이점이 있는가?

29. 저자들은 성적 순결의 추구에 자기 아내를 주요 감시 파트너로 삼는 것이 왜 좋지 않다고 말하는가?

■이 부분은 선택적으로 추가할 수 있다. 다함께 10장의 끝 단락 '여자의 마음'을 본다. 여자들의 말 중 당신이 가장 놀란 것은 무엇인가? 당신의 아내를 더 잘 이해하는 데 가장 도움이 된 말은 무엇인가?

■마무리:

제3부에서 공부하고 토의한 내용을 잠시 묵상해 보라. 이 공부의 결과로 당신이 하나님께 감사할 수 있는 것은 무엇인가? 당신은 이제 성적 순결의 추구에 철저히 헌신돼 있는가? 당신 생각에 특히 하나님은 당신이 이 싸움에서 구체적으로 어떻게 그분을 의지하고 순종하기 원하시는가?

제4부: 눈의 승리

*이번 주 본문: 11-13장을 읽으라.
*도입 질문: 11-13장에서 당신에게 가장 도움이나 격려가 된 부분은 어디이며, 그 이유는 무엇인가?
*목표: 눈을 통해 다가오는 잘못된 성적 이미지들의 흐름을 차단하는 전략을 성공적으로 수립하고 성취한다.

■11장의 눈길 돌리기에 대한 내용을 다시 본다.
1. 프레드의 '내 최강의 적들' 목록을 보라. 당신의 경우 '아내 외에 확실하고 풍부한 선정적 이미지의 출처'는 무엇인가? (시간을 충분히 들여 중요한 분야가 하나도 빠지지 않게 목록을 정확히 작성하라.)
2. 이번에는 시간을 충분히 들여, 파악된 각 분야의 방어 전략을 세워 보라.

■12장의 눈을 굶기기에 대한 내용을 다시 본다.
3. 저자들이 말하는 '눈을 굶기기'란 정확히 무슨 뜻이며, 어떻게 이루어지는가?
4. 이 장 끝에 언급된 '성적 보상'은 무엇인가?

- 13장의 검과 방패에 대한 내용을 다시 본다.
5. 이 장에 따르면 당신에게 검과 방패가 필요한 이유는 무엇인가? 성적 순결의 추구에 그 둘의 가치는 무엇인가?
6. '검 구절'로써 욥기 31장 1절의 장점은 무엇인가? 사탄과 그 세력들이 이 구절을 반박하여 어떤 생각이나 주장을 펼 수 있겠는가?
7. '방패 구절'로써 고린도전서 6장 18-20절의 장점은 무엇인가? 사탄과 그 세력들이 이 구절을 반박하여 어떤 생각이나 주장을 펼 수 있겠는가?
8. 당신이 검과 방패로 택하고 싶은 성경 구절은 무엇인가?
9. 성적 유혹 부분에서 당신에게 더 이상 자문(自問)의 권리가 없는 중요한 질문들은 무엇인가?
10. 성적 순결 추구에서 당신이 기대하는 단기적 결과와 반응은 어떤 것들인가?
11. 성적 순결 추구에서 당신이 기대하는 장기적 결과와 반응은 어떤 것들인가?

- 13장에서 '약간 정신나간 일?'이라는 마지막 단락을 다시 본다.
12. 눈길 돌리기와 눈 굶기기 전략의 어떤 점들이 당신에게 가장 의미 있게 와 닿는가? 두 계획에 대해 아직 당신에게 남아 있는 질문이 있다면 무엇인가?
13. 당신 삶의 경우, 시각의 순결을 위한 총체적 전략에 성공하려면 가

장 중요한 요인들이 무엇이라 생각하는가?

■이 부분은 선택적으로 추가할 수 있다. 다함께 13장의 끝 단락 '여자의 마음'을 본다. 여자들의 말 중 당신이 가장 놀란 것은 무엇인가? 당신의 아내를 더 잘 이해하는 데 가장 도움이 된 말은 무엇인가?

■마무리:
제4부에서 공부하고 토의한 내용을 잠시 묵상해 보라. 이 공부의 결과로 당신이 하나님께 감사할 수 있는 것은 무엇인가? 눈을 통한 성적 순결에 관해 지금 하나님이 당신에게 가장 가르쳐 주시려는 바가 무엇이라고 생각하는가? 당신 생각에 지금 하나님은 당신이 구체적으로 어떻게 그분을 의지하고 순종하기 원하시는가?

제5부: 생각의 승리

*이번 주 본문: 14-16장을 읽으라.
*도입 질문: 14-16장에서 당신에게 가장 도움이나 격려가 된 부분은 어디이며, 그 이유는 무엇인가?
*목표: 잘못된 성적 이미지들의 흐름에서 생각을 깨끗케 하는 전략을 성공적으로 수립하고 성취한다.

■14장에서 생각의 성적 순결에 관한 내용을 다시 본다.
1. 생각이 눈보다 통제하기 어려운 이유는 무엇인가?
2. 성적 순결의 추구에서 눈은 어떻게 생각에 협력하는가?
3. 생각에서 옛 성적 오염을 씻어내는 과정이 이 장에 서술돼 있다. 그 과정을 당신의 말로 설명해 보라. 그 과정을 앎으로 당신에게 어떤 힘이 되는가?
4. 저자들에 따르면 '문을 엿보아 기다리는' 것과 '생각으로 엿보는' 것은 각각 무슨 뜻인가?
5. 고린도전서 6장 19-20절과 고린도후서 10장 5절을 보라. 이 말씀들의 가르침은 생각의 순결을 위한 전략에 어떻게 맞아들어 가는가?

■14장에서 '정신적 세관'에 관한 내용을 다시 본다.
6. 저자들이 말하는 '정신적 세관'이란 무슨 뜻인가? 그 과정을 현실적인 말로 묘사해 보라.
7. 저자들이 말하는 '매혹 굶기기'란 무슨 뜻인가? 그것은 당신의 삶에서 현실적으로 어떤 의미를 갖는가?
8. 이런 개념들이 당신에게 얼마나 유익하다고 생각하는가?

■14장에서 '생각의 야생마를 가둘 울타리' 조성에 관한 내용을 다시 본다.
9. 이 '울타리' 개념을 당신의 사고 생활의 성적 순결에 대입해 설명해 보

라. 울타리는 무엇을 나타내며 어떤 성과를 이루는가?
10. 울타리 개념이 당신에게 얼마나 유익하다고 생각하는가?

■15장에서 생각의 '울타리' 조성에 관해 계속되는 내용을 다시 본다.
11. 당신 쪽에서 매력을 느끼는 여자들과 관련하여 부도덕한 생각을 막는 효과적 방어책의 가장 중요한 원리들은 무엇인가?
12. 당신에게 매력을 느끼는 여자들과 관련하여 부도덕한 생각을 막는 효과적 방어책의 가장 중요한 원리들은 무엇인가?
13. 저자들이 말하는 '바보 노릇'이란 무슨 뜻이며, 이 전략이 당신 삶에 얼마나 효과적일 수 있다고 생각하는가?

■16장의 내용을 다시 본다.
14. 옛 애인이나 전 아내와 관련하여 순결한 생각을 지키기 위해 여기 제시된 전략들은 무엇인가?
15. 친구 아내와 관련하여 순결한 생각을 지키기 위해 여기 제시된 전략들은 무엇인가? 이런 전략을 깊이 생각하는 것이 왜 중요한가?
16. 친구 아내와의 순결한 관계의 출발점으로 저자들이 제시하는 근본 진리는 무엇인가?
17. 당신 삶의 경우, 생각의 순결을 위한 총체적 전략에 성공하려면 가장 중요한 요인들이 무엇이라 생각하는가?

■이 부분은 선택적으로 추가할 수 있다. 다함께 16장의 끝 단락 '여자의 마음'을 본다. 여자들의 말 중 당신이 가장 놀란 것은 무엇인가? 당신의 아내를 더 잘 이해하는 데 가장 도움이 된 말은 무엇인가?

■마무리:
제5부에서 공부하고 토의한 내용을 잠시 묵상해 보라. 이 공부의 결과로 당신이 하나님께 감사할 수 있는 것은 무엇인가? 생각의 성적 순결에 관해 지금 특히 하나님이 당신에게 가르쳐 주시려는 바가 무엇이라고 생각하는가? 당신 생각에 지금 하나님은 당신이 구체적으로 어떻게 그분을 의지하고 순종하기 원하시는가?

제6부: 마음의 승리

*이번 주 본문: 17-18장을 읽으라.
*도입 질문: 17-18장에서 당신에게 가장 도움이나 격려가 된 부분은 어디이며, 그 이유는 무엇인가?
*목표: 아내에게 마음으로부터 보다 진실하게, 적극적으로, 희생적으로 헌신한다.

■17장에서 아내를 아껴주기에 관한 내용을 본다.
1. 눈과 생각을 순결하게 하는 것은 실제적으로 어떤 면에서 희생이라 말할 수 있는가?
2. 아내를 '아껴준다'는 말의 참뜻은 무엇인가?

■이 책과 토의를 통해 배운 내용에 비추어 에베소서 5장 22-23절의 가르침을 자세히 다시 본다.
3. 수많은 남편들이 이 말씀의 가르침에 곧잘 저항하는 까닭은 무엇이라고 생각하는가?
4. 당신의 부부 관계 및 그리스도와 교회의 관계에 대해 이 말씀이 가르치는 바를 당신 자신의 말로 표현해 보라. 이 말씀이 가르치는 바른 태도와 신념은 무엇인가? 바른 기준과 이상은 무엇인가? 바른 행동과 습성은 무엇인가?

■17장에서 '아껴줄 때의 감정' 단락에 인용된 아가서 말씀을 보라.
5. 이 말씀에 담긴 감정을 분석해 보라.
6. 아내와의 적절한 정서적 관계를 이해하는 도구로써 이 말씀은 얼마나 유익한가?

■ 사무엘하 11-12장에 나오는 다윗과 밧세바와 우리아와 나단의 이야기를 다시 본다.

7. 분명히 전에 읽어본 기사일 것이다. 성적 순결을 세심히 공부하고 순결 추구에 헌신한 상태에서 이번에 다시 읽으며 마음에 와 닿는 점은 무엇인가?

8. 이 이야기가 오늘의 그리스도인 남편들에게 주는 가장 중요한 교훈은 무엇인가?

■ 18장에서 아내의 남편으로서 당신에게 주어진 영광을 다시 본다.

9. 당신 부부의 경우 가장 중요한 '영광'은 무엇인가?

10. 아내가 당신을 위해 포기한 것은 무엇인가?

11. 아내가 당신에게 준 가장 중요한 것들은 무엇인가?

12. 당신 아내의 희망을 세우고 받들 수 있는 가장 중요한 방법들은 무엇인가?

13. 아내를 좀더 충실히 받들기 위해 오늘 당신이 할 수 있는 일은 무엇인가? 내일 할 수 있는 일은 무엇인가? 남은 평생 새로운 습성으로 삼을 수 있는 일은 무엇인가?

■ 이 부분은 선택적으로 추가할 수 있다. 다함께 18장의 끝 단락 '여자의 마음'을 본다. 여자들의 말 중 당신이 가장 놀란 것은 무엇인가? 당신의 아내를 더 잘 이해하는 데 가장 도움이 된 말은 무엇인가?

■마무리:

제6부에서 공부하고 토의한 내용을 잠시 묵상해 보라. 이 공부의 결과로 당신이 하나님께 감사할 수 있는 것은 무엇인가? 이 주제에 관해 지금 하나님이 당신에게 가장 가르쳐 주시려는 바가 무엇이라고 생각하는가? 당신 생각에 지금 하나님은 당신이 구체적으로 어떻게 그분을 더 온전히 의지하고 순종하기 원하시는가?